Kler Klára

DIMENZIÓCSÚSZKÁLÁS

novum ⚡ pro

Ez a könyv
e-könyvként
is elérhető

w w w . n o v u m p u b l i s h i n g . h u

ISBN 978-3-99131-332-8
Lektor: Sósné Karácsonyi Mária
Borítóképek: Khirnav,
Bhimasai Prathipati | Dreamstime.com
Borító, tördelés & nyomda:
novum publishing

www.novumpublishing.hu

Climate neutral
Print product
ClimatePartner.com/16547-2201-1002

AJÁNLÁS

Egy igaz történetet írtam meg egy olyan témáról, amely tabunak számít. Nagyon sokan nincsenek tisztában ezzel a mentális betegséggel, mely első hallásra ijesztőnek tűnhet. Próbáltam spirituális szempontból bemutatni a skizofréniát – a pszichológia így nevezi, én viszont kezdetektől dimenziócsúszkálásnak hívom. 13 év történéseit mesélem el, próbáltam szóról szóra leírni, ami történt, és törekedtem arra, hogy egy kívülálló számára is érthetően fogalmazzam meg a sokszor leírhatatlan állapotok bemutatását.

Ihletet merítettem abból, hogy a velem történtek megismerése támaszt nyújthat másoknak, akik ugyanezzel a problémával élnek, illetve megértést adhat azoknak az embereknek, akiknek családtagjuk, ismerősük él ezzel. Valamint talán a spiritualitásra nyitott emberek is a megszokottól eltérő, de eseményekkel teli olvasmányhoz juthatnak, melyben főszerepet kap az igazi hit és a gondviselés.

Betekintést nyertem teljesen más világokba, melyek nem feltétlenül csak a képzelet szüleményei, ezekre utalok is a történet mesélése közben. Bízom benne, hogy helyes döntést hozok azzal, hogy ezt a féltve őrzött titkot megosztom az olvasóval.

TARTALOMJEGYZÉK

1.

Előzmények

Zárkózott kisgyerek voltam a túlsúlyom miatt. Óvodás koromban a nagyszüleim ebéd után elhoztak az óvodából, és otthon még egyszer megebédeltettek. Pusztán szeretetből. A gyomromnak az rögzült be, hogy ha kétszer annyit eszem, mint amennyire valójában szükségem van, vagyok jóllakva. Ennek hatására kisgyerekkorom óta mindig túlsúlyos voltam, tinédzserkoromra kétszer annyi volt a súlyom, mint egy felnőtté. Annyiszor feltettem magamban a kérdést: Miért pont én? Annyi ember van a világon, miért pont én vagyok kövér? Nem szerettem sehova menni, iskola után mindig hazamentem és egyedül töltöttem a délutánokat. A szüleimnek magánvállalkozásuk volt; könyvesboltot nyitottak a városban, ez minden idejüket felemésztette. Volt egy kutyánk, Morzsi, vele voltam otthon. Mindig is imádtam az állatokat, de ekkor még nem tudtam kellően felelősséget vállalni egy kutyáért. Sokat csúfoltak, de ezzel együtt kellett élnem. Külön tornára jártam, ahol megismertem egy lányt, aki sikeres diétát folytatott, elárulta a titkot, így én is belevágtam. Fél év alatt leadtam 30 kg-ot, és minden percét élveztem. Azt gondoltam, Isten keze van a dologban, hiszen ez volt minden vágyam, hogy én is csinos lehessek. Valahol legbelül éreztem, hogy bármi történjék is, velem semmi igazán rossz dolog nem történhet az életben. Valahol megvolt ez az ősbizalom belül, hogy vigyáznak ránk.

A súlyt a középiskolába kerülésem előtti nyáron adtam le, így az új helyen új életet kezdhettem, tiszta lappal indultam. A középiskolában, a 15. születésnapomon ismerkedtem meg az első igazi legjobb barátnőmmel, Nórával. Ez volt a valaha legszebb szülinapi ajándék, amit kaphattam. A súlyom miatt magamra aggatott gátlások következtében nagyon nehezen nyitottam a többi ember felé, vagy voltam jó társasági ember nagyobb közösségben, pláne nem tudtam nyitni a másik nem felé. Volt egy kedvenc zenekarom, rengeteget leveleztem rajongókkal, így tudtam kifejezni önmagamat és megtalálni a helyemet a világban, a „közösségben".

Amit mindig is imádtam, az az angol nyelv volt: külön tanárhoz jártam, akinél 3 év alatt tanultam meg a nyelvet. Az motivált, hogy ha egyszer találkozom a kedvenc zenei bandámmal, tudjak velük beszélgetni. Önszorgalomból dalszövegeket fordítottam, ezzel szavakat, kifejezéseket, szövegértést és kiejtést gyakorolva.

Ezzel kapcsolatos másik álmom az volt, hogy egyszer egy hoszszabb időt éljek külföldön, lehetőleg Angliában, hogy valóban megtanuljam beszélni is a nyelvet.

17 évesen voltam először egyedül külföldön, Londonban. Pont akkor, 1999 augusztusában volt teljes napfogyatkozás Magyarországon, de nekem döntenem kellett e között és Anglia között. Az utóbbit választottam: 2 hetet töltöttem egy nyelviskolában. Imádtam az országot, az embereket, a mentalitást, és persze a nyelvet. Szerintem már azelőtt imádtam az országot, mielőtt ott jártam volna. Más embernek éreztem magam kint, mint itthon: szabadnak, függetlennek, nyitottabb tudtam lenni mindenkivel, akivel találkoztam. Egy évvel később, érettségi után volt szerencsém egy hónapot tölteni Torontóban, Kanadában, szintén egy nyelviskolában. Újra teljesen kinyíltam, az egy hónap alatt mindenféle diéta nélkül fogytam, boldog voltam, rengeteg emberrel megismerkedtem. Barátokat szereztem, akikkel utána pár hónapig még leveleztünk. Miután hazajöttem, elveszettnek éreztem magamat; nagyon hiányzott külföld, az ottani életem, ahogyan ott éreztem magamat, hiszen más ember lettem: olyan, amilyenné mindig is válni akartam. A lelkem visszavágyott.

A főiskola 4 évét nem élveztem, időpocsékolásnak éreztem, de ugye kell az embernek a papír, hogy vigye valamire az életben. A külföldön magamra szedett egészséges magatartás, nyitottság az emberek irányába megint megszűnt, teljesen bezárkóztam.

19–20 éves korom környékén kezdtem el érdeklődni az ezotéria, a spiritualitás iránt, amelyben megtaláltam az élet értelmét, válaszokat kaptam, hogy miért is vagyok itt. Csak ez érdekelt, mivel már ekkorra eljutottam az életben egy olyan pontra, amikor feltettem a kérdést: Miért vagyok itt? Mi értelme az életnek? Nagyon elveszettnek éreztem magamat, sőt talán depressziósnak is, mivel nem leltem örömömet semmiben. Anita, a gyerekkori barátnőm, akivel egy házban laktunk, adta a kezembe az első könyvet a reinkarnációról. Iszonyatosan érdekesnek találtam. Főiskola alatt továbbra is keresgéltem magamat, jártam egy kineziológushoz egy darabig, aki nagyon nagy segítség volt akkor számomra: segített nyílnom ismét, elhittem, hogy dolgom van a világban. Ő segített például megtalálnom az egyéniségemet az öltözködésben is. Azt mondta, azért nem érzem magam jól a boltban kapható ruhákban, mert egyéniség vagyok, és az egyéniségemnek megfelelő ruhát úgy fogom megtalálni, ha én tervezem meg. Ezt a tanácsot meg is fogadtam: onnantól kezdve varrattam magamnak a ruhákat, és valóban jól éreztem magam bennük. Ekkortájt találkoztam először egy masszőr nénivel is, aki látó volt, vele éreztem azt, hogy igazán tudok beszélgetni, hogy érti, miről beszélek, és elfogadja. Jártam grafológia suliba is, mert nagyon érdekelt a kézírás-elemzés, de emlékszem rá, hogy órák közben mindig azt vizslattam, milyen lehet az előadó aurája, ezt nézegettem állandóan, nagyon érdekelt. Látni nem láttam, csak energiafoszlányokat a testek körül. Itt is lett egy legjobb barátnőm, megint ugyanaz a minta: egy ember a közösségből, akinek meg tudtam nyílni rendesen. A főiskolán is volt egy legjobb barátnőm, őt is Nórának hívták.

Tanultam több mindent a 4 év alatt, elvégeztem egy rajztanfolyamot, ahol megtanultunk portrét is készíteni, valamint jártam egy sminkkurzusra is. A kézügyességem mindig is jó volt, szerettem a kreatív dolgokat.

A nagymamám 2003-ban halt meg, nagyon hirtelen. Kórházba került egy szombati napon, és aznap eltávozott. Emlékszem, hogy a szobámban voltam, és hirtelen elnyomott az álom, de inkább csak félálomban voltam, amikor azt éreztem, valaki van velem a szobában. Nem féltem, de tudtam, hogy van ott valaki. Megsimította a homlokomat, majd távozott. Félóra múlva jött a telefon, hogy a mami 30 perccel azelőtt meghalt. Tudtam, hogy ő járt nálam elbúcsúzni. Sokszor álmodtam vele utána, álmunkban könnyebben tudnak üzenni eltávozott szeretteink, könnyebb az átjárás a világok között. Mami mindig boldog volt az álmaimban: tudtam, hogy jó helyre került. Egyszer vezetés közben is azt éreztem, hogy a hátsó ülésen ül és élvezi a tájat. Aztán megszűntek vele az álmok; azt gondolom, továbblépett, folytatta valahol máshol az életét egy másik dimenzióban, vagy talán itt, a Földön újra.

A főiskola utolsó évében volt tanítási gyakorlat is, amitől én nagyon féltem. Szerepeljek emberek előtt, kiálljak eléjük, és mindenki engem figyeljen? A végén nagyon megdicsértek, és én is nagyon élveztem a gyerekekkel való együttműködést, sőt még az emberek előtt való szereplést is!

A potenciált nagyon sokan meglátták bennem, és én is mindig éreztem, de küszködtem azzal, hogyan hozzam ki ezt magamból.

Ebben az évben Budapesten laktam albérletben három másik emberrel együtt. Dórival, a nővéremmel; Spookyval és Melindával, és innen jártam le Fehérvárra suliba. Spookyval egy kis idő elteltével nagy egymásra találásban volt részünk. A reinkarnációról kezdtünk el beszélgetni, ez nyitotta meg a kommunikációt közöttünk. Plusz segítettem neki az angolban, volt egy poénunk a spooky szóval kapcsolatban és azóta Spooky-nak hívtuk egymást.

Tehát a minta ugyanaz volt: mindig volt egy legjobb barátnőm, bárhova mentem, de nagyobb közösségekben nem tudtam beilleszkedni, feloldódni.

Ekkortájt jött ki egy film, mely mai napig a kedvencem a mondandója miatt. A címe *Jelek*, M. Night Shymalan rendezésében, Mel Gibson főszereplésével. Ebből a filmből írtam házi dolgozatot az egyik órára. A film azt mutatja be, hogy hogyan nézzünk szembe a félelmeinkkel, és hogy minden okkal történik az életben; még a látszólag rossz dolgok is szolgálnak valami jóval, ami a javunkat szolgálja. Persze van, hogy ezeket a dolgokat csak utólag értjük meg.

A főiskola 4 éve után Angliába vágytam – vagyis tulajdonképpen végig a 4 év alatt, de ekkor jött el végre az ideje. Előtte azért még átúsztam itthon a Balatont, nagyon nagy élmény volt, hogy a sportban ilyen jó eredményeket értem el addigra. Valamint ekkor lettünk legjobb barátok Morzsival, ekkor tanította meg nekem, hogy mit jelent felelősséget vállani egy előlényért. Nagyon összenőttünk.

Angliában kerestem magamnak egy családot, ahol au-pair lehettem, és 2005 februárjában kiutaztam Oxfordba, ahol 9 hónapot töltöttem. Imádtam azt az időszakot, hiszen egy álom vált valóra, felszabadult voltam, boldog, és kíváncsi a világra. Sok emberrel találkoztam, de igazán nyitni még mindig csak kevés ember felé tudtam. Kiszemeltem a másik nemből természetesen mindig volt, de ekkor még mindig a barátságok bizonyultak nagyon fontosnak számomra. Mit ad Isten, találkoztam egy német lánnyal, akivel megint csak nagyon mély barátság alakult ki, igazi olyan kapcsolat, amikor feltárod a másik előtt a lelked legmélyét is.

Angliai au-pairkedésem kezdete előtt is nagyon féltem attól, hogy gyerekekkel kell majd dolgoznom, de a tanítási gyakorlatra gondoltam, és arra, hogy minden egyes gyereket mennyire megszerettem, és ebben bíztam, hogy ezt az akadályt is le tudom majd győzni. Így történt. A kezdeti nehézségek ellenére nagyon jó kapcsolat alakult ki köztem és a gyerekek között, én voltam a család Mary Poppinssza.

Egyik nap láttam egy kiírást a könyvesboltban, ahova jártam, hogy hamarosan dedikálást tart egy amerikai író, akinek könyvei magyarul épp voltak kint nálam, de még nem olvastam egyiket sem. Az egyik magyar példányt vittem el a dedikálásra, ahol ő tartott egy kis előadást az angyalokról, hiszen erről szólt a munkássága, majd elkezdődött a dedikálás. Mikor odakerültem hozzá, kedvesen megkérdezte, hogy milyen nyelvű a könyv. Feleltem neki, mire azt válaszolta, gyönyörű nyelv! Az akkori férje, aki elkísérte, is ott volt vele. Megkérdezte tőlem, hogy mondjuk az angyalt magyarul. Háromszor ismételtem el neki, mire helyesen ki tudta ejteni.

Ezután kezdtem el foglalkozni a munkásságával, és vált igazi követendő példaképemmé. A művei nagyon sokat adtak nekem abban, hogy azt érezzem, helyesen élem az életem, és bármi lehetséges, nem számít, mi történt eddig. Hogy az angyalok mindig ott vannak, és segítenek bármiben. Elkezdtem hát dolgozni velük, és bámulatos változásokat tapasztaltam a mindennapi életben; sok kis csoda történt mindennap. Ekkor váltak az angyalok a legjobb bizalmasaimmá, segítőimmé. Elkezdtem angyali csillámlásokat is látni néha – ezek ezüstszínű csillámlások, melyek úsznak a levegőben, és azt jelzik, hogy az angyalok a közeledben vannak.

A kint töltött 9 hónap alatt normalizálódott a súlyom mindenféle erőfeszítés nélkül, pedig előtte 13 éves korom óta diétákon éltem állandóan, persze sportoltam is időről-időre. Angliában szerettem az életemet, és ezt a testem is tükrözte: rendben volt a lelkem.

Sok időt töltöttem a könyvesboltban, szerettem a könyveket. Angliában fotelek, kanapék állnak rendelkezésre a vásárlóknak, hogy nyugodtan olvashassanak. Egyszer, mikor ott voltam és a naplómat írtam, valaki odajött és megkérdezte, mit írok. Privát dolgokat – feleltem, mire ő annyit mondott, ja, azt hittem, valami regényt. Gondoltam, nem is rossz ötlet, de tovább folytattam az önkifejezést naplóírásban, amit az angyaloknak dedikáltam.

Másik kedvenc helyem egy kávéház volt, ahova rendszeresen jártam olvasni vagy barátokkal találkozni, valamint idejüket ott töltő emberektől kértem írásmintákat, amiket le is elemeztem nekik grafológiai szempontból.

Angliából 2005 novemberében jöttem haza, azt éreztem, elég volt a kint létből, haza vágytam. Egyből a fővárosba költöztem, a nővéremhez, aki egy lakótelepen bérelt lakást. Kicsit elveszettnek éreztem magam a külföldön való tartózkodásom után, gondolkodtam is, hogy visszamegyek, hiányzott Anglia. 2006 elején böjtöltem először hosszabb ideig. Elsődleges cél megint a súlyvesztés volt, de sok minden másra is megtanított a böjt; többek között önfegyelemre és arra, hogyan legyek erős. 21 napig csináltam. Január végén megkaptam a kiszemelt munkát: a repülőtéren dolgoztam, amit nagyon élveztem, mivel pörgős munka volt, egyetlen hátulütője a nagyon hosszú munkanap volt, 13 órákat dolgoztunk.

Ekkortájt kezdtem el látogatni egy spirituális előadássorozatot, ahová minden hónapban más-más előadót hívtak meg. Ez irányt adott nekem, hogy ezekre az eseményekre járhattam, melengette a lelkemet, azt éreztem, a helyemen vagyok. Gyerekkori barátnőmmel, Anitával is találkozgattam, bár ő Kecskeméten maradt. Én őt tartottam mindig a bölcs barátnőmnek. Ő mondta nekem egyszer azt az információt is, hogy vannak olyan állapotok, amikor az ember más dimenzióban reked. Ők a skizofrének, avagy bolondok. Nagyon sok érdekes dologról hallottam Anitától, ő mesélt nekem a Mesterről is, akinek ő olvasta a könyvét, és megvilágosodott gurunak titulálta.

A Mesterrel személyesen először 2006 tavaszán találkoztam a spirituális előadássorozat keretében. Két előadás szünetében a nővéremmel az aulában álltunk, mikor a Mester besétált mellettünk. Megláttuk, a nővéremmel összenéztünk, biccentettünk egymásnak és elnevettük magunkat. Egy igazán spontán és őszinte reakció volt részünkről. A Mester előadásán, ahogy hallgattam a szavait, azt éreztem, nagyon szívhez szóló dolgokat mond. A könyveit ekkor még nem olvastam, mert nem értettem őket, viszont élőben nagyon megfogott.

Ezen a napon egy auralátó is előadást tartott, amit nagyon érdekesnek találtam, mivel régóta vonzott ez a téma. Többen odamentek hozzá az esemény végén és elérhetőséget kértek tőle, mivel egyéni konzultációkat vállalt. Felírtam én is a számát.

Ebben az évben a nyarat ismét otthon, Kecskeméten töltöttem. Megcsináltam a második sikeres böjtömet – ezúttal 28 naposat tartottam. Nagyon szépen megtisztultam, és persze súlyt is rengeteget veszítettem. A nyár a kutyusom társaságában telt; ő volt az a lélek, aki legközelebb került hozzám, és ez kölcsönös volt. Ekkor tanított meg nekem rengeteg dolgokat a felelősségvállalásról.

Októbertől ismét a fővárosban éltem nővéremmel, s angol kezdtem el tanítani. Bennem volt megint a kételkedés, hogy vajon meg tudom-e majd csinálni, emberek elé kiállni, vezető szerepet betölteni. Mint előtte, most is megfeleltem a feladatnak; azt éreztem, minden diákkal jó kapcsolatot sikerült kialakítani, és mellesleg a tanítás, haladás is jól alakult. A tanítványok közül ismertem meg Orsit, akivel közel álltunk egymáshoz. Sokszor együtt mentünk haza óra után, és nagyon jókat beszélgettünk. Ő is otthon volt a spiritualitásban, egymásra találtunk. Harmonikus életet éltem, szerettem a munkámat. Volt benne szellemi kihívás és sikerélményt adott, szerettem a lakást, ahol éltem, rendszeresen jártam úszni, és egészségesen éltem. 2 éve voltam vegetáriánus, melyet saját belső indíttatásra kezdtem el. Élveztem az étrend adta könnyedséget mind testileg, mind szellemileg. Ebben a hónapban elmentünk Dórival és Anitával az előadássorozat újabb rendezvényére. A Mester is meghívott előadó volt. Már a teremben várakoztunk, mire megérkezett. Besétált, mindenki őt figyelte, persze mi is. Odapillantott felénk, de én nem tudtam állni a tekintetét. Köszöntött minket, azt mondta: „Sziasztok!". Ahogy a terem elejébe ment, annyit mondott, hogy már évek óta beszél emberek előtt, és végre van pár ember, aki érti is. Ez a mondata nagyon megmaradt bennem, magaménak éreztem, hiszen számomra ekkor az életem értelmét jelentették a válaszok, melyeket könyvekből és előadóktól gyűjtöttem be. Azt éreztem, én is ezzel szeretnék foglalkozni, a spiritualitással. Az előadás végén a Mester megadta nekünk az e-mail címét és annyit mondott, bárki írhat neki. A szünetben láttam, amint távozott.

2.

Egy sorsdöntő találkozás

A történetem 2007-ben kezdődött. Szoros kapcsolatom volt az angyalokkal, rengeteg választ kaptam meg belülről az ő segítségükkel. Tudtam, hogy nincsen egyetlen véletlen találkozás sem, valamit mindenki ad neked, akivel találkozol. Van, akivel egyetlen találkozás van megírva; van, akivel egy életen keresztül egymás életében lesztek. Amikor találkozol valakivel, megérzed a másik lényét, e miatt lehet valaki szimpatikus avagy ellenszenves. Építgettem magamat testileg, lelkileg és szellemileg. Azt gondolom, hogy megvolt a belső békém, de valami mégis hiányzott: hogy azt az életet éljem, amire leszülettem, hogy segíthessek másoknak, hogy gyógyítsak. Azokból az emberekből válnak a legjobb segítők, akik maguk is megjárták az élet nehézségeit, és nekem ebből volt bőven. Rengeteget olvastam, és természetesen továbbra is látogattam a spirituális előadásokat. Az auralátóval is több előadás keretén belül találkoztam, azt éreztem, hogy egy nagyon jó lelkű ember, aki segít másoknak. Eljött az idő, hogy elmenjek hozzá egy személyes konzultációra. Erre nyár elején, júniusban került sor. Azt reméltem, hogy ő majd irányt ad nekem azzal kapcsolatban, hogy előrébb léphessek az életben az életfeladatom felé. A változások állandó részei az életnek, és szükségesek is. Ahogy haladsz, fejlődsz az életben, hozol meg döntéseket, melyek hatására változtatsz munkahelyet, lakhelyet, kezdesz új kapcsolatokba. Többet akarsz kihozni magadból, és ezek a változtatások ideális esetben a javadat szolgálják.

Júniusban egy szerdai napon volt az időpontom az elemzésre az auralátóval. Úton hozzá azt éreztem, fordulóponthoz érkeztem az életemben, ez mindent meg fog változtatni. Valami nagyon jó dolog fog történni velem, és nem kell tovább keresnem az életben, mert most megtalálom az életem értelmét, és hogy hamarosan belép az életembe a nagy Ő is. Az elemzés alatt nem kellett semmit sem mondom magamról, csak behunyni a szememet, és ő eközben kiolvasta az aurámból az információkat. Érdekes érzés volt: fuvallatokat éreztem a testem körül, és a szemem is REM-elt egyet, mint mikor alszol. Ezután elmondta, hogy mit látott az aurámban, és hogy hogyan változtathatok az életemen. Azon kaptam magam, hogy mosolyogva néztem bele a szemébe, miközben beszélt; olyan érzés volt, mintha ismerném valahonnan, de nem ebből az életből. A szemünk nem változik az életeink során. A testünk igen, de a szemünk nem. A szem a lélek tükre. Az elemzését diktafonnal rögzítettem, melyben elmondta, hogy az alsó csakráim blokkoltak, de a felsők nagyon szépen nyitottak és harmonikusan működnek, de ahhoz, hogy az életben is működjenek a dolgaim, ne csak a „fejemben", ki kellene tisztítani az alsó csakráimat is. Valamint elmondta, hogy eredetileg hogy lett megtervezve az életem, csak gyerekkoromban kezdtem magamra aggatni a gátakat, melyeket a mai napig hordozok magamon. Valamint azt is elmondta, hogy „ez a szülők hibája". Eredetileg én egy nagyon nyitott, színes személyiség vagyok, rengeteg érdeklődési körrel és határtalan lehetőségekkel. A változáshoz egy saját maga által készített meditációt ajánlott, valamint csakratisztítást ott nála, pár héten keresztül, heti egy alkalommal, az egyik alkalmazottja segítségével. Pár nap múlva volt egy előadása, amire szintén meginvitált, melynek témája többek között ez is volt, hogy hogyan működtessük az auránkat és éljük meg a nemiségünket, valamint pár hét múlva, vasárnapi napon tartott egy energiaátadás-szertartást, és azt mondta, az szintén hasznos lehet számomra. Megköszöntem neki, annyit mondva, hogy megcsinálom, és eljöttem. Ekkor már hónapok óta vegán étrendet folytattam, melynek hatásásra kiélesedtek a megérzéseim és könnyednek éreztem magamat, valamint pár nappal azelőtt kezdtem megint egy hosszabb böjtkúrába.

18

Az auralátó előadása kezdetekor egy enyhe mosolyt küldtem feléje, amit ő nem viszonzott, ennek ellenére azt éreztem, hogy az előadás alatt végig figyel rám, és ezt főiskolai Nóra barátnőm is alátámasztotta, aki eljött velem ide a párja kíséretében. Arról is szó esett, hogyan ismerkedjünk és vessük le magunkról a gátakat, ehhez kaptunk hasznos gyakorlati technikákat. Arra is adott tanácsokat, hogyan, milyen apropóval menjünk oda valakihez, akivel ismerkedni szeretnénk. Azt éreztem, ez nekem épp kapóra jön. Valamint beszélt arról is, hogy a közeljövőben rengeteg nagy egymásra találásban lesz része az embereknek párkapcsolati szempontból. Pont, amit hallani szerettem volna: nagyon vágytam már egy igazi társra. Az egész előadást magaménak éreztem, olyan volt, mintha az elemzésemhez szorosan kapcsolódna minden, amit itt elmondott.

Kezdett változni az életem e módszerek hatására – csak nagyon gyors és hirtelen volt a változás. Ahogy alkalmaztam a technikákat, a meditáció és a csakratisztítás is kifejtette hatását, egyre inkább pozitív fordulatot vett az életem mindenféle szempontból, és rengeteg súlyt is veszítettem a böjt hatására. Ez a nagy változás mindössze 2 hét alatt zajlott le. Olyan volt, mintha az egyik életemből, egyik dimenzióból hirtelen átléptem volna egy másikba. A csakratisztítás alkalmával mélylégzést végeztünk, és én ezt a meditáció alkalmával is alkalmaztam. Éreztem, ahogyan szakadnak le a gátak rólam, omlanak le a falak, több évtizedes megkövülések, és energia önti el a testemet. Napról napra nyitottabb lettem a világra, ezt a kapcsolatokon is láttam, az embereken, akikkel napi kontaktusban álltam. Teljesen máshogy kezdtem el látni őket – pozitív értelemben. Az angoltudásom is kimagasló lett, a valaha legmagasabb szinten beszélt állapotot értem el. A második hét végére azt éreztem, hogy magamhoz tudnám ölelni az egész világot, a szeretetenergia áramlott át rajtam nagyon intenzíven, és ezt meg akartam osztani másokkal is. Nagyon izgatott voltam és azt éreztem, a valódi életem kapujába érkeztem, oda, ahova mindig is vágytam, s hogy végre élhetem azt az életet, amire eredetileg leszülettem. Mindig is éreztem, hogy egyszer eljön ez a pillanat, mindig hittem abban, hogy a jó győzedelmeskedik a rossz felett. Az életfeladatod minden esetben a szeretet, hogy megtapasztald. Azért vagy itt, hogy szeress. Mindenkinek megvan, hogy ez miben nyilvánul meg, mindenkinek más, hogy mi teszi boldoggá. Számomra ez a spirituális pálya, valamint az emberek segítése, motiválása.

Egyre türelmetlenebb lettem, hiszen 25 éve vártam erre az érzésre, hogy megélhessem, azt éreztem, hogy MOST akarom megélni azt az életet. Kihoztam magamból a magabiztos nőt, előtte önbizalomhiányos lány voltam, de hirtelen ez mind megváltozott, mintha hirtelen az érme másik oldalát éltem volna meg. Ahol a leggyengébbnek tűnsz, ott vagy valójában a legerősebb. Itt mutatkozik meg legjobban, hogy a szeretetet vagy a félelmet éled-e meg. Ha szembenézel a félelemmel, szeretetté változtathatod.

2007. JÚNIUS 27, SZERDA

Tehát megfogadtam az auralátó tanácsát ismerkedés terén és odamentem a kiszemelthez, *hozzá*. Mindig nagyon jók voltak a megérzéseim emberekkel kapcsolatban is, és azt éreztem, ezt meg kell lépnem. Persze a szimpátia nem mindig jelent feltétlenül vonzódást is, bár könnyű összekeverni a két érzést. Megléptem. Odamentem hozzá és mondtam neki, hogy beszélni szeretnék vele. Azt mondta, persze. Bementünk az irodájába, leültünk ugyanoda, ahol az elemzést elmondta nekem, és annyit mondott: „Parancsolj". Azt mondta, hogy letakarja a harmadik szemét, de közben észrevettem rajta, hogy néz valamit az aurámon vagy a csakráim állapotán. Én meg kertelés nélkül elmondtam neki, hogy mit szeretnék: vele lenni. Ekkor ő udvariasan elutasított, arra hivatkozva, hogy ő már megtalálta a nagy Őt. Azt is mondtam neki, hogy megvilágosodtam, mire a válasza az volt, hogy az egy nagyon szép dolog. A rövid beszélgetés alatt, ami lezajlott közöttünk, mindenre volt válaszom a spirituális bölcsességekből, amelyeket addigra magamba szívtam az évek során. A változásnak köszönhetően olyan spontán lettem, hogy minden pillanatban emlékeztem arra az információra, amit épp mondanom kellett. A beszélgetést az auralátó zárta le, arra hivatkozva, hogy neki nincs ideje ilyenekre, mire én azt válaszoltam neki, hogy az Univerzumban nincs idő. Eljöttem. Utána iszonyatosan égőnek éreztem ezt a szituációt, de az új énem hamar túllépett mindenen, egyik pillanatról a másikra képes voltam változni. Elengedtem ezt a ciki érzést és éltem tovább, mintha mi sem történt volna.

Ekkor még mindig angolt tanítottam cégeknél, és aznap délután is voltak még óráim. Ez a szárnyaló hangulat csak tovább fokozódott a nap folyamán. Minden annyira a helyén volt, szárnyaltam, tündököltem, határtalanul boldog voltam. Eszembe jutott, hogyha ennyire jól mennek a dolgok, akkor abban is igazam lehet, hogy az auralátó szimpatizál velem. Azt éreztem, mintha élném a MOST-ot; leírhatatlan érzés volt. Ugyanazt tapasztalod kívül, amit belül megélsz, ezt jelenti az, hogy a külvilág tükör. És ekkor nekem a külvilág nagyon is jól működött, belül meg egy olyan fajta boldogságot éltem meg nagyon intenzíven, amelyet még sosem.

Az utolsó tanítási órám után nem volt kedvem hazamenni: az új, pörgős énem eseményre, történésre vágyott. Miután beültem az autómba, azt gondoltam, visszamegyek az auralátóhoz és meggyőzöm az igazamról. Ez a mondat jutott eszembe: „Az Univerzumban nincsen idő!". És azzal a lendülettel kihajítottam a karórámat a kocsi ablakán. Engem az idő dimenziója ne kössön sehova, én a MOST-ot akarom megélni, nem várok tovább, eleget vártam. Visszaértem az auralátóhoz. Voltak nála, hát leültem a váróban. A titkárnő megkérdezte, hogy segíthet-e, mire csak annyit mondtam, hogy szeretnék egy kicsit leülni. Azt felelte, rendben van. Leültem egy fotelba, elkezdtem a mélylégzési technikát, amit a csakratisztítások és a meditáció közben alkalmaztam. Becsuktam a szemem, mély meditatív állapotba kerültem, azt hajtogattam magamnak, hogy MOST... a MOST-ot akarom megélni. Egy ideig még érzékeltem a környezetem történéseit – rólam beszéltek a körülöttem lévő emberek, azt mondták, mentőt hívnak hozzám. Már nem volt semmi hatással rám, már nem ebben a világban voltam. A testem ott ült a fotelban, de én már valahol máshol lebegtem. Olyan volt, mintha elaludtam volna.

Próbálták megfogni a jobb kezemet, de már nem engedelmeskedett nekem, aztán valaki megfogta a bal kezemet, megszorítottam annak a valakinek a kezét, de egy pillanat múlva megint valahol máshol lebegtem. Az a valaki tovább fogta a kezemet, mire egyszer csak egy halk, lágy férfihangot hallottam, amint a bal fülembe suttogott, azt mondva „Ne félj!", majd az arcomhoz ért, a hajamhoz, de nem emberi érintés volt, annál sokkal gyengédebb, könnyedebb.

Nem tudom, mennyi idő telt el, mire egyszer csak magamhoz tértem. Kipattant a szemem és elkezdtem keresni azt a valakit, aki hozzám szólt. Olyan volt, mintha az a valaki egy másik valóságból való lett volna. Oda, ahova az elmémmel elutaztam. Azt a földöntúli érzést kerestem, amit általa tapasztaltam, nem voltak gondolataim ekkor már, egyszerűen megszűntek. Az auralátóhoz kötöttem ezt az élményt, őt kerestem, de ő elmenekült előlem. Több ember volt ott ekkorra, de nem emlékszem rájuk, hiszen már félig egy másik világban, egy másik valóságban voltam, és közben részben megszakadt a kapcsolatom ezzel a világgal.

Kimentünk az udvarra, az auralátó elkezdett kérdéseket feltenni nekem, de mindenre elutasító választ adtam. Majd hirtelen a testem megint megállt, mintha odafagytam volna, mintha belefagytam volna a dimenzióba, de ezúttal a szemem nyitva maradt. Farkasszemet néztem az auralátóval. Ott állt velem szemben, de nem tudott a szemembe nézni hosszan. Nem csoda, hiszen elszálltam ebből a világból, és ez látszott a tekintetemen is. Az idő megszűnt telni, megéltem az időtlenséget, érzékeltem a körülöttem zajló történéseket, vagy legalábbis töredéküket, de reagálni nem tudtam rájuk. Jöttek újabb emberek, és az öszszes ingerből egyvalami ragadta meg a figyelmemet: valaki azt mondta, hogy „Sziasztok!". Olyan volt, mintha egy már régebben megtörtént esemény ismétlődött volna meg más személyekkel, de mintha visszarepültem volna az időnek arra a pontjára. Az előadásra, amikor a Mester mondta, hogy „sziasztok"! Olyan volt, mintha egy másik dimenzióba csúsztam volna úgy, hogy közben a testem itt maradt. Nem tudom, mennyi idő telt el, de órák lehettek, majd egyszer csak apránként elkezdtem visszatérni ebbe a világba. A mereven magam elé bámulás is kezdett fellazulni, az auralátó cipőjére pillantottam, majd vissza rá. Összekulcsoltam a karjaimat magam előtt és behunytam a szememet. Ezután elkezdtem hallani azt, hogy mit beszélnek körülöttem. Csak bizonyos információk jutottak el hozzám; olyan volt, mintha azok fontos mondattöredékek lennének. Hallottam, hogy valaki azt mondja: „nézzétek azt a kis zöld Citroën" – az autómat –, és ekkor azt gondoltam, hogy fényküldöttekkel, segítőkkel vagyok körülvéve, és hogy most azonosítják be, hogy ki is vagyok én. Ki vagyok én itt a Földön, és miért vagyok itt, mi a küldetésem. Felismertek. Az autóm hallatán visszajött a mimikám, szélesen mosolyogtam erre az információra. Aztán megint eltelt valamennyi idő. Csak vártam, nem tehettem mást.

Egyszer kinyitottam a szememet egy dudaszóra, már sötét volt, és egy nagyobb autó állt velem szemben, világított meg és dudált rám. De csak egy pillanat volt, míg ezt láttam, mert vissza is csukódott a szemem magától egy másodperc múlva.

Egy idő múlva mindkét tenyeremben energia kezdett áramolni nagyon intenzíven, mintha azt kérte volna, kövessem. Felemeltem a karjaimat és el is indultam csukott szemmel, mintha valamit követtem volna. Olyan volt, mintha egy energiaszál húzott volna valamerre, talán vissza ebbe a földi dimenzióba. Mintha valakit követtem volna. Ekkor valaki azt mondta hangosan: „Baszd meg!". Mintha valamit el akartam volna kapni – talán az energiaszálat –, aztán megálltam, ledobtam a papucsaimat és mezítláb maradtam. Ekkor az emberek segítettek, valahova vezettek engem, majd felemeltek, hogy betegyenek a mentőbe. Én eközben azt gondoltam, hogy most emelkedek fel a mennyekbe, majd hanyatt vetettem magamat: tudtam, hogy biztonságban vagyok, és a fényküldöttek vigyáznak rám. Ők el is kaptak.

Ezután valahol ültem, már bent az autóban, mire valaki megkérdezte tőlem, hogy jól ülök-e. Mire átültem egy másik ülőhelyre, még mindig csukott szemmel, de tökéletesen érzékelve a

körülöttem lévő tárgyakat. Ezután hallottam, hogy cseng a tele-
fonom – megismertem a csengését –, valamint az autóm riasztója
is működésbe lépett. Erőteljesen jött az utasítás gondolatban,
hogy „Nyisd ki a szemedet!". Majd újra: „Nyisd már ki a szeme-
det!". De a testem nem engedelmeskedett; nem én irányítottam.
Ezek után hanyatt estem: hallottam, hogy a fejem koppan va-
lamiben. A következő élményem, hogy a nagy sötétségben jön
a fény, a homlokomhoz ér. Megragadtam mindkét kezemmel
és követtem. Szorítottam, nem engedtem. Közben elindultunk
valahova. Valaki volt mögöttem, próbált megfosztani a fénytől.
Egy villanykörte volt az. Nagyon erős vagyok, szorítom a fényt
teljes erőmből, de az a valaki mögöttem még erősebb és lehá-
mozta a kezeimet a fényről, közben annyit mondott: „bocsánat,
de muszáj". Megfosztottak a fénytől. Még mindig csukva van a
szemem, és közben jön egy gondolat: „Nézd meg, ki fosztott meg
a fénytől!". Azzal a lendülettel megfordultam és kinyitottam a
szememet; egy fiatal mentős srác volt az, mögöttem. Belebámul-
tam a szemébe, keresve, ismerem-e őt ebből a világból, de nem
ismertem. Rámosolyogtam, majd tovább bámultam a szemébe,
firtatva, ki is lehet ő, de nem tudta állni a tekintetemet. Majd
pedig ismét a fény vonta el a figyelmemet a srác mögött: egy
autó jött a távolban, annak a fényszóróját láttam.
   Egy kis idő múlva megérkeztünk valahova. Még mindig nem
tudtam beszélni, de együttműködő voltam. Visszaadták rám a
papucsaimat és elhagytuk a mentőt. Indultunk be a kórházba,
a mentős srác átkarolt, úgy vezetett engem. Mielőtt beértünk
volna az épületbe, valami elvonta a figyelmemet: egy hajlékta-
lan feküdt a bejáratnál. Én továbbra is kerestem azt a valakit,
aki azt a földöntúli élményt adta nekem, és azt gondoltam, a
szem alapján fogom felismerni. Elhagytam a mentősöket és
odamentem a hajléktalanhoz, aki a földön feküdt. Felkeltettem
és azt vártam, hogy majd kinyitja a szemét és meglátom, őt ke-
resem-e. Beszélni ekkor még mindig nem tudtam. Az emberek
körülöttem azt mondták, hogy ez a hajléktalan mindig itt van,
és hogy most leszállt egy angyal, hogy megmentse. Ezt rám ér-
tették – én akkor, abban az állapotomban ezt el is hittem. Hogy

egy földre szállt angyal vagyok. Nos, a hajléktalanban sem találtam meg azt a lelket, akit kerestem, de tovább nézelődtem, mindenkinek a szemébe belebámultam továbbra is. Már bent voltam a kórházban és keresgéltem folyamatosan, de egyetlen ismerős lelket sem találtam. Senki nem állta a tekintetemet; még mindig el voltam szállva. Mászkáltam ide-oda, jött megint a mentős srác, akit már felismertem, dobtam neki egy hatalmas mosolyt, amit ő viszonzott, majd be kellett mennem egy szobába, ahol elkezdtek kérdéseket feltenni nekem. Ekkor már valamennyire kezdett visszajönni a beszédem, de csak szavak formájában. Kérdezgették, hogy van-e családom. A válaszom *igen* volt. Van-e férjem? *Igen*. Vannak-e gyerekeim? *Igen*. Hány gyerek? Kettő, feleltem. Hogy hívják őket? Na, ezzel a kérdéssel megfogtak, mert addig olyan válaszokat adtam, amik nem ebből a valóságból valók voltak, és azt érzékeltem, hogy ez az egész történés a megvilágosodás folyamata, így rezgek át abba a másik dimenzióba. Tehát nem tudtam megválaszolni a gyerekeim nevét... Egy kicsit el is bizonytalanodtam, hogy akkor most mégis mi van. Arról kezdtek el beszélni a körülöttem lévő nővérek, hogy le fognak nyugtatózni. Azt gondoltam, én itt egy percig nem maradok tovább, nem erre szerződtem, engem többet senki sem zárhat be, és elindultam kifele az ajtón. Ahogy kinyitottam, a nővéremet és a barátját találtam a túloldalon. Azzal a lendülettel el is kaptam a nővérem jobb kezét és szorítottam, el nem engedtem. Belenéztem a nővérem vörös, kisírt szemébe és azt gondoltam: álljunk csak meg, itt valami nem stimmel. Ők hogy kerültek ide? Őket ismerem, ők nem lehetnek a dimenzióváltás résztvevői. Ahogy fogtam a nővérem kezét, egyre inkább jöttem vissza ebbe a világba, szinte egy pillanat alatt realizálódott minden, hogy hol is vagyok valójában, és mi történik. Csak annyit tudtam kinyögni, hogy „ugye tudod, hogy nem vagyok őrült?". Mire Dóri annyit mondott, hogy „hát, nem tudom". Ez nagyon ledöbbentett. Elkezdtem neki mesélni az élményemet a fényről, hogy milyen közel voltam hozzá. Azonnal el akartam hagyni a kórházat, de nem engedték; azt mondták, megfigyelés alatt kell tartaniuk. Próbáltam meggyőzni őket, hogy jól vagyok, és saját felelősségre távozom, de nem engedték. Próbálkoztam azzal is, hogy akkor a tesóm felelősségére, de azt sem engedték – túl messzire mentem. Közben végig szorítottam Dóri kezét, így kísértek át minket a zárt osztályra. Azt mondták, várjunk a kanapénál. Leültünk. Kis idő múlva jött egy ápoló és kérdezte, hogy ki az érintett, akit be kell kísérni. Itt nincs – feleltem. Elpoénkodtam volna, és az ápoló is elhitte, hogy itt mindenki ép és egészséges: nem úgy néztem ki, mint egy zárt osztályon lakó. De aztán csak bevallottam, hogy én vagyok az, így bekísértek, éjszakára bent tartottak. Már nagyon késő volt, mikor beértünk oda, mindenki aludt. Kértem fogkrémet az ápoló fiútól, elmentem lábat is mosni – tiszta kosz volt az udvaron való rohangálástól –, aztán aludni tértem. Éjfél körül járhatott az idő. Előtte megbeszéltük, hogy másnap a szüleim jönnek értem. Nagyon korán ébredtem, hajnali 5 óra körül, és folyamatosan az időt néztem. Tudtam, hogy hány órakor érkeznek a szüleim és még mennyit kell várnom, hogy elmehessek innen. Megérkeztek, de még mindig várnunk kellett az elmenetellel, mert előtte egy orvossal is beszélnem kellett, hogy elengedjenek. Közben jöttek-mentek az emberek. Volt egy ott dolgozó, aki ledöbbenve kérdezte meg tőlem, hogy hát én meg hogy kerültem ide be? Behoztak, válaszoltam. Megérkezett a doki végre, megkérdezte, hogy leülhet-e az ágyamra. Azt feleltem, persze. Megkérdezte, hogy mi történt velem az este, én meg gondolkodás nélkül kiböktem neki, hogy ez egy nagy-nagy figyelemkeltés volt, hogy engem senki nem szeret. Nem tudom, honnan jött ez a mondat, mintha nem is én mondtam volna, hanem a tudattalanom. Azt tanácsolta a doki, hogy keressek segítséget, de elengedett.

A kórház parkolójában nagyon megörültem az autómnak, amit a szüleim közben elhoztak az auralátótól. Elmentünk az albérletembe összekészülődni. Ekkor rám tört egy érzés: mintha akkor jutott volna el a tudatomig, hogy mi is történt. Felhívtam Dórit telefonon és elsírtam neki magamat, mondván, hogy „úristen, a szakadék szélén voltam, ugrottam, de te az utolsó pillanatban visszarántottál". Felhívtam az auralátó irodáját is, ahol a titkárnővel beszéltem, megköszöntem nekik, hogy segítettek, és a pár nap múlva tartandó energiaátadó szertartás felől érdeklődtem. Azt mondta a titkárnő, hogy nagyon örülnek, hogy jól vagyok, és hogy szeretettel várnak. Ezután elindultunk Kecskemétre. Mivel lemondták az aznapi órámat, így bejelentkeztem Szilvi barátnőmhöz, aki fodrász. Két külön autóval mentünk: apa a sajátjukkal, anya és én pedig az enyémmel. Útközben gondolatok jöttek, amiket megosztottam anyával – olyan mély és rejtett érzések törtek felszínre, amikről nem is tudtam azelőtt. Egyszer meg is kellett állnunk, mert elsírtam magamat az érzelmek erejétől. Hazaértünk, anyát elvittem a könyvesboltba, én pedig indultam a fodrászhoz. Egy erőteljes gondolat jött, azt mondta: „Most nagyon figyelj!". Megint érdekesen kezdtem el érzékelni ezt a világot, mintha ismét csúsztam volna ki ebből a valóságból. Leparkoltam a fodrásznál, ami egy garázssoron volt, és észrevettem, hogy a kicsit odébb lévő fekete Audinak nyitva van a vezetőoldal felőli ajtaja, miközben parkol, és nem ül benne senki. Odamentem és becsuktam, azt gondoltam, legyen rend a világban, valaki úgy felejtette. A garázssoron volt egy presszó is, ahol a kocsi tulajdonosai ültek és mikor megláttak, hogy becsuktam az ajtót, hangosan megköszönték nekem, és ők is angyalnak szólítottak. Visszamentem a saját kocsimhoz és valamiért azt gondoltam, nyitva hagyom a saját ajtómat ugyanúgy, ahogy a másik kocsié volt. Nem tudom megmondani, miért gondoltam ezt. Lemásoltam azt. Így tettem és bementem a fodrászszalonba, ahol Szilvi már várt. A vállamra tette a törölközőt, ahogy az szokás, de még nem kerültem sorra. Közben beszélgetni kezdett velem, de már fura válaszokat adtam neki, amire ő kedvesen, megértően reagált. Ekkor megcsörrent a telefonom: apa volt az. Csak annyit tudtam neki mondani, hogy „gyere ide". Kérdezte, hogy hol vagyok, mire csak annyit tudtam válaszolni, hogy „itt". De hol vagy? „Itt", feleltem. Pár perc múlva megérkezett apa, hiszen tudta, hogy hol voltam. Bejött értem, majd együtt kimentünk a parkolóba. Látta, hogy valami megint nincs rendben.

Már félig megint ki voltam szállva ebből a világból, érdekes kérdéseket tettem fel, amiket apa megválaszolt nekem. Arra emlékszem, hogy használni akartam a Nap erejét, mely erősen tűzött – a Napnak van gyógyító hatása, csak ebben az állapotomban ezt is eltorzultan értelmeztem. Meg akartam javítani a látásomat. Gyerekkorom óta szemüveges voltam, de mindig kontaktlencsét viseltem. Kivettem a lencséket, eldobtam őket és a Napba bámultam. Azt vártam, hogy majd most meggyógyul a látásom egy pillanat alatt. Persze nem tudtam direkt belenézni, mondtam is apának, mire azt mondta: „csukd be a szemed". Így tettem, s csukott szemmel a Nap felé fordulva élveztem a napocska gyógyító, melengető sugarait. Nem tudom, mennyi idő telt el, majd apa annyit mondott: „menjünk". Beültetett az anyósülésre és elindultunk. Hova megyünk? – kérdeztem. Anyához – felelte. Nem tudtam, hol van anya. Beértünk a városközpontba, ahol a könyvesbolt volt. Apa kézen fogott, úgy vezetett be a boltba. Valamilyen hangos rendezvény volt a Fő téren – nyáron gyakori az ilyesmi –, valamint láttam Anitát, aki a bolt előtt volt – ekkor a szüleimnek dolgozott, mint könyvesbolti eladó – és rám mosolygott. Nem láttam mindent élesen kontaktlencse híján, csak mentem apa segítségével be a boltba. Hoztak nekem almát, beleharaptam, de alig ment le a torkomon a falat. A boltban az egyik falon végig tükrök voltak. Belepillantottam, de valamiért nem tudtam szembenézni saját magammal: irreális gondolataim voltak, amiket el is hittem; akkor abba a valóságba kerültem, ahol mindenféle érdekes, akár irreális gondolat megengedett, és azt valóságként élem meg. Bementünk apával a raktárba, mert voltak vásárlók a boltban. Mikor nem volt senki, anya is bejött. Anita után érdeklődtem, anya azt mondta, hogy hazament.

Megint furcsa kérdéseket kezdtem el feltenni, majd megszűntek a gondolatok, hirtelen alig kaptam levegőt, zihálva lélegeztem. Lefeküdtem a padlóra, apa mellém feküdt, és csak próbáltam lélegezni, zaháltam, valahol teljesen máshol jártam. Mintha a lelkem elszakadt volna ettől a világtól, de nem szűnt meg a kapcsolata a testemmel. Azt gondolom, hogy apa életenergiája tartott valamennyire ebben a világban, fogta a kezemet. Ugyanúgy, ahogyan előző éjjel a nővérem kézfogása hozott vissza ide, csak ez alkalommal ez már nem volt elég. Egy másik világban lévő igazságokat kezdtem el érzékelni. Leírni, megfogalmazni nem tudom őket, hiszen ezek érzések, gondolatok voltak. Azt hiszem, közben apa kérdezgetett dolgokat tőlem, többek között azt is, hogy meddig leszünk így, ebben az állapotban? Mire azt feleltem: „örökké". Erre ő elsírta magát. Nem tudom, mennyi idő telt el, mire egyszer csak kezdtem visszatérni ide, és nagyon hirtelen történt a megérkezés. Ekkor szüleim azt mondták, menjünk haza. Így is tettünk: beültünk mindannyian a kocsiba, de előtte elmentünk bevásárolni, hiszen üres volt otthon a hűtő. Már sötét volt. Elmentünk egy nagy bevásárlóközpontba és nyomatékosan megkértek, hogy pakoljam tele a kosarat olyan dolgokkal, amiket csak szeretnék. Azt mondták, hogy agyonéheztettem magam – kétségkívül a valaha legsoványabb állapotomban voltam akkor, de ekkor voltam átlagos súlyú végre. Hazaindultunk, útközben elhoztuk az autómat a fodrász parkolójából, majd otthon jól bekajáltam. Felrúgtam a vegánságot is, az evés jól leföldelt. Apa megjegyezte, hogy meg kell tanulnom enni, sem nem túl sokat, pont annyit, amennyivel jóllakom. Egy falattal sem többet vagy kevesebbet.

Ez nehéz, sőt szinte lehetetlen feladatnak bizonyult számomra, mivel gyerekkorom óta nem tudta a gyomrom, hogy mennyi az épp elég. Apa azt is szóvá tette, hogy ezzel a külsővel – lefogytam – nagyon feltűnő jelenség vagyok és nagyon erős kisugárzásom lett, amit a pasik sem fognak szó nélkül hagyni. Azt feleltem: „tudom, már észrevettem". Viszont előtte torzul láttam magamat. Szüleim azt mondták, anorexiás vagyok – ők ugye úgy szoktak meg, hogy mindig túlsúlyos voltam. Kíváncsiságból ráálltam a mérlegre, ami 39 kg-t mutatott... Ekkor az a gondolatom támadt, hogy én nem ezt látom a tükörben... valóban ennyire rosszul látom magamat? Majd megmértem magamat újra. Másodjára normális súlyt mutatott a mérleg – van, hogy rosszul mér, és jól meg is viccelt engem a mérleg. De olyan volt ez az esemény, mintha azon kijelentés után, hogy anorexiás vagyok, ezt a mérleg is alátámaszotta volna, azaz ezzel a kijelentéssel azonnal megteremtődött volna a fizikai világban a kimondott szó. Későre járt, aludni tértünk. Aznap éjjel a szüleimmel aludtam; a közelemben akartak maradni, hogy észleljék, ha bármi gond van.

Másnap már péntek volt, reggel korán ébredtem. Anyával kimentünk a konyhába és elkezdtünk beszélgetni. Morzsi odakuporodott mellém a bal oldalamra és nem mozdult, nem kérte, hogy vigyük le sétáltatni, pedig hiperaktív, hangos kutya volt. Anyával elkezdtünk beszélgetni a történtekről. Ő kérdezgetett, nekem meg folyamatosan jöttek elő az emlékek az auralátónál történtekről. Mintha érezte volna, hogy mit kell kérdezni, hogy kiadhassam magamból ezt az egészet...

Ezzel telt a nap nagy része. Olyan mélységekben és olyan őszintén beszélgettünk, mint előtte soha. Közben etettek megint. Amire emlékszem, hogy biztosan megettem, az egy kakaós csiga volt, és anya szerint az hozott helyre, akkor lettek reális gondolataim, tértem vissza teljesen ebbe a világba és földelődtem le. Valamiért épp ott volt az asztalon egy könyv, mely arról szólt, hogyan javítsuk meg a látásunkat. Felütöttem, és pont ott nyílt ki, ahol arról volt szó, hogy a szemizmok tornáztatásával javítható a rövidlátás. Ekkor szemüveg volt rajtam, mivel a lencséimet előző nap eldobtam. Arra gondoltam, nem érzem jól magam szemüvegben, és fel kellene menni Pestre, mert az albérletben volt pótlencse. Meg is egyeztünk, hogy felmegyünk érte. Már délután 4 óra volt, eddig beszélgettünk és jöttem vissza folyamatosan ebbe a realitásba, a kutya eddig nem mozdult mellőlem. Nagyon erős kapcsolat volt közöttünk, és ugye az állatok megérzik azt, hogy mire van szükséged és a szerint cselekednek. Érezte, hogy arra volt szükségem, hogy velem legyen, biztosítson a hűségéről és arról, hogy ő vigyáz rám. Utólag tudtuk meg a szomszédoktól, hogy szerdán, amikor ez az egész elkezdődött velem – az ebből a realitásból való kicsúszás –, Morzsi egész nap keservesen vonyított. Valószínűleg ezen a láthatatlan szálon keresztül, ami közöttünk volt, megérezte, hogy valami nincs rendben. Tehát délután 4 órakor vitte le anya sétálni, miközben én még mindig beszélgettem, ezúttal apával. Ahogy beszéltem, információ kezdett jönni odafentről olyan dolgokról, amiket soha nem hallottam vagy olvastam. Elkezdtem ezeket „közvetíteni" apának, aki feküdt a földön, fogta a fejét és ámult-bámult, hogy honnan tudok ilyeneket. Azt mondta, ezzel ki kéne állnod emberek elé és nekik elmesélni. Azt feleltem, meg is fogom tenni. Megkérdezte, hogy honnan tudom mindezt, mire tökéletes természetességgel válaszoltam neki azt, hogy kitágítottam a tudatomat, onnan kapom ezeket az infókat. Az élet bölcsességeit osztottam meg; beszéltem a történelemről úgy, mintha ez egy előre megtervezett, betanult szöveg lett volna. Ezt hívják tisztán tudásnak, amikor nem tudod, honnan tudsz bizonyos dolgokat. A kollektív tudattalanból hívod le őket, avagy Istennel beszélgetsz.

Nagyon jó érzéseim támadtak; azt éreztem, minden rendben van. El is határoztam, hogy visszamegyek a fővárosba egyedül, a szülők nélkül, és folytatom tovább az életemet. Így is tettem, már este volt, mire felértem az albérletbe. Már késő volt, mikor hirtelen megint üzenet kezdett jönni fentről. Azt éreztem, muszáj lejegyeznem. Fogtam egy papírt és írtam, ami jött. Egy listát kaptam emberekről, eseményekről. Az első helyen állt a Mester neve és az, hogy Magyarország. Második volt a nővérem, harmadik az auralátó, negyedik pedig én. Nem értettem, mi ez, csak írtam. Valamint az az információ is lejött nekem, hogy a nagypapám „fénytörést fog szenvedni, átmegy a túloldalra". Ezt sem értettem, de feljegyeztem. Ezután egy összefüggő szöveg kívánkozott ki belőlem, ezt is leírtam. Három hétköznapi mondatot jegyeztem le, melyek között látszólag nem volt összefüggés, majd ezzel folytattam: „Nem tudod, mi az összefüggés közöttük, de mégis érzed, hogy van valami. Figyelj, hallgass magadra, megleled a választ. Ne akarj mindent tudni, mert bele lehet őrülni. Tudom, miről beszélek." Könyvet kell írnom, ez az életfeladatom része – gondoltam magamban. Akkor még fogalmam sem volt róla, hogy egy igen hosszú útnak nézek elébe, és ehhez csak a bevezetést kaptam meg.

Eszembe jutott az auralátó. Meg akartam vele osztani ezt az információt, hátha ő tudja, mit jelent, hiszen ő is rajta volt a listámon. Elhatároztam, hogy felhívom, de mivel az éjszaka közepe volt, várnom kellett másnapig. Szombaton délelőtt fel is hívtam a titkárságát, és vele szerettem volna beszélni.

Kicsodával? – kérdezte a titkárnő. Megismételtem, hogy az auralátóval. Nem lehetett. Megkértem a hölgyet, hogy az auralátó majd hívjon már vissza engem.

Ezen a napon délelőtt vásárolni mentem, vettem magamnak egy szép, új, aranyszínű telefont, melyhez ingyen hozzájutottam hűségpontokkal, melyeket addig gyűjtöttünk a szolgáltatónál. Olyan telefont szerettem volna, amibe rengeteg név belefér; mivel könnyedén kezdtem ismerkedni bárkivel, azt gondoltam, szükségem lesz egy ilyenre. Ahogy a bevásárlóközpontban haladtam, szembejött egy kismama egy pár hónapos babával, aki hatalmas mosolyt küldött felém, mire én is neki. A csecsemők még közel vannak a másik dimenziókhoz, még nagyon nyitottak az energiákra, és valószínűleg ez a baba is megérezte azt az új, erőteljes energiát, amivel rendelkeztem. Délután a nővéremmel találkoztam, felvettem autóval és egy nagy bútoráruházba indultunk: kiegészítőket akart vásárolni. Odaértünk az áruház parkolójába, amely tele volt, de gondolatban helyet kértem magunknak, mire abban a pillanatban pont elindult egy másik autó, így keresgélés nélkül be tudtunk állni a helyére. Azt éreztem, hogy tökéletes az életem, ezentúl minden ilyen könnyen fog működni: csak kérni kell, és adott is a lehetőség.

Elég sok időt töltöttünk az áruházban. Találkoztunk egy ismerős kecskeméti házaspárral, akikkel jót beszélgettünk. Nagyon kinyíltam és beszédes lettem hirtelenjében, előtte nem bántam a csendet. Mintha elhárultak volna a kommunikációs akadályaim egyik pillanatról a másikra, bárkivel azonnal megtaláltam a közös hangot, és spontán tudtam lenni mindezek mellett. Az áruházban dolgozó egyik srác is mikor meglátott, önfeledten köszönt rám és mutatott érdeklődést. Nagyon élveztem az új énem energiáit, amikről feltételezem, hogy azokat a másik dimenziókban töltött idő alkalmával kaptam, teljesen fel voltam töltődve. Próbálgattam a bútorokat. Venni nem szándékoztam semmit, viszont találtam egy nagyon kényelmes fotelt, beleültem, és fel sem akartam állni belőle többé. Szóltam is egy eladónak, hogy szeretnék venni egy ilyen fotelt. Nővérem még nézelődött, ezért én is így tettem, mikor egyszer csak megcsörrent az új telefonom. Az auralátó volt az, bemutatkozott, de nagyon komor volt a hangja. Nem voltam egyértelmű vele, csak mondtam neki, hogy nekünk hármunknak találkoznunk kellene – a nővérem volt a harmadik személy –, azt viszont nem tettem hozzá, hogy miért. Erre csak annyit válaszolt, hogy ő ebben a továbbiakban nem kíván részt venni, de megadná valakinek a számát, aki SVT-vel – spirituális választerápia – foglalkozik. Megkérdeztem, hogy az micsoda. Azt mondta, gátoldás. Azt feleltem neki, hogy nem hiszem vagy nem érzem, hogy gátjaim lennének, de azért felírtam a számot. Annyit mondtam még neki, hogy „akkor köszönöm szépen az eddigieket részéről", és elköszöntem. Hezitált a vonalban, de ő is elköszönt. Nem értettem az egészet. Alább is hagyott egy kicsit a szárnyalásom, hiszen azt reméltem, hogy segít nekem megfejteni a történteket, elvégre nála indult el ez az egész és ő volt jelen az első „elszállásom" alkalmával, de tiszteletben tartottam a döntését, nem tehettem mást.

Szólt a nővérem, hogy készen van, mehetünk. Látta, hogy valami nincs rendben, megkérdezte, hogy mi az. Kaptam egy telefonhívást – feleltem. De mindegy is... Még meg kellett vennem a fotelemet. Továbbra is szívesen szóval tartottam ismeretlen embereket – ezúttal az eladót, akinél fizettem. A parkoló felé tartva újra belefutottunk a kecskeméti házaspárba, váltottunk megint pár szót, és úgy jött ki belőlem egy poén, hogy azt észre sem vettem. Mindannyian nevettek, úgyhogy biztos valóban jó volt. Azt éreztem, tökéletesen élem a jelent.

Dórival beültünk a kocsiba és elindultunk. Mondta, hogy délután találkozik pár barátjával, a Hősök terén lévő koncertre mennek, jöhetek, ha van kedvem. Persze, hogy volt. Ahogy elindultunk az autóval, furcsa dolgot tapasztaltam. Ahogy néztem fel az épületekre, mintha csúsztak volna lefele a falak, de nem fizikálisan, hanem olyan érzés volt, mintha egy dimenzióból, egy valóságból csúsznék ki. Az életben rengeteg döntést hozunk. Vannak apróbbak, és vannak jobban meghatározók. Azt éreztem, hogy az auralátóval való beszélgetés hatására éltem meg ezt a dimenzióból való kicsúszást. Hiszen döntés született.

Délután lett. Elmentünk a nővérem egyik munkatársához, akivel tesóm barátságban volt, Tamáshoz. Mikor odaértünk, ő is megdicsért, hogy hogy lefogytam, meg hogy milyen sugárzó vagyok. Nekem már itt nagyon fontos lett a 3-as és 4-es szám – a listámra gondoltam. Plusz azt is jelentette számomra, hogy a Föld a 3. dimenzióból felfelé fog-e emelkedni, és meglesz-e a 4-es szám, azaz az eggyel magasabb szint. Sokat foglalkoztatott már ekkor a Föld sorsa, és hogy az emberiség kollektíve merre fogja billenteni a jövőnket. Felfelé vagy lefelé, vagyis maradunk-e ugyanott, ahol vagyunk. Azt gondoltam, hogy a 2012-re jósolt dimenzióváltás előbb is megtörténhet egyénenként is, illetve, hogy az a dátum nincsen kőbe vésve. Tehát nagyon erősen jött a gondolat, hogy most még a háromdimenziós világban vagyunk, és erre kezdtem el jeleket észrevenni az életben. Például, hogy Tamás a 3-as szám alatt lakott. Dórival tudattam is az effajta gondolataimat. Elindultunk a koncertre mind a hárman, és útközben még felvettük Tamás fiú unokatestvérét is. Hatalmas tömeg volt a Hősök terén, de mi csak mentünk előrébb és előrébb az emberek között, hogy minél közelebb legyünk a színpadhoz, majd egyszer csak megálltunk. Élveztük a műsort, és most is tudtam adni magamat, az igazi énemet, aki valójában vagyok legbelül, csak soha nem tudtam magamból kihozni ezt. Nagyon jólesett. Végre társasági ember lettem, aki mindenkivel könnyedén megtalálja a hangot, és bármiről tud beszélgetni. Nővérem rögzített egy videót az új telefonommal, ahogy Tamással beszélgetünk és nevetgélünk, én összefont karokkal állok rajta. Kellemes időt töltöttünk ott, de a koncert végeztével hazaindultunk. Én voltam a sofőr, mindenkit hazafuvaroztam, majd én is hazamentem. Boldogan mentem aludni azon az estén.

2007. JÚLIUS 1., VASÁRNAP

Ezen a napon lett volna az energiaátadás az auralátónál. Jól emlékeztem erre, de figyelembe véve a kérését, nyilván nem mentem. Ehelyett az új fotelemben kényelmesen olvasni kezdtem a Mester egyik könyvét pont egy olyan résznél, ahol a felhőkről ír, és ahogyan felnéztem és kiláttam az ablakon, pontosan ugyanúgy viselkedtek a felhők, ahogyan azt olvastam. Hm... Azt gondoltam, élem a jelent, hiszen amit olvasok, rögtön meg is történik a való életben. Azzal a lendülettel le is tettem a könyvet: mivel élem a jelent, tudom teremteni a dolgokat, nincs szükségem többé könyvekre. Nyüzsgésre vágytam, az eddigi életemet magam mögött akartam hagyni, és mindig feltétlenül csinálni akartam valamit. Felrúgtam az addigi étkezési szokásaimat is, nem voltam vegán többé, csak vegetáriánus, viszont a jól tervezett étkezéseket sem tartottam be ettől kezdve, hanem mindig megettem, amit megkívántam. Azt hittem, hogy mivel ilyen energiákkal rendelkezem, rám nem vonatkoznak többé a fizika törvényei, és bármit megtehetek következmény nélkül. Vannak olyan spirituális emberek, akikre valóban nincs hatással az, amit esznek, és azt reméltem, ez velem is így lesz. Tévedtem: két hét alatt magamra szedtem 10 kg-ot. Abbahagytam a meditálást is, a befelé figyelést, nem fordítottam energiát és figyelmet arra, hogy előrébb lépjek az életben, például munka terén sem, holott ez nagy álmom volt előtte. Csak éltem tovább az életemet ugyanúgy, mint előtte, de nem voltak céljaim, csak folytattam a tanítást, ahogy telt a nyár. A spontaneitásom megmaradt a munka terén, nem kellett készülnöm az óráimra, mindig rögtönöztem, minden tudás a fejemben volt, melyet bármikor használni tudtam, és fantasztikus órákat tartottam.

Egy héttel a történtek után éppen a gimis Nóra barátnőmmel taliztunk és vacsiztunk együtt pénteken, amikor anya felhívott, hogy Morzsival baj van. Ekkor ő már több mint 16 éves volt és eljött az ideje. Anya közölte, hogy másnap elviszi az állatorvoshoz elaltatni, mert már nagyon szenved szegény. Fogtam

35

magam és kocsiba ültem, hazamentem még azon az éjjelen, hogy a kutyussal lehessek, mikor itt hagyja ezt a világot. Már nem tudott felállni, összecsuklott, de mikor hazaértem, minden erejét összeszedte és felállt, hogy üdvözöljön, de azzal a lendülettel el is esett. Anyával végigvirrasztottuk vele az éjszakát. Sokat simogattam és nyugtattam, mondtam neki, hogy „menj nyugodtan, légy boldog", majd másnap délelőtt elindultunk vele az állatorvoshoz. Ezt ő már nem várta meg: útközben, a kocsiban kilehelte a lelkét. Szó szerint: sóhajtott egy utolsót hangosan, és azzal el is távozott... Az állatorvos megállapította, hogy elpusztult, mi pedig a hobbikertben temettük el. Ekkor tapasztaltam meg azt először, milyen az, amikor az élőlény már nincs benne a testében. Látszik, hogy már nincsen benne, érződik, hogy az csak egy test, amit hátrahagyott a lélek. Nagyon egészséges kapcsolatom volt a halállal, természetesnek vettem, hogy egyszer mindenkinek el kell hagynia ezt a világot. Morzsi 2007. július 7-én hagyott itt minket...

Dórival sokat találkoztam, összejártunk, napi kapcsolatban voltunk, nagyon tartalmas beszélgetéseink voltak. Fokozatosan kaptam újabb és újabb információkat odafentről, olyan dolgokat, amiket soha nem olvastam vagy hallottam előtte, például hirtelen otthon lettem a számmisztikában anélkül, hogy előtte akár egy percet is foglalkoztam volna vele. Olyan összefüggéseket láttam meg bármiben, tudtam sok mindenre választ adni, amelyekre azelőtt magam is csak a kérdést tudtam feltenni.

Egyszer ebédelni mentünk Dórival, és valahogyan az „elszállásaimról" kezdtem beszélni. Az az információ jött le nekem, hogy amennyi ideig „távol" voltam ettől a világtól, annak megfelelően egy nagyobb időintervallumban kapom meg folyamatosan az információkat, amiket akkor „leszedtem". Pár órát voltam távol, tehát pár hónapig fog tartani, mire minden gondolat formát ölt a világomban. Azt is megmondtam Dórinak, hogy hosszabb ideig is úgy maradhattam volna, de nem engedték a fentiek, a segítők, hogy ez megtörténjen.

A könyvesboltokban rátaláltam két könyvre, melyeket meg is vettem. Az egyik a csakrákról szólt, a másik magáról az auráról.

Ezekben a könyvekben részletes információt találtam az engem érdeklő dolgokról. Az auralátó is beszélt ezekről az előadásain, de most sokkal részletesebben vethettem bele magam a téma tanulmányozásába. Választ kerestem a történtekre, és azt hiszem, meg is leltem őket. A csakráink, energiaközpontjaink harmonikus működése lehetővé teszi, hogy kiegyensúlyozott, boldog életet éljünk. Nálam ez az alsó csakrák kitisztítását jelentette, hiszen hirtelen a mindennapi életben is megálltam a helyemet, ami az alsó csakrák feladata. Valamint vannak olyan energiák, amiket fel tudunk éleszteni, de ezek veszélyesek tudnak lenni, ha az ember nem hozzáértéssel indítja el a működésüket. Ez volt a válasz számomra, és örültem, hogy megleltem rá az információt. Ahogy minél többet olvastam, egyre több információt kaptam magam is odafentről; többek között azt is, hogy a skizofréneknek túlságosan tágra nyílik a legfelső, a koronacsakrájuk, és a legalsó, a gyökércsakrájuk nem működik, nincsenek földelve, ezért veszítik el a kapcsolatot a realitással, és csúsznak át más valóságokba.

Valamint elkezdtem nyitogatni a Mester könyveit is. El nem olvastam őket végig, de minden egyes alkalommal, mikor felütöttem valamelyiket, pont ott nyílt ki, ahol a nekem szánt információ volt. Megtudtam, hogy a megvilágosodottat és az őrültet csak egy hajszál választja el egymástól, és hogy a két állapot nagyon közel áll egymáshoz. Valamint hogy megvilágosodáskor nem megtalálod a fényt. Tehát amikor én megtalálni véltem a fényt, az egy másik folyamat volt, nem a megvilágosodás. Ilyen és ehhez hasonló érdekes dolgokra akadtam folyamatosan.

Egyszer, mikor vásárolgatni voltam, találtam egy pingvines kulcstartót, ami nagyon megtetszettű: az volt ráírva: „Mindent tudok". Megvettem és a kocsikulcsomra tettem.

Sokat jártam haza Kecskemétre azon a nyáron. Visszamentem Szilvihez is, most már valóban egy hajvágásra, és nagyon jól működött minden emberi kapcsolatom. Egyik nap, szintén Kecskeméten, kint voltam a hobbikertben, napoztam, élveztem a jó időt, amikor megint érdekes gondolataim támadtak. Mintha egy másodperc alatt átsuhant volna a fejemen az eddigi életem, és azt éreztem, már mindent megéltem ebben az életben, amit lehetett. De akkor miért vagyok itt? Megint megtörtént egy kisebb csúszás, de ekkor stabilan ebben a világban maradtam, csupán ez a gondolat jött a fejembe nagyon határozottan, és nem tudtam nem tudomást venni róla. Majd hirtelen azt éreztem, mennyire szerencsés vagyok, hogy itt élhetek a Földön, hogy élvezhetem a napocska melegét, hogy süti a talpamat a forró homok. Hálás voltam, hogy itt lehetek, hogy ezt tapasztalhatom, viszont a gondolatok nem csillapodtak. Ekkor megcsörrent a telefonom: a nővérem volt az. Mintha megint ráérzett volna, hogy mikor van szükségem rá; egy láthatatlan szálon össze voltunk kötve, és tudta, mikor kell velem kapcsolatba lépnie. Feltettem neki a kérdéseimet. „Miért vagyok itt? Már mindent megéltem ebben az életben, bármit csinálok, az már mind ismétlés lesz, akkor meg mi értelme az egésznek? Mi tehetne boldoggá, egésszé?" Egy társ – felelte Dóri. „A társadat még nem találtad meg, és ezért vagy itt a Földön, hogy megtapasztald az összetartozást valakivel. Ez még előtted van."

Ezzel meg is kaptam a válaszomat, és eltűnt a sok kérdés a fejemből egy pillanat alatt.

Így telt a nyár; a nővérem mindig akkor keresett, amikor szükségem volt rá. Mindig megérezte, mikor volt ez aktuális.

Volt még egy érdekes történés. Egyik nap egy irreális gondolatom támadt a semmiből, az, hogy hamarosan el kell hagynom a testemet, mivel már mindent megéltem ebben az életben, nincs már itt dolgom. Azt hittem, hogy az Univerzum ki fog szippantani ebből a világból. Ennek neki is készültem, beleültem a fotelembe, becsuktam a szememet és vártam. Vártam, hogy mikor szippant ki az Univerzum, nagyon koncentráltam. Egy pillanatnak tűnt a fotelben eltöltött két óra – megint kiestem ennek a valóságnak az idő dimenziójából. Miután nem történt semmi, kiszálltam a fotelből, bementem a fürdőszobába és belenéztem a tükörbe. Életemben először gyönyörűnek és tökéletesnek láttam magamat, mintha nem a saját szemeimmel látnám magamat. Még el is pityeredtem, hogy itt kell hagynom ezt a szép testet, még mindig azt gondolván, hogy márpedig az

Univerzum akkor is ki fog szippantani hamarosan. Aznap délután ez még nem következett be...

Egy hétre anya feljött hozzám Pestre az albérletbe, hogy időt töltsünk együtt, bepótoljuk, amit gyerekkoromban elmulasztottunk: tartottunk egy csajos hetet. Egyik nap a tévét kapcsolgattam és egy olyan csatornára akadtam, ahol az auralátó beszélt éppen egyik munkatársával, aki az elemzés alkalmával is ott volt. Egy pillanatra megálltam, belehallgattam a műsorba: éppen hitleri energiákról beszéltek. Ahogy ezt hallgattam, hirtelen elöntött egy iszonyatosan mély félelemérzés, a lelkem legmélyéről tört fel, és szinte pánikoltam. A nap hátrelévő részét így töltöttem; megmagyarázhatatlan pánikérzés kerített hatalmába, ami másnap délig tartott. Azt hittem, hogy az auralátó azt gondolja rólam, hogy hitleri energiákat hívtam be, amikor elszálltam, hogy ő ezt látta, és azt éreztem, nem gondolhatja ezt rólam. Beszélni akartam vele erről, felhívtam a titkárságát. Beszélni persze megint nem lehetett vele, csak üzenetet hagyni. Ezután megnyugodtam, elmúlt a pánikérzés. Azt éreztem, még dolgunk van egymással, nem hagyhatjuk a történteket ennyiben. Talán így próbál engem visszahívni, vissza az életbe. Anya a hét végén hazament, én pedig egyedül maradtam megint a lakásban. Következő héten már célirányosan megnéztem megint ezt a műsort, melyben az auralátó szerepelt, ám ekkor már nem keltett bennem rossz érzéseket vagy félelmet. A műsor végén azt mondta, előadást fog tartani következő héten, és mindenkit szeretettel vár. Ezt invitálásnak vettem, avagy azt gondoltam, hogy végre szembenézhetünk egymással és tisztázhatjuk a történteket.

Egyik hétvégén elmentem egy szabadtéri rendezvényre, ahol különböző programok voltak, és találtam egy aurafotózást felajánló embert is. Készíttettem is egy aurafotót, amely mutatta a csakrák töltöttségét is. Majdnem kiakasztottam a gépet, amely mérte ezeket. Az egész aurám nagyon nagy volt és erőteljes, valamint a csakráim is teljesen fel voltak töltve. Annyit mondott a fotót készítő ember, hogy az étkezésre figyeljek oda. Én meg azt gondoltam magamban, hogy nem is lát energiát, csak azért, mert van egy kis hasam, rögtön véleményt alkot, és azt gondolja, túl sokat eszem. Sokat nézegettem ezt az aurafotót ezután. Már szeptember volt. Az auralátó előadásának napján délelőtt ismét Kecskeméten jártam fodrásznál, amikor volt egy hívásom. Valaki azt kérdezte, van-e eladó zab. Hirtelen nagyon furcsán éreztem magam a hívás hallatán; az a benyomásom támadt, mintha valaki pontosan tudná, hogy engem hív, de csak szórakozik. Ezzel a furcsa érzéssel indultam el autóval a fővárosba, majd mikor kanyarodtam rá a körútra, egy motoros jött balról és rám dudált. Ez nagyon megmaradt bennem: mintha azt üzenné: „oda mész, ahol semmi keresnivalód nincsen". Ez a motoros is és a téves hívás is azt az érzést keltette bennem, hogy nem abban az időben vagyok jelen, ahol igazából lennem kellene. De akkor nem foglalkoztam ezekkel, haladtam tovább és mentem az előadásra. Orsival együtt mentünk, és beültünk a kis terem utolsó sorába középre és megvártuk, míg bejött az auralátó. Zöld felsőt viselt. Ránéztem, mire megkérdezte, hogy az utolsó sorban is hallható-e a hangja, ekkor találkozott a tekintetünk. Nem tudtam válaszolni a kérdésére, lehajtottam a fejemet. Nem szégyenérzet volt ez, hanem a testem ismét máshogy viselkedett, mint ahogy én azt irányítani akartam: nem volt kontrollom a mozdulataim fölött. Az idő fele azzal telt el, hogy jobbra és balra tekingettem – egyszerűen nem bírtam ránézni erre az emberre, mintha egy külső energia irányított volna. Az előadás közepén megkérdeztem Orsit, hogy figyel-e erre. Orsi azt válaszolta, hogy igen, egyértelműen sokat figyel felénk. Összeszedtem minden erőmet és ránéztem, egyenesen a szemébe, nagyon magabiztosan. Azt éreztem, mintha az erőnket mérnénk össze, avagy latolgatnánk, hogy akkor mégis hányadán állunk a másikkal. Megint magaménak éreztem azokat a dolgokat, amiket elmondott, és emlékszem, azon gondolkodtam, hogy olyan, mintha mégis szimpatizálna velem, mintha sok mindent nekem mondana úgy, hogy közben rám néz. De aztán megbeszéltem magammal, hogy ez nem így van, hiszen egyszer-kétszer már elutasított.

Az előadáson lehetett kérdezni. Érdekes dolog történt. Ránéztem egy férfira, aki egy másodperccel később feltette a kezét, hogy kérdezzen valamit. Következőleg ránéztem egy nőre, aki szintén egy másodperc múlva jelentkezett a kérdésével. Mintha a testem előre megérezte volna a kérdezők szándékait. Az előadást az előadó úgy fejezte be, hogy rám mosolygott. Nem tudtam viszonozni, de megint mintha nem én kontrolláltam volna ezt a cselekedetemet, hanem a tudattalanom. Nem tudtam hova tenni a történteket, főleg azt nem, hogy miért kerültem megint ilyen idegen állapotba ennek az embernek a hatására. E találkozásnak is megvolt az eredménye: ezután kezdődtek el csak igazán a furcsa történések az életemben...

3.

Mi történik velem?

Valamiért azt éreztem, hogy követnem kell az auralátó munkásságát. Elkezdtem nézni a műsorát, mely hetente új adással jelentkezett. Az első adás alkalmával azt tapasztaltam, hogy megint furcsán érzem magam: elkezdtek szétcsúszni a tudatos és tudattalan valóságtartalmak. Az ember testbeszédét kezdtem el figyelni és értelmezni, nem azt, amit mond. Nincsen rá észszerű magyarázat, de olyan volt, mintha az előadáson történt eseményeket tükrözte volna vissza testbeszéd szempontjából. Úgy éreztem, mintha üzeneteket kapnék tőle a tévén keresztül. Az adás végén megadtak egy e-mail címet, ahova lehetett írni. Pár nap múlva bátorságot gyűjtöttem, és megírtam az első levelemet. Azt kérdeztem, hogy az időt vajon el lehet-e húzni? A velem történtekre gondoltam e kérdés tekintetében; azt éreztem, hogy az idő dimenziójában kezdtem el csúszkálni ide-oda. Pár nap múlva meg is érkezett a válasz, miszerint igen, el lehet húzni az időt, például a fociban is szoktak hosszabbítást kérni. Ezzel egyidejűleg a magyar közösségi oldalon, ahova regisztrálva voltam, valaki névtelenül küldött nekem egy linket „Jó hír" címszó alatt. Különböző honlapokat tartalmazott a link, mindegyik spirituális vonatkozású volt, érdekes történetekkel és információval. Rengeteg oldalt lehetett vele látogatni. Nekem négy tetszett meg, amiket onnantól kezdve napi szinten kezdtem el látogatni. Furcsa volt az egybeesés, hogy olyan történetekre bukkantam, amelyek arról szóltak, amik engem napi szinten foglalkoztattak. Voltak benne a Mesterre utaló információk is. Ekkor még nem gondolkoztam azon, hogy ki küldhette ezt a linket; az volt a lényeg, hogy nekem éppen kapóra jött.

Még mindig valahogy szeptember elején történt, hogy egyik nap az utolsó órám után tartottam haza kocsival, amikor a kezembe akadt egy szórólap, amit még valamikor tavasszal kaptam valahol. A Mester tartott pont aznap délután és este kurzust – még épp időben voltam, hogy elmenjek. „Meg kell tudnom, mi történt!" – jött ez a gondolatom. Hittem benne, hogy a Mester tud nekem abban segíteni, hogy kiderítsem, hogyan történhetett velem, ami történt még júniusban. Hittem, hogy ő magyarázatot tud nekem adni. Tehát ahelyett, hogy hazamentem volna, elmentem hozzá. Este 7 óra körül érkeztem, leültem törökülésben a padlóra a teremben, ahol együtt lehetett vele figyelni. Egy fotelben ült, és piros felső volt rajta. Becsuktam a szememet és elkezdtem megint mély lélegzeteket venni, ahogy azt júniusban is csináltam, de azóta nem gyakoroltam. Egy pillanat telt el az én világomban – valójában egy óra: 8-ig tartott a kurzus. Elkezdett mindenki fészkelődni, ablakot is nyitottak. Hallottam, ahogyan valaki beindít egy motort és elindul vele, valamint azt is, hogy mi történik körülöttem, de megint ebben a transzállapotban maradtam. Csak ültem és tökéletesen kiürítettem a fejemet, egyetlen gondolatom sem volt.

Már kiürülhetett a terem, de a testem még mindig nem mozdult, már elkezdtek beszélni is a körülöttem lévők, hogy vége van mára a lehetőségnek, de még ekkor sem engedelmeskedett a testem. Kiürült a terem, nekem meg elkezdett mozogni a testem. Először csak az arcom, majd jobbra fordult a fejem és elfeküdt a jobb oldalra a testem is. Majd egy ismerős dolog történt ismét: elkezdett bizseregni a tenyerem. Ezúttal csak a jobb. Próbáltam megfogni az energiát azzal, hogy ökölbe szorítottam a tenyeremet. Eltelt még egy félóra, mire visszajöttem ebbe a világba, az ott lévő, segítő emberek próbáltak élesztgetni, nagy nehezen sikerült. Kinyitottam a szemem. Három ember állt mellettem. Szemügyre vettem őket, majd az egyikükre rámosolyogtam. Ő kivezetett a teremből, miközben kérdéseket tett fel nekem. Többek között aziránt érdeklődött, hogy mi az, ami vissza szokott hozni a földre. Sorozatok? Eszem – feleltem. Azt tanácsolta, hogy mielőtt lefekszem aludni, feltétlen egyek meg valamit, hogy földelődjek rendesen. Furcsa volt a testbeszédem; ismét olyan volt, mintha valami tőlem független erő irányítana, nem én. Miután hazaértem, megettem egy banánt, majd közvetlen ezután elkezdett megint bizseregni a jobb tenyerem. Nem tartott sokáig. Ezután aludni tértem.

Pár nap múlva volt a Mesternek egy előadása is, amire elmentem. A segítő emberek megismertek, és kérdezgették, hogy jól vagyok-e. Persze – feleltem, majd a terem legvégében foglaltam helyet. És ismét megtörtént, hogy a testem mozdulatait nem teljesen én irányítottam. Ugyanaz a testbeszéd zajlott le, mint a pár nappal azelőtti gyakorlaton, csak ezúttal egy széken ülve. De aztán abbamaradt, és végig tudtam figyelni az előadást. Érdekesnek találtam. Egy mondata megmaradt: egy feltett kérdésre annyit mondott, hogy „szeretnék ott lenni a szülinapodon". Én meg azt gondoltam magamban, honnan tudja, hogy nemsokára szülinapom lesz? Ezen az eseményen azt a mondatot éreztem magaménak.

A tanítást továbbra is folytattam, a mindennapi életben még mindig remekül helyt álltam. Senki nem vett észre semmi furcsát velem kapcsolatban, pedig valami elkezdődött. Az emberek, akiket tanítottam a csoportokban, még mindig élvezték az óráimat, és nekem sikerélményt adtak, boldog voltam a velük töltött idő hatására. Viszont a honlapokon talált új információ napi szinten érdekfeszítő foglalatosságommá vált. Valamint a már említett e-mail címre elkezdtem leveleket írogatni. Mindig, ha volt valami kérdésem vagy gondolatom, leírtam, hiszen már kaptam onnan választ. Valamikor szeptemberben kaptam egy válasz e-mailt a Mestertől is – nem is emlékszem, mikor írtam meg neki a kérdést. Az e-mail végére azt írta: „üdv".

Egyik nap napközben bent voltam a városban, amikor megint valami furcsaság történt velem. Hirtelen megint érdekesen éreztem magamat, mintha megint szállnék ki ebből a világból, valósággal megzavarodtam. Épp az utcán sétáltam és emiatt megálltam. Egy gondolat suhant át a fejemen, annyit mondott: „nézz fel!". Felnéztem; két templomnak a toronyórája volt látható, de különböző időket mutattak. Mire jött megint az üzenet

odafentről: „Megállítottad az időt, így most kétféle idősík létezik".
Ettől talán megijedtem, de mindenesetre nem tudtam értelmezni
ezt az egészet. A furcsa állapot nem múlt el; hirtelen nem tud-
tam, hogy hol vagyok és hogy mit keresek ott. Hazaindultam,
és mikor megérkeztem, már ismét ebben a valóságban léteztem.
    Sokat nyitogattam a Mester könyvét is, és ahogy elolvastam
egy-egy gondolatot, az utána megjelent a való életemben is vízi-
ók formájában. Egyszer például Spooky-val találkoztam náluk
az albérletében, és ahogy oda tartottam, jött egy nagyon erős
vízióm: képeket láttam egy-egy előtte elolvasott gondolatról. A
találkozás előtt is ez történt és el is térítettem magamat az út-
ról, amerre Spooky lakott, és követtem a látomásaimat. Olyan
volt, mintha egy másik, láthatatlan világ párhuzamosan létezne
e világ mentén, és én ebbe belelátnék – nagyon izgalmas érzés
volt. Aztán egyszer csak, amilyen gyorsasággal jött a vízió, el is
múlt. Visszaindultam a megbeszélt hely irányába, és arra em-
lékszem, hogy megfogtam a nyakláncomat, ami a nyakamban
lógott, úgy, hogy oda sem néztem, pedig az éppen leesni készült.
Ugyanaz a tapasztalás volt, mint amit júniusban is átéltem: nem
kellett látnom valamit, hogy tudjam, hogy az ott van, és épp mi
történik vele. Ez a kis kitérő, amit a vízió követésével töltöttem,
elintézte nekem, hogy pontosan időben érkezzek a találkozóra.
Spooky azzal fogadott, hogy „de pontos vagy!". Valahogyan az
idő figyelése nélkül többször is pontosan érkeztem helyekre.
Értelmezésem szerint éltem a jelent.
    Valamint vízióim voltak saját magamról, ahogyan egy köny-
vet írok. Ezen sokat gondolkodtam, hogy ugyan miről írhatnék...
Ezek a víziók nem tompultak idővel sem, állandóan láttam őket.
    Sokszor jöttek nem földi gondolatok a világról, hogy hogyan
is áll össze, miért is vagyunk itt. Központi szerepet kapott az
ego elemezgetése, erről már előtte is sokat olvastam. Van ugye a
felsőbb énünk, aki szeretetteljes üzenetekkel lát el bennünket, a
célja, hogy boldogok legyünk. És van az egónk is, aki azt szereti,
ha szenvedünk, ha borúlátók vagyunk, viszont egó nélkül nem
élhetnék a Földön. Elkezdtem azon gondolkodni, hogy vajon az
egész földi életem az egóm kivetülése lehet-e? Mi van, ha semmi

sem valódi, csak az egóm hiteti el velem, hogy a körülöttem lévő dolgok, emberek valódiak? Mi van, ha mindent az egóm teremtett meg körülöttem...? Ezt a kérdést sokat boncolgattam, Dórival is megosztottam az effajta gondolataimat. Őt is megijesztette még a feltételezés is, hogy ez valóban lehetséges volna.

Egyik délután egy gyorsétterem kerthelyiségében ettem, miközben elgondolkodtam a világ dolgairól, és ekkor megpillantottam egy embert, aki két kisfiúval szintén ott étkezett. Kiköpött hasonmása volt az auralátónak. Jól szemügyre kellett vennem, hogy megnézzem, valóban nem ő az. De nem ő volt, csak egy alteregója. Nem tudtam levenni erről az emberről a tekintetemet, viszont azt nem tudom megmondani, hogy miért. Azon kezdtem el gondolkodni, hogy ez egy párhuzamos dimenzió avagy a jövő talán, ahol ő már idősebb és gyerekei vannak? Talán így tudnám legjobban leírni az érzést, amit belőlem kiváltott ez a látvány. Mi lehet az auralátóval? – gondoltam magamban. Intenzív energiák kerítettek hatalmukba e szituáció hatására.

Egyre többet kezdtem el vacillálni egy-egy akár apró döntés meghozatalakor is. Például amikor vásárolni voltam, hosszú percekig vizslattam, hogy az adott áruból melyik a leggazdaságosabb, de legjobb minőségű termék. Volt, hogy egy-egy rövidnek tervezett vásárlás akár 50-60 percet is igénybe vett a lehetőségek latolgatása miatt. Egyre többet időztem a gondolataimban, és rengeteget gondolkodtam aprónak tűnő döntések meghozatalán.

Olyan volt, mintha kettős életet élnék. A mindennapi életben megálltam a helyemet, sőt kimagaslóan teljesítettem a munkámban, viszont másrészről egyre inkább hatalmuk alá kerítettek a furcsa történések. De ezek csak néha jelentkeztek, így nem vettem észre őket. Például elkezdtem értelmezni a színek jelentéseit a csakrák színeinek megfelelően. Számomra a 3-as és 4-es csakrák, vagyis az erőcsakra és a szívcsakra volt fontos, az erőcsakra színe citromságra, a szívcsakráé pedig zöld vagy rózsaszínű. Már eddig is sokat olvastam a Föld sorsáról, dimenzióváltásról és úgy képzeltem el, hogy a bolygó most az erőcsakra szintjén él, de a cél az lenne, hogy a szívcsakra szintjére emelkedjünk rezgésszintben, és ez még nem dőlt el, hogyan lesz. Az emberiség kollektíve felelős ezért, mindenki számít, mindenki hozzátesz valamit a bolygó sorsához: vagy lefelé húz, vagy felfelé. Mindennapi életem során néha erőteljesen felfigyeltem egy-egy színre egy bevásárlóközpontban a tömegben; volt, hogy a szembejövő ember zöld pulóvere ragadta meg a figyelmemet. Ilyenkor azt gondoltam, hogy a szeretet felé haladunk, illetve én egyénileg is jó úton vagyok afelé. Egyre inkább az ilyesfajta, tudattalan valóságtartalmak kezdték meghatározni az életemet. Elmentem a Mester újabb előadására, ezúttal Anitával. Az önbizalmam ekkor még mindig az egekben volt, bármit meg mertem csinálni. Ahogyan ott ültem az előadáson, a hallottak hatására kérdéseim támadtak, nagyon intenzív gondolataim lettek. Le is írtam ezeket egyenként, összesen négyet és kivittem a Mesternek, de ettől függetlenül is mászkálhatnékom támadt, nem tudtam egyhelyben ülni. Az előadás után otthon ismét a honlapjaimat nézegettem, és ismét olyan információkat találtam rajtuk, amik mintha az aznap délelőtt megélt dolgokkal álltak volna kapcsolatban. Mintha a két dolog összefüggött volna. Ugyanezeket az összefüggéseket véltem felfedezni a tévében, rádióban is: kezdtem elveszíteni a realitás talaját, persze ezt akkor nem tudtam.

Mindeközben összejártam a barátaimmal, mindenkivel nagyon jóban voltam. Amikor Nórával és párjával találkoztam, mindig elmeséltem nekik, amiket olvastam addig; mind a dimenziókról és a Föld sorsáról szólt. Érdekfeszítő beszélgetések voltak. Spooky meg olyan volt, mintha mindig kimondta volna a gondolataimat. Valahogyan ráérzett ezekre a dolgokra, és ezt furcsának találtam. Létezik emberek között telepátia, de hogy mindig kitalálja, épp mire gondolok? Legalább tudtam azokról a dolgokról beszélgetni vele, amik valójában érdekeltek. Sokat kérdezgette tőlem, hogy mi van már a pasikkal...

Sokat jártam könyvesboltokba netezni. Egyszer, mikor épp ezt tettem, a Mester honlapjára tévedtem, mire valaki a háttérben beszélgetés közben ezt mondta: „Végre kezdi kapiskálni, hol a helye!". Ez a mondat nagyon felkeltette az figyelmemet, megerősítést kaptam, hogy a Mesternél jó helyen leszek.

Elmentem ismét egy előadásra, amit az auralátó tartott. Arra emlékszem, hogy az előadás előtt vásárolni voltam autóval és nagyon nagy szél kerekedett, teljesen kifeszítette a kocsi ajtaját, vihar készült. Az előadáson tényleg totálisan azt hallottam vissza, amiket én neki e-mailben írogattam. Valószínűleg észrevette, hogy valami nincs velem rendben, csak nem tudta, hogyan kezelje a helyzetet. De nekem ez megint beleillett a furcsaságok közé: miért beszélne olyan dolgokról, amiket én írtam neki? Erre az előadásra Orsi és a nővérem is elkísért, ők ott találkoztak először. Ekkor már térszimbolikát is kezdtem elemezgetni, amit grafológiából tanultam: a jobb oldal a jövőt, a közösséget szimbolizálta, a bal oldal pedig a múltat, az egyént. Az előadás időtartama alatt már egyáltalán nem tudtam figyelni a hallottakra, hanem mindent elemezgetni kezdtem, csak vizslattam a körülöttem lévő tárgyakat – ki hol ül, ki van mellettem, elemezgettem az előadó testbeszédét, mozdulatait stb. De ezek a történések az életem más területein még nem jelentek meg, csak itt.

Már október-november környékén jártunk, amikor is könyvdedikálást tartott a Mester az egyik könyvesboltban, ahova én egyébként is sokat jártam. Megint az órák után volt időm elmenni rá. Már a közelben voltam, láttam a könyvesbolt bejáratát, amikor megint a semmiből jött egy gondolat: „Valami nem stimmel.". E miatt a gondolat miatt rögvest megfordultam, és indultam vissza a kocsi irányába. Nincs itt az ideje annak, hogy dedikáltassak a Mesterrel. Beszálltam az autóba és elindultam, mikor a lámpánál egy csillogó fehér amerikai autó vágott elém, aminek az volt a rendszáma: Nekem 8 és ontariói rendszámtáblája volt. Ez nagyon felkeltette a figyelmemet, elkezdtem hát utánamenni. Közben mentők is jöttek jobbról-balról. Gyorsan száguldottunk végig a városon mindketten a Nekem 8-as rendszámú autóval, nem is figyeltem, hogy merre tartunk... az auralátónál kötöttünk ki. Bementem hozzá, leültem mellé a fotelba és annyit mondtam: „szia!". Épp egy idősebb házaspárral beszélgetett. Mikor meglátott, nem tudtam semmit leolvasni az arcáról. Fogta a kabátját és annyit mondott: „gyere!". Nem mozdultam, mire megismételte: „gyere!". A testem és a tetteim irányítója teljes mértékben nem én voltam – olyan volt, mintha egy felsőbb erő adná az utasításokat. Mentem utána. Kimentünk az udvarra és elkezdett nekem beszélni, de nem nagyon tudtam arra figyelni, hogy mit mond: ismét e világon kívül tartózkodtam. Indultam volna vissza a házba, mire megragadott és a kocsimhoz vezetett. A párhuzamos dimenziókról beszéltem neki, miszerint minden lehetséges életedet itt és most éled. Mintha akkor kaptam volna ezt az információt odafentről.

Csend lett. Belebámultam a szemébe, mintha azt csekkolnám, ki is ő valójában, majd megfordultam, beültem a kocsiba és eljöttem. Azon kezdtem el gondolkodni, hogy azzal, hogy elmentem hozzá, javítani akartam az életemen, de valami hiba történt, hiba csúszott a rendszerbe és a 4-es szám, a szeretet dimenziója helyett most a 3-ast, az erő dimenzióját élem. Ezt valahogyan rendbe kellene hozni – de hogyan? A Mester jelképezte a szeretet dimenzióját, de hozzá ilyen állapotban nem mehettem – elméletem szerint –, amíg szét vagyok csúszva, avagy csúszálok ide-oda a dimenziókban. Mikor hazaértem, a kanadai ontariói rendszámon agyaltam sokat. Arra gondoltam, hogy én ott jártam már évekkel azelőtt, hogy csúszott bele az a múltban történt esemény a jelenembe. Aznap éjjel, amikor aludni tértem, nem jött álom a szememre, a messzeségben mentők sziénáját hallottam és reszketni kezdtem, nagyon féltem. A mentő a júniusi események kapcsán azt jelképezte, bolond vagyok. Így telt az egész éjszaka: reszketve. Halk zenét hallgattam, ami valamelyest megnyugtatott és tudtam pihenni.

Kaptam egy válasz e-mailt az auralátótól, melyben megkért, hogy ne írjak neki többet, mert nincs ideje olvasgatni, meg nem is rá tartoznak ezek a dolgok. Ekkor már jeleket véltem felfedezni mindenben. Az, hogy „ne Írj", nagy Í-vel volt írva, tehát én csak ennyit láttam meg az üzenetből, hogy Írj. Egyik nap munka után eszembe jutott, hogy kellene egy könyv az otthoni szobámból, így elhatároztam, hogy hazamegyek. Egyre szervezetlenebbül éltem az életemet, és engedelmeskedtem ilyen hirtelen jövő ötleteknek. Beültem a kocsiba, és ismét egy más világban találtam magamat. A Föld sorsáról jöttek gondolatok, miszerint „mi emberek feldühítettük a Földanyát, és ő bosszút fog ezért állni". Valójában ez így van, kizsigereltük a Földünket, és ő ezt sokszor már nagyon nehezen tolerálja, ezért vág vissza például katasztrófákkal. Teljesen elöntött ez az érzés, amit a bolygónk érez; valahogy kinyílhatott a tudattalanom, mely beengedte nekem ezt az érzést. Míg hazaértem Kecskemétre, mindenkit letoltam az autópályáról e miatt az érzés miatt, és egyszer egy autó rendszámtáblájára tévedt a szemem, mely a szembejövő sávban jött. Ez állt rajta: „írj". Már megint itt volt az üzenet, hogy írnom kellene, de nem tudtam értelmezni, hogy kinek kellene írnom, vagy mit. Hazaértem Kecskemétre, megkerestem a könyvet, amiért jöttem, és már indultam is vissza a fővárosba. Nagyon elálmosodtam, avagy még mindig furán éreztem magam, továbbra is ki voltam szállva ebből a világból. Még a városban voltam, amikor valamiért magam elé engedtem egy parkolóból induló fekete Audit, amiben egy piros felsős férfi ült, aki nagyon hasonlított a Mesterre. Ráadásul ugyan olyan piros felső volt rajta, mint a Mesteren is a kurzusán, amikor a fotelban ült. Nem emlékszem rá, hogyan értem vissza Budapestre, de egyvalami megragadta a figyelmemet a rádióban: valaki három perc alatt száguldott végig az egyik hídon, ez volt a hír maga. Én meg elgondolkodtam a 3-as számon, s úgy értelmeztem, hogy még mindig nem a szeretet dimenziójában létezünk. Az is eszembe jutott, hogy a júniusban történtekkel milyen negatív karmát hoztunk létre az auralátóval, és vajon hogyan lehet ezt rendbe tenni. Hirtelen elmúltak az efféle gondolatok, én pedig még mindig nem haza mentem, hanem elmentem a kedvenc teaházamba olvasni. Olvasás közben ismét elkezdtem értelmezgetni az ott jelen lévő embereket. Volt egy baráti társaság a terem közepén, és több pár vagy barát a terem külső részein. A baráti társaságot kezdtem el figyelni. Volt ott egy nagyon szép lány, aki párszor rám is mosolygott, és volt velük egy srác is, aki nagyon hasonlított a Mesterre, mondhatni alteregója volt. A lány jelképezett engem, a helyzet pedig a szeretet dimenzióját. Ha megteremtem a harmóniát magamban és magam körül, létrejön a szeretet, és ezzel hozzájárulok ahhoz, hogy a Föld felfelé billenjen. Ha viszont megbetegítem magamat, a negatív energiákat, a félelemenergiát erősítem. Ahogy ezt kigondoltam, kifújtam az orromat, mire a srác alteregó ki is ment a helyiségből, ami számomra csak alátámasztotta a gondolatom helyességét. A Mester elmegy, ha nincs szeretet, nincs harmónia.

Egyre inkább elkezdtem visszafele gondolkodni, helyzeteket, eseményeket elemezgetni hosszasan. Mind a júniusi történéseket, mind az azután történt dolgokat. Volt egy olyan érzésem, hogy akkor, ott, júniusban valóban megállítottam az időt, és onnantól kezdve nem a jövő felé haladtam, hanem visszafele, a múltba csúsztam. Olyan volt ez a gondolat, mintha nem csak rám lett volna hatással az, ami történt, hanem az egész világra. Amit gondolsz, teszel, mindenkire, az egész világra kihat. Mintha elvékonyodott volna a határ köztem, az egyéniségem és a világ összessége között. Mintha a kettő szorosan összefüggött volna, és az egyéni cselekedeteim a világ sorsára is kihatottak volna. Ez talán valójában tényleg így van. Minden gondolatoddal, tetteddel teremtesz, hatással vagy másokra is. De ezt valójában átérezni leírhatatlan élmény, egyben félelmetes is.

Voltam még egy előadásán a Mesternek, ahol az eddigi nagy önbizalmam ellentétét éltem meg. Szürke kisegérnek éreztem magamat és azt képzeltem, hogy nem látnak szívesen. Ezek a személyiségemben való változások egyre inkább elkezdtek váltakozni, mintha a két végletet éltem volna meg felváltva. Előtte ugye a nagyon erős, magabiztos énem tört felszínre, utána pedig a kételkedő, önbizalomhiányos énem látott napvilágot. Nem tudtam szabályozni, mikor melyiket éljem, csak úgy jöttek ezek az állapotok. Sokszor éreztem azt, hogy nem ott vagyok, ahol kellene. Például, mikor este otthon voltam, jött egy hirtelen gondolat, miszerint az éppen valahol zajló előadáson vagy eseményen kellene részt vennem. Félelemérzések hasítottak belém ilyenkor, olyan volt, mintha valaki épp nagyon megijesztett volna, és amiatt kapkodnám a levegőt hevesen. Ugyanez az érzés tört rám egyik délelőtt, és azt éreztem valamiért, nem tudom megmondani, hogy miért, hogy el kell indulnom autóval valahova. Elkezdtem céltalanul bolyongani a város ismeretlen kerületeiben, mígnem olyan helyre keveredtem, ahol felismertem a környéket. Az auralátó irányába vezetett az utam megint, akaratlanul is odatévedtem. Elmentem hát megint hozzá, de ekkor megint egy furcsa dolog történt: ismét nem voltam ura a testem mozdulatainak. Csak ültem a kocsiban és gondolatok cikáztak a fejemben arról, hogy hányszor kell a Földnek még végigélnie ezt az időszakot, amiben most vagyunk. Hányszor tesszük tönkre a bolygót és kényszerítjük rá, hogy újraszülessen. Nem tudom, mennyi idő telt el, a szüleim és a nővérem jöttek értem, akiket az auralátó munkatársai értesítettek. Ezek után eldöntötték, hogy pszichiáterhez küldenek. Hazamentünk együtt Kecskemétre. Anita ajánlott egy dokit, akihez azonnal be is kerültem. Nem volt szimpatikus, sőt ellenszenvet éreztem iránta, és első alkalommal rögtön kétféle gyógyszert is felírt nekem, reggelre és estére is. Egy serkentőt és egy nyugtatót. Nagyon gyógyszerellenes voltam, mindenféle természetellenes anyag ellen voltam, pláne az erős drogok ellen, de akaratom ellenére rám erőltették ezeket a dolgokat, engem meg szétvetett a düh, hogy olyan dolgokat kell tennem, amikben nem hiszek, amik ellen vagyok, hogy megfosztanak a szabad választás lehetőségétől. Az orvos a vezetéstől is eltiltott pár hétre, és adta a következő időpontot is. Nem akartam ezt. Másik orvost akartam, hozzá egy csepp bizalmam sem volt, ami pedig nagyon fontos mindenféle kapcsolatban, legyen az baráti vagy akár orvos-beteg kapcsolat is. Volt egy névjegykártyám egy másik pszichiátertől, akit régebben, még az előadások alkalmával ismertem meg. Hozzá akartam menni, de mint említettem, ebben sem adtak nekem választási lehetőséget. Börtönben éreztem magam, ahol nincsenek jogaim.

Éltem tovább a hétköznapjaimat, de állandóan rosszul voltam a gyógyszerektől. Volt, hogy az óráimról is hazajöttem, mert nem bírtam koncentrálni, használhatatlan voltam. Önhatalmúlag abbahagytam a gyógyszerek szedését, és élveztem az ezáltal visszaszerzett szabadságot. Újra embernek éreztem magamat.

Volt az auralátónak megint egy előadása, amire újra elmentem. Azt gondoltam, nála indult el ez az egész, ő tudja, hogy mi történik, hiszen elvileg mennyi mindent lát és olyan információkkal szolgál, amelyeket sokan nem ismerünk. Ez alkalommal egyedül mentem. Jó hangulatban telt az egész, sokat nevettek, mind az előadó, mind az emberek. Én meg azt vettem észre, hogy kifiguráz engem ez az ember: az előadás anyagába olyan információkat szőtt bele, amiket az én elemzésem alkalmával mondott el; sérelmeket, olyan dolgokat, amiket változtatni kellene, és ebből csinált vicceket a beszéde alatt. Legalábbis én ezt éreztem, hogy nyilván nem lát szívesen. Mikor vége lett, eljöttem... Ekkortájt volt az is, hogy kaptam egy válasz e-mailt az auralátó címéről, de nem ő írta, melyben kifejtették nekem nagyon durván, hogy biztos valami drogos picsa vagyok, vegyem már észre magamat, ők le sem szarnak engem, és hogy egy fanatikus, hülye liba vagyok. Ezen nagyon meglepődtem.

Ekkorra már alábbhagytak a szárnyaló, boldog állapotok, és krízisben voltam. A pozitivitást felváltotta a negativitás – megint a két véglet között csúszkáltam, ezúttal permanensen a negatív állapotban ragadtam. Közben járnom kellett a pszichiáterhez is, ami semmit nem használt, és gyűlöltem is hozzá menni, hiszen semmi haszna nem volt. Nem éreztem azt, hogy emberként, egyénként kezelt volna, csak egy esetnek tartott a sok közül. Negativitást, pesszimizmust éltem meg ennek hatására.

A mindennapi életben egyre zárkózottabb lettem, egyre inkább begubóztam, és hatalmuk alá kerítettek az értelmezgetések. Értelmezgettem a múltban történt dolgokat, a mindennapos történéseket, emberek cselekedeteit, színeket, tárgyakat stb. Valamint nagyon nagy szerepet kapott a kézfogás értelmezése, hogy amikor találkozol valakivel, kezet fogsz-e vele. Tudattalanul információhoz jutsz, amikor megérinted a másik kezét, energiacsere történik. Ezen is sokat gondolkodtam, hogy ki az, aki meg tudja fogni a kezemet, és átvitt értelemben segíthet nekem kijönni ebből az állapotból. Az auralátóval sosem fogtam kezet, és arra jutottam, hogy ő nem tud nekem segíteni. Dóri kezét én magam kaptam el még anno júniusban, a vele való kézfogás rántott vissza ebbe a világba, és utána is nagy segítőm volt a gondolataim megfejtésében, valamint azóta is nagy támaszom maradt. Ő segíteni tud nekem ebben, azt gondoltam. És végül a pszichiáter is minden alkalommal kezet fogott velem, amitől irtóztam. Nem akartam vele soha kezet fogni, nem éreztem azt, hogy egy fikarcnyit is ért a dolgaimból, vagy fog tudni segíteni. És eszembe jutott a Mester is. Vele sem fogtam soha kezet, de amikor elmentem a kurzusára, bizsergett a jobb tenyerem, vagyis úgy értelmeztem, hogy ő meg tudná fogni a kezemet, tudna nekem segíteni abban, hogy megtaláljam ebből az egészből a kiutat. Egyértelműen energiához kötöttem a megoldást, nem pedig gyógyszerekhez vagy terápiához. Eszembe jutott az, amikor magam elé engedtem a fekete Audis Mester-alteregót, és az az értelmezés jutott eszembe erről, hogy a Mester fog engem ebből kivezetni, őt kell követnem, ő érti ezeket a dolgokat. Ahogyan az autóval mentem utána, az életben is mennem kell utána. A piros szín pedig azt jelentette, hogy a gyökércsakrámat kell erősítenem. A gyökércsakra színe ugyanis a piros, és ezt jelzésnek vettem, információnak.

Ebben az állapotban mentem el decemberben megint a Mesterhez. Késve érkeztem, már zajlott az előadás, mikor odaértem. Arra nagyon emlékszem, hogy fontos jelentőséget tulajdonítottam annak, hogy melyik kezemmel és hogyan, milyen mozdulattal adtam oda a pénzt a belépőért, miután megint azt gondoltam, hogy itt kézfogás jön majd valamikor létre. Azt nem tudtam, hogy mikor, mivel ebben az állapotban az idő dimenziójában csúszkáltam, és bármi bármikor megtörténhetett, nem voltak kötött időpontok. Eléggé zavarodott állapotban voltam. A terem közepén foglaltam helyet és elkezdtem figyelni az elhangzottakra, miközben kezdtem megnyugodni. Csomó pozitív információt szívtam magamba és teljesen megnyugodtam, elmúlt mindenféle tünetem, teljesen stabillá váltam. Megettem egy almát az előadás alatt, valamint kiittam a másfél literes ásványvizem nagy részét egyszerre. Mikor elkezdtem inni, a Mester pont azt kezdte el mondani, hogy lesznek háborúk is biztosan. Itt nagyon berezeltem; azt hittem, hogy közöm van a háborúk létrejöttéhez azzal, hogy kicsúsztam az időből és ilyen instabil állapotba kerültem. Nagyon elkomorodtam ezek után, véget is ért az esemény, és én visszacsúsztam a zavarodott állapotomba. Féltem, hogy mi fog történni egyrészről velem, másrészről a világgal. A rettegés minden porcikámat átjárta... Ettől a naptól kezdve nem volt egyetlen stabil, jó pillanatom sem. Az idő nagy részében otthon voltam bezárkózva, az óráim nagy részét is lemondtam. Egyre inkább hatalmába kerített a pánik, még a boltba sem mertem lemenni bevásárolni, mert csupa furcsa történés vett körül, bárhova is mentem. Egyetlen kapcsolatom a külvilággal az internet és azok a honlapok maradtak, amikre még nyár végén bukkantam. Azt hittem, hogy amit teszek aznap, megmutatkozik a honlapokon új információk képében. Ezzel csekkoltam le mindennap a cselekedeteimet, hogy vajon jófelé léptem-e aznap, hogy milyen új információt találtam fent. Sokszor nem találtam pozitív „visszajelzést" rajtuk, mígnem végül egy teljes napot azzal töltöttem, hogy törökülésben ültem a földön a radiátor előtt, és elcsendesítettem az elmémet. Erre egy pozitív visszajelzést kaptam a honlapokon, egy gyönyörű, békés képre bukkantam, melyen szarvasok ittak a folyóból. Tehát azt gondoltam, ha nem csinálok semmit, csak figyelek a belsőmre és elcsendesülök, az jó irány lesz. Napokig ki sem léptem a lakásból. Nem tudtam, hogy mit csináljak, teljesen elveszetettem a realitás talaját. A karácsonyt egyedül töltöttem – illetve a szüleim meglepetésként feljöttek meglátogatni, de én nem szívesen láttam őket. Egyedül akartam lenni. Szilveszterre egy hirtelen ötlet hatására elmentem egy teaházba, ahol előadásokat is szoktak tartani. Volt egy kis összejövetel, tele ismeretlen emberekkel. Olyan volt, mintha beépített emberek lettek volna ott, mintha mindenki tudatosan játszotta volna a szerepét. Furcsán éreztem magam, és gyanakodni kezdtem mindenki irányába. Éjfélkor pezsgőbontás volt. A nagy pukkanást lövés hangjaként értelmeztem, és eszembe jutott, amit a Mester mondott legutóbb, hogy biztosan lesznek háborúk is. Van egy babona, mely szerint ahogyan töltöd a szilvesztered, olyan lesz az eljövendő éved is. Én határozottan furcsa módon töltöttem a szilvesztert. Az ott lévő emberek közül feltűnt egy tolókocsiban ülő fiatal srác, valamit szimpatikusnak találtam egy hölgyet, aki kardművészettel foglalkozott – utóbbi meg is invitált a külön foglalkozásaira. Persze el nem jutottam rájuk, mivel másfelé változott az életem. Az estnek nem volt vége, amikor én távoztam, de hirtelen megint azt éreztem, nem jó helyen vagyok, nincs ott dolgom. A nagypapám január elején kórházba került, és pár nap múlva, 2008. január 8-án meghalt. Tehát valóra vált az üzenet, amit előző júniusban kaptam, miszerint „fénytörést fog szenvedni".

A következő napokban bizonyos gondolatok kerítettek ismét hatalmukba, melyek szerint a világ rossz irányba tart, elbuktuk ezt a létezésünket. Ezek nem pesszimista gondolatok voltak, sokkal inkább mintha megint átéreztem volna az emberiség sorsának alakulását. Mázsás teherként telepedtek rám ezek a nyomasztó érzések.

Pár nappal később volt az auralátónak egy eseménye, végső elkeseredésemben mentem el rá. Akkorra teljesen ki voltam csúszva ebből a valóságból. Pánikoltam. Értelmezgettem az embereket, akik szembe jöttek, úgy éreztem magam ebben a világban, mintha az egész egy megrendezett színház lett volna, és én voltam benne a kitaszított szereplő. Valaki, akit sehol nem látnak szívesen. Ott voltam az épületben, a harmadik emeleten volt az esemény, de nem bírtam egyedül felmenni. A lift előtt álltam hosszasan, mire megérkezett az auralátó és csapata. Még jobban lefagytam látványuktól. Ők felmentek lifttel az emeletre, az auralátó a mobilján telefonált – azt gondoltam, próbál visszahívni az életbe.

Értelmezgettem a 3-as számot, mely szerint a Föld marad ebben a dimenzióban, nem lesz felfelé emelkedés, mígnem valaki felkísért, beültem a terembe és vártam. Tükrökkel volt telerakva a fal, és míg vártam, odajött a bejárathoz az auralátó a munkatársaival, és valamit rólam beszéltek. Üldözési mániám tovább fokozódott, miszerint az emberek beszélnek rólam, és sehol nem látnak szívesen. Fogtam magam, és eljöttem emiatt. Egész délután azon gondolkodtam, hogy vajon miért történt az, ami. Hogy vajon jó döntés volt-e eljönnöm, vagy ha ott maradok az auralátó előadásán, akkor visszacsúszok egy normális jelenbe, és elmúlnak a furcsaságok. Ezen gondolatok hatására egész nap furikáztam, mígnem estére hazatértem. Nemsokára megjelentek a szüleim is, mert egész nap nem tudtak elérni telefonon, és azt hitték, bajom esett. Elutasító voltam velük: azt gondoltam, kontrollálni akarják az életemet és hazaküldtem őket. Ők is teljesen tanácstalanok voltak. Pár nap múlva visszajöttek értem, hogy hazavigyenek. Nem akartam. Apa elmondta, hogy felhívta az auralátót és kikérte a tanácsát, hogyan tudnának nekem segíteni. Ő ekkor elmesélte apunak, hogy pár nappal előtte elmentem az előadására, de aztán elviharzottam, és hogy azt látta az aurámból, hogy nagyon rossz állapotban vagyok, és bármi is legyen az, egyedül már nem tudok megbirkózni vele. Nagy nehezen beleegyeztem, hogy hazamenjek, de közben azt éreztem, elérkezett a világ vége. Elhittem, hogy azzal, hogy visszakerülök a szülői házba, minden el van veszve az életemben. Pánikoltam egész úton hazafelé, majd miután hazaértünk, csak aludni akartam. Ruhástól befeküdtem az ágyba, és nem akartam semmivel sem foglalkozni.

Az életem darabjaira hullott. A mindennapjaim tele voltak furcsábbnál furcsább eseményekkel – legalábbis számomra így tűnt.

Teljesen elveszítettem az időérzékemet és a kapcsolatomat ezzel a világgal. A gondolataim rabja voltam, és az értelmezgetések is mindennapossá váltak. Egyre inkább a tudattalan dolgok irányították az életemet, megváltozott az érzékelésem, felerősödtek a körülöttem lévő zajok, melyeket normál esetben kiszűr az ember és nyugodtan éli az életét. Például ha valaki köhögött, arról azt gondoltam, azt üzeni nekem, hogy kommunikációs probléma lépett fel, tehát nem jól kommunikálok. Amit épp mondok, az nem helyes. Az emberek testbeszédét tettem elsődleges kommunikációs forrássá, nem a beszédet. Figyeltem a kéztartásokat, ki hova néz, merre mozdul a teste... azt hittem, így üzennek nekem titokban az emberek. A beszédem minimálissá redukálódott: idegenek jelenlétében meg sem tudtam szólalni, ismerősök jelenlétében is inkább csak reagálni tudtam arra, amit mondtak, de saját gondolataim nem voltak, nem tudtam senkihez sem értelmesen szólni. Olyan voltam, mint egy kisgyerek, aki épp tanulja a szocializációt, és ehhez egy felnőtt jelenlétére van szüksége.

Állandó látogató lettem a pszichiáternél, ahol annyiból állt egy ülés, hogy elkezdtem beszélni, majd a pszichiáter köhintett egyet, mire én elhallgattam, mivel azt hittem, azt üzeni, kommunikációs hibát vétettem. Elkezdtem újra beszélni, mire most már direkt köhintett még egyet – megint elhallgattam. A hátralévő időben csendben ültünk, és néztük egymást. Ennyi volt a szakember segítsége. Általában apa vitt hozzá, aki az ülés első részében gyorsan elmesélte a viselkedésemet, beszámolt a visszahúzódásomról, meg arról, hogy senkivel sem kommunikálok. De velem nem próbált utána kommunikálni ez az ember. Irtóztam odamenni, hiszen semmi értelme nem volt, egy ellenséget láttam ebben az emberben. Valakit, aki meg sem próbál megérteni vagy érdemben segíteni.

Eleinte otthon ültem egész nap a szobámban. A szüleim mindig megkérdezték, hogy velük szeretnék-e menni, amikor elindultak a munkába, de pánikoltam, nem tudtam meghozni egy ilyen egyszerű döntést. Nem akartam sehova menni, hiszen nem tudtam feldolgozni a világból érkező ezernyi ingert. Elromlott a „szűrőm", ami egy egészséges embernél megszűri a több millió ingert, és csak azt engedi be, amire éppen szükséged van. Egész nap csak nézelődtem és próbáltam megfejteni ezt az új világot, amibe csöppentem, de nem sikerült. Nem tudtam, mit hogyan értelmezzek. Dóri sokat járt haza miattam, próbált segíteni. Benne jobban bíztam, mint a szüleimben, azt hittem, ő valamilyen szinten belelát a fejembe, hogy fog tudni segíteni megoldást találni, hogy visszataláljak a normális énemhez. Volt, hogy ő is kiborult és a fejemhez vágta, hogy szedjem már össze magamat, meg azt is mondta, hogy ez már nem fog rendbejönni. Erre én elsírtam magam és azt feleltem: „nem mondhatsz ilyet, minden helyrehozható". Ebben én mélységesen hittem, csak még nem tudtam a kivezető utat. Próbált kimozdítani a lakásból. Elindultunk gyalog a városközpontba, ami kb. félóra sétára van a lakásunktól, de képtelen voltam kiszűrni a külvilág ingereit. Pánikoltam és vissza akartam menni a lakásba, mire a nővérem is kiborult és annyit mondott: „menj, ahova akarsz".

Vissza akartam menni, de már túl messze voltunk, és egyedül nem tudtam megtenni azt a tízperces sétát hazáig. Végül telefonon felhívtam a nővéremet és megkértem, hogy várjon meg, utánamegyek. Mindennek az lett a vége, hogy apa eljött értünk kocsival és bevitt minket a városba, be a könyvesboltba. Az autóban kicsit jobban éreztem magam, mert egy zárt tér volt, és nem nekem kellett eldöntenem, hogy merre menjünk, merre forduljunk. Nem tudtam volna meghozni azt az egyszerű döntést, hogy melyik útvonalat válasszam. Akárhogy is, a nővérem elérte, hogy pánikolva ugyan, de elhagyjam a lakást és kimozduljak. Rettegtem egész idő alatt, és alig vártam, hogy este legyen, amikor is hazamegyünk. Másnap egy újabb nehéz döntés elé néztem. Itthon maradjak, vagy menjek a szüleimmel a könyvesboltba? Hatalmas döntésnek bizonyult. Anya rám hagyta, csak annyit mondott, hogy ha menni akarok velük, akkor félóra múlva legyek kész, akkor indulunk. Próbáltam megfejteni az értelmezéseket, amiket az ablakból láttam – azt hittem, hogy a világ majd megadja nekem a választ valamilyen rejtett üzenet formájában. Kerestem a jelet. Vizslattam a ház előtt elhaladó autókat. Már ideje volt indulni, de én még mindig nem tudtam, mi az üzenet, mi a jó döntés: maradjak vagy menjek? Ekkor egy utánfutós autó haladt el a ház előtt, ami meszet szállított. Mi az ott az utánfutóban? Mész. Megvolt a válasz: az Univerzum erre utasított: „mész!". Tehát közösen a mindenséggel eldöntöttük, hogy megyek a szüleimmel a könyvesboltba. Elég forgalmas volt a bolt, rengeteg ember megfordult ott mindennap. Olyan érzés volt, mintha megint egy nagy színházban lettem volna, és mindenki tudatosan játszotta volna a szerepét, mintha mindenki rejtett üzeneteket küldött volna nekem. Persze nem ismertek, de én mégis azt hittem, hogy tudnak az állapotomról és mindenki azért jön be, hogy segítsen nekem, csak nem tudják, hogyan. Egész nap csak figyeltem az eseményeket, az embereket, és próbáltam megfejteni az üzenetet, kikódolni, ki mit üzen nekem, és hogy fogok ebből kijönni. Rengeteg ismeretlen emberben fedeztem fel ismerős vonásokat, sőt egy idő múlva mindenkiben találtam valamit, amit ismerősnek véltem. Olyan volt, mintha minden ember valakinek az alteregója lenne, akivel addigi életem folyamán találkoztam. Minden egyes alkalommal, amikor egy ismerős pillantást vagy tulajdonságot véltem felfedezni, közelebb éreztem magam a boldogsághoz, a megoldáshoz. Tudtam, hogy van ebből kiút, csak még azt nem tudtam, hogy hol. Úgy teltek a napok, hogy fogalmam sem volt az időről, nem érzékeltem egyáltalán. Enni is csak akkor ettem, ha adtak valamit. A gondolataim és az értelmezgetések rabja voltam. Egy idő múlva elkezdtem arra figyelni, amit a könyvesboltban vásárlók mondtak. Üzeneteket véltem felfedezni ebben is, a nyelv eltöredezett. Nem azt hallottam, amit mondtak, nem összefüggő mondatokat, hanem szófoszlányokat. Például ha valaki azt mondta, hogy keddre rendelt egy könyvet, én ebből azt vettem ki, hogy hiába van épp csütörtök, a keddi nap ismétlődik meg éppen. Kedd-re: az e-mailekben szokott a „re" jelzés megjelenni, amikor is valaki válaszol neked, visszaküldi az választ az e-mailre, amit előzőleg írtál neki. Vagy ha valaki azt a szót mondta, hogy „benne", én azt megint máshogy értelmeztem. Azt hittem, hogy a személyiségemnek rejtett nevei vannak, az egómat hívják Ben-nek, és ilyenkor valaki felszólít, hogy „Ben! Ne!" vagyis ne tedd, amire épp gondolsz, vagy amit épp csinálni készülsz. Ugyanilyen szó volt a „nagyon", ami azt jelentette, hogy éppen az egóm irányít és az egóm tesz bolonddá. „nagy = egó, on = be van kapcsolva", ezt az angol nyelvből vettem. Tehát minden egyes alkalommal, amikor a nagyon szót hallottam, meg voltam győződve arról, hogy az egóm vette át épp az irányítást a felsőbb énem felett. Tele volt a szótáram ilyen és ehhez hasonló értelmezgetésekkel, mintha egy kódolt nyelvnek az ismeretéhez jutottam volna hozzá tanulás nélkül.

Egy idő után egészen megszoktam a könyvesboltban levést és próbáltam megfejteni a titkos üzeneteket, amiket az emberek küldözgettek. A bolton kívülre nem mertem menni, mint ahogy sehova máshova sem; ez volt az én területem. Néha döntéseket kellett meghoznom, hogy például ottmaradok-e anyával a boltban, vagy autóval átmegyek apával a kisboltba, ahol Anita dolgozott. Nem tudtam meghozni ezeket a döntéseket; volt, hogy mentem, volt, hogy maradtam, bárhogy történt, mindig a másik lehetőség felől érdeklődtem, hogy ott vajon mi történt, míg én nem voltam ott. Egyszerre akartam lenni mindkét helyen. Nagyon nagy hatással volt rám a „volna". Állandóan volnáztam, hogy egy perccel ezelőtt mit kellett volna csinálni, tegnap mit kellett volna csinálni, vagy egy héttel előtte mit kellett volna csinálni. Mindig azt hittem, hogy rosszul döntöttem a sok apró lehetőség közül, amellyel találkozunk nap mint nap. Például, hogy milyen ruhát veszel fel, vagy mit eszel ebédre, vagy merre kerülöd meg a széket... Valamint az evés is központi fontosságú lett. Azt gondoltam, hogy az, hogy kivel eszek, jelenti azt, hogy kivel jön létre a jövőben a szeretet is. Tehát az evést, a táplálékfelvételt a szeretettel azonosítottam. Nyilvánosan nem is akartam enni soha, mert féltem, hogy meglátnak mások, és bűntudatom volt ettől. Ez egy gyerekkoromból hozott sérelem: az állandó túlsúlyom miatt nem mertem mások előtt enni, és ez ebben az állapotban kiütközött. Valamint az is felnagyítódott, hogy gyerekként a nagyszüleim túletettek a szeretet nevében, és ez lett az egyik fő értelmezgetésem ebben a szétcsúszott állapotban. Mögöttes tartalmat tulajdonítottam minden falat ételnek.

A szemüveges emberekről hittem azt, hogy bolondok, hogy ők nem látják jól a valóságot. Féltem is tőlük, nem szerettem, nem is tudtam a szemükbe nézni, mert azt hittem, akkor az valósul meg, valóban bolond leszek a jövőben. Valamint ha valaki telefonon hívta a szüleimet, hittem azt, hogy „hívásom van, próbálnak visszahívni az életbe", és mindig rettenetesen figyeltem a szüleim telefonbeszélgetését. Elméletem szerint a hívó emberek beavatottak voltak, és tudták, hogy mivel tudnak nekem segíteni. Ez a momentum a júniusi telefonhívásomra volt visszavezethető, amikor az auralátó titkárnőjétől azt kértem, hogy az auralátó majd hívjon már vissza engemet.

Egyik estére időpontom volt a látó nénimhez. Benne bíztam, reméltem, hogy ő majd a jó útra terel, vagy csinál valamit az energiámmal, ami visszabillent. Egy magánklinikán volt a rendelés, ahol más tevékenységet is folytattak, tehát több várakozó ember volt jelen, nem csak az, aki hozzá várt. Értelmezgetni kezdtem az embereket. Az auralátó alteregóit ismertem fel bennük, egy ember különösen hasonlított rá. Nem tudtam, hogyan értelmezzem a helyzetet, az időnek melyik pontján vagyunk. Ott, ahol ez az egész elkezdődött – ugye, az auralátónál –, és hogy ebből most megint vagy diliház lesz, vagy visszacsúszok a normális helyemre. Olyan volt, mintha ugyanazon események ismétlődtek volna egy-egy alternatív jelenben, ugyanaz a történés más helyszínen, de hasonló szereplőkkel. Bepánikoltam az emberek között és kimentem az udvarra. Képtelen voltam visszamenni, pedig a látó néni már várt engem. Végül kijött értem az udvarra. Olyan volt, mintha tudná, hogy mi történik velem. Én csak annyit tudtam kérdezni tőle, hogy ő tudja-e, hogy ki vagyok. De nem az emberi énemre gondoltam, hanem a lelkemre, aki már évmilliókat élt a különböző világokban és dimenziókban. Azt a választ kaptam, hogy „persze, hogy tudom". Arra kért a látó néni, hogy fogjam meg a kezét. Valamiért nem tudtam megtenni és ezt megint értelmezgetni kezdtem, hogy akkor ő nem tud nekem ebben segíteni, ha nem jön létre kézfogás. Azt éreztem, rosszkor vagyok azon a helyen, mire a látó néni felajánlotta, hogy jöjjek vissza holnap ugyanekkor, ő várni fog rám. Elfogadtam. Másnap, mikor visszamentünk – ezúttal anyával –, először én be sem mertem menni, hanem kint maradtam a kocsiban. Ott ültem egyedül, mire magától beindult a riasztó... Anya erre visszajött értem és próbált betessékelni az épületbe, ahonnan épp távozott egy ott dolgozó orvos. Senki más nem volt ott, így be mertem menni a rendelőbe, persze nem könnyedén. Ketten maradtunk a látó nénivel, de még vele sem éreztem magam biztonságban. Nagy nehezen rávett, hogy megmasszírozza a talpaimat, miközben én sírni kezdtem, neki el mertem mondani, milyen gondolatok gyötörnek. Mivel ő látó, ezért bíztam benne, és reméltem, hogy ismeri a megoldást számomra. Végigsírtam azt az egy órát és azt is elmondtam neki, mitől félek, mi van velem. Attól féltem, hogy skizofrénia áldozata lettem, mire ő azt mondta: „ugyan már!". Valahogyan bejött ez az információ a tudattalanomból; valahol nagyon is éreztem, hogy abnormális, ami történik velem, de hittem benne mindvégig, hogy erre valahol van megoldás. A látó néni energiát adott nekem, töltögette az aurámat, azt mondta, a bal oldalamon szinte nem volt semennyi energia és hogy rengeteg szellemi lény és angyal vesz körül, akik védenek és velem vannak minden pillanatban. Kicsit megnyugodtam. Reméltem, hogy ezzel vége az egésznek, de amint kiléptünk a kapun, az értelmezgetések ismét ott voltak. Mint utólag kiderült, az orvos szerint, aki akkor távozott, mikor én jöttem, anorexiás voltam, és ezért volt ez az állapot. Nem értettem, hogy csak azért, mert éppen normális a testsúlyom, nem vagyok pufi, miért feltételezi sok ember azt, hogy étkezési zavarom van...

Ebben az állapotban sokkal érzékenyebb voltam az emberek energiáira, nagyon megéreztem, hogy valakinek erőteljes energiája van-e, vagy gyenge. Nagyon kevés ember volt, aki felől pozitív energiát éreztem, mégis, ismeretlenül is megbíztam bennük és azt képzeltem, ők igazi segítők és nekem is a segítségemre lesznek. Amit nagyon nem tudtam elviselni, az a panaszkodás volt. Rengeteg ember panaszkodik állandóan és teremt ezzel negativitást, és én ebben a védtelen helyzetemben nem tudtam kellő képpen kezelni ezt. Nem működött a körülöttem lévő védelmi energiamező, amely normális esetben a nekünk kellő információkat engedi csak át. Minden egyes panaszkodás, amit hallottam, rontott az állapotomon: azt hittem, hogy csak az fog megvalósulni az életemben, amit a körülöttem lévő emberek beszélnek, ezek a lehetséges jövők a számomra, és ezeknek van esélyük arra, hogy megvalósuljanak az életemben. Egyik sem az volt, amire én vágytam: a tökéletes, rendezett világ. Én pedig nem tudok egy tökéletlen világban élni, ahol nem a szeretet uralkodik. Azzal, hogy kicsúsztam a dimenzióból, hoztam ezt létre, a tökéletlen világot. Azt hittem, hogy nagy hatással vagyok a jövőre azzal, hogy hogyan élem az életemet. Dimenzióból kicsúszva, vagy pedig boldogan a helyemen. Mindenképpen rendbe akartam hozni a dolgot, csak még mindig nem volt a megoldás a kezemben.

Egy idő után elkezdtem a bolton kívülre, az utcára is figyelni; néztem, milyen emberek haladnak el a bolt előtt. Az egy teljesen másmilyen „színháznak" bizonyult, mintha két világ létezett volna egymás mellett: a bolton belüli és az azon kívüli. Volt, hogy az ajtóig is elmerészkedtem, és csak figyeltem kifele. Órák hosszat. Ismerkedtem azzal a világgal is, miután a bolton belüli világgal már jóban voltam. Különös figyelmet fordítottam a kisbabákra, akiket a szüleik behoztak a boltba. Felőlük nagyon tiszta, ártatlan energiát éreztem, és oda mertem hozzájuk menni, hogy aztán egymásra csodálkozzunk. Azt vizslattam, hogyan viselkednek a jelenlétemben. Sokszor nézegettek dolgokat a fejem körül – figyeltem, melyik oldalon látnak valamit. Talán az angyalaimat, a segítőimet láthatták, és ez a hit megnyugtatott, hogy az angyalaim velem vannak és segítenek nekem. Volt, hogy a csecsemők számokat mutogattak nekem az ujjaikkal, legalábbis én így észleltem. Próbáltam megfejteni a számok jelentéseit is.

Esténként, miután hazaértünk, Anita feljárt hozzám. Egy házban laktunk, én kértem ezt, vele biztonságban éreztem magam; azt éreztem, a vele töltött idő segít nekem, jó hatással volt rám. Benne valamiért bíztam. Azt hittem, ő érti a velem történteket.

Valamint többször találkoztunk nagybátyámékkal, akik a Dunántúlon laknak. Volt, hogy mi mentünk, volt, hogy ők jöttek. Nagyon ragaszkodtam hozzájuk valamiért. Bennük is már ismert jó dolgokat véltem felfedezni; a nagybátyám képviselte az auralátót, felesége pedig a Mestert – hasonló volt a cipőjük. Az emberek nemét egy idő múlva nem láttam, csak magát az embert, a lelket. Egyik szombati napon is jöttek hozzánk meglátogatni minket. Délelőtt a könyvesboltban voltunk, épp azt próbálgattam, hogyan fogok egyedül kilépni a helyiségből. Három órába telt, mire ezt meg tudtam tenni. Az ajtóban álltam hosszan és azt figyeltem, minek vagy kinek a hatására fogok tudni kilépni.

Pár bolttal arrébb volt egy teaház, ahonnan tetszett az egyik ott dolgozó srác; ezt tűztem ki célul, hogy odáig elmegyek. Kinyitottam az ajtót, kiraktam az egyik lábamat, majd a másikat is. Pár perc múlva kiléptem a járdára, mindeközben próbáltam leküzdeni a pánikot, amit a külvilágban megjelenő ingerdömping váltott ki. Nagyon nagy feladatnak bizonyult elmenni a teázóig, félúton volt egy pad, azt céloztam meg inkább. Épp amikor kiléptem az ajtón, mondta valaki hangosan a távolból, hogy „gyere, drágám, gyere!". Olyan volt a hangja, mint a Mesternek. Én ezt bátorításnak vettem, miszerint a világ igenis segít nekem a legnagyobb kínok közepette is, megkapom ezt a szeretetteljes üzenetet, mellyel biztosan sikerülni fog elmenni a padig. Lépésről lépésre, kb. egy félóra alatt tettem meg a 10 méteres utat a padig, majd leültem rá. Feladat teljesítve – gondoltam magamban. Megcsináltam! Biztonságban éreztem magamat, és hittem benne, hogy rendbe fogok jönni. A teaházban dolgozó srác kint ült az asztaloknál és újságot olvasott. Épp ott volt egy főiskolai társam is, aki rám köszönt, és ő is leült beszélgetni a barátaival az utcában. Egyszer csak odafordult hozzám, és anynyit mondott: „Menj már oda!". A srácra értette. Hát, az szép lenne – gondoltam magamban. Még ugyanannyi távolságra volt, mint amennyit eddig megtettem, meg egyébként sem tudtam senkivel normális kommunikációt folytatni. Tehát ez ennyiben maradt. Közben dél lett, zártak a boltok, én is visszacurikkoltam a könyvesboltba, mire pont megérkeztek a nagybátyámék. Azt hittem, ők is benne vannak a színházi játékban, azaz beépített emberek, és ők tudnak nekem segíteni.

Mindvégig, mindig azt éreztem, hogy valahol máshol kellene lennem, avagy megkérdőjeleztem, hogy jó döntést hoztam-e azzal, hogy most például a hétvégét a rokonokkal töltöm, nem pedig Anitával. Tulajdonképpen nem is tudtam döntéseket hozni egyáltalán. Ekkor megjelent a 3-as szám megint, ami nekem rosszat jelentett. Unokatesóm, Lilla mesélte nekem, hogy 3 órába telt, mire ideértek. Ezt mintha többször elismételte volna nekem, de én csak a 3-as számot hallottam ki belőle és azt hittem, már megint valami rossz döntést hoztam, amiért kijött a 3-as szám. Miután bezártuk a boltot, elindultunk a parkolóba, ahol három autó várt ránk: az enyém, a szüleimé, valamint a nagybátyáméké. Megkérdezték, hogy kivel szeretnék menni. Valamiért rögtön rávágtam, hogy a nagybátyámmal. Emlékszem, csak ültem ott hátul csendben és a testbeszédét értelmezgettem, azt hittem, ő is tudatosan tudja kontrollálni azt. Ezt gondoltam olyan sok emberről, hogy mindenki tudatos, és mindenki tudja kontrollálni a tudattalan dolgokat, csak én nem. Ahogy mentünk az autókkal, a nagyszülők lakása felé kanyarodtunk. Hirtelen az a gondolatom támadt, hogy a nagypapám nem is halt meg, igazából él. Megint nem érzékeltem a határt a különböző világok, dimenziók között, hiszen valahol máshol a lelke tovább élt. Ezt, mint minden más gondolatomat, megtartottam magamnak. Elmentünk a házunk közelében lévő kis vendéglőbe ebédelni mindannyian. Egy mukkot sem tudtam szólni ez alatt az idő alatt, végig a nagybátyámra figyeltem. Ő sokat beszélt, és azt hittem, ő is rejtett üzeneteket küldözget nekem a mondanivalójával. Még a rokonok jelenlétében is lefagytam, hiszen már sok hete nem voltam saját magam, nem éltem normális életet, csak értelmezgettem mindent, amit csak megláttam vagy hallottam. Ebéd után hazamentünk, és ott folytattuk a közös délutánt. Nagyrészt a szobámban voltam egyedül, néha kijöttem és nézelődtem, persze megint csakis a testbeszédet értelmezgettem és próbáltam megfejteni. Olyan volt ez, mintha beszéd helyett ezzel kommunikáltak volna felém, de ez ugye egy tudattalan folyamat, amire az emberek nagy részének nincsen kihatása. Valamikor a hetek alatt kiderült egy vérvétel alkalmával, hogy a vasszintem alacsonyan van, szinte nulla, erre kellett szednem vastartalmú készítményt. Egyrészt a vérvételt, és magát a vért úgy értelmeztem, hogy ha ezzel érintkeztem, az azt jelenti, hogy az emberiségre nézve vér fog folyni, tehát háborúk lesznek. Nagyon féltem ettől. Másrészről azt képzeltem még mindig, hogy nem a jövőmet élem, hanem még a nyáron a múltba csúsztam bele, és folyamatosan visszamegyünk az időben, és a vastartalmú készítmény bevételével azt érem el, hogy a Vaskorig fogunk visszamenni. Anya nagyon nehezen tudta belém tukmálni a vasat e miatt a téveszme miatt. Utána ki is borultam, mert meggyőződésem volt, hogy megint csak azt erősítem a világban, hogy a tökéletlen dolgok fognak előtérbe kerülni. Leültem sírva a nagynéném mellé, aki rögtön elkezdte önteni a lelket belém. Arra emlékszem, hogy folyamatosan biztatott és sokszor elmondta, hogy mennyire erős vagyok. Ez nagyon pozitív hatással volt rám, hiszen így hittem abban, hogy ez a jövő fog számomra megvalósulni. Ő volt az egyik a rengeteg ember közül, akivel érintkeztem, aki pozitív dolgokkal tudott előállni ebben a lehetetlen helyzetben. A vasárnapot is együtt töltöttük, majd este hazaindultak. Hétfőn pedig kezdődött a hét elölről: jártam be a szülőkkel a könyvesboltba, és egész nap értelmezgettem... Minden reggel, amikor anyával indultunk a ház elől, Anita kint cigizett és kávézott és mindig megkérdezte, hogy jól vagyok-e. Nem tudtam erre mást felelni, csak azt, hogy „nem". Egyre reménytelenebbnek látszódott a helyzet; nem tudtam, mikor fog véget érni, vagy hogy véget ér-e egyáltalán valamikor. Jártunk mi is a nagybátyáméknál, akiknél megint biztonságban éreztem magam. Azt vártam, hogy egyszer csak elmúlik ez az állapot, de nem így lett. Olyan volt, mintha egy-egy találkozás után a világban megjelentek volna ugyanazok a történések, csak más formában. Mintha folyamatosan teremtenéd a jelenedet, nem lenne jövőd, csak a „folyamatos jelen", és nem tudod, mi fog történni, nem tudsz előre tervezni, előre gondolkodni, mert a jelenbe vagy beleragadva. Valójában ez így van: minden pillanatban a jelenben élünk és csak haladunk a jövő felé, csak normális állapotban ennek nem vagyunk tudatában, nem látunk ebbe bele, és biztonsággal tudunk meghozni döntéseket. Mikor ott voltunk a rokonoknál, egyik este vadas volt a vacsora. Akkor még mindig vegetáriánus voltam, de nagyon megkívántam ezt az ételt. Mondtam is, hogy nagyon megkóstolnám, de adjam fel az elveimet? „Te tudod" – válaszolta a nagybátyám. Igen, feladtam az elveimet; életemben nem esett olyan jól hús, mint aznap. Azt éreztem, leföldelődtem, valamennyire visszahozott ebbe a valóságba. A hús alacsony rezgésű táplálék, aki sokat eszik belőle, az sokkal inkább a hétköznapi életet élni, és nehezebben nyit a felső világok felé. Ezért olyan népszerű a vegetarianizmus spirituális körökben, mert a finomabb rezgésű táplálék fogyasztásával közelebb vagyunk Istenhez. Persze vannak olyan mesterek és guruk, akikre nincs hatással az, hogy mit esznek. Esetemben pont erre volt szükség, hogy ebbe a valóságba csússzak vissza.

Amikor autóban ültem, értelmezgettem az úton haladó autók színeit, rendszámát, embereket a járdán, minden egyes dolognak jelentést tulajdonítottam. Ugyanez ment bent a könyvesboltban, az emberekkel kapcsolatban. Egyre több és több jelentést találtam ki minden gesztushoz vagy szóhoz, már magam is elvesztem ezekben. Egyik este, miután hazaértünk, a ház lakógyűlést tartott, és miután megint agyonértelmezgettem a köhögéseket, zajokat, szent meggyőződésem volt, hogy nekem is ott kell lennem. Anya nem engedett, mire én csak azért is le akartam menni. Odáig fajult a helyzet, hogy fizikailag is összevesztünk; próbált visszatartani. Ekkor szembesültem vele, hogy mekkora erő van bennem, de anyában is, hiszen alig bírt visszafogni, végül csak apa segítségével tudtak visszahozni a lakásba. Na, megcsináltam magamnak a bajt, mert felhívták a pszichiátert és beárultak neki, hogy hogy viselkedtem, mire ő azt mondta, azonnal vigyenek el hozzá. Nem akartam, ellenkeztem, nem voltam hajlandó ahhoz az emberhez menni, de nem volt más választásom. Beadott nekem valami gyógyszert injekció formájában. Teljesen magamba fordultam, emlékszem, hogy a szobámban voltam ezek után, a kabátomat sem voltam hajlandó levenni, haragudtam a szüleimre, amiért ehhez az emberhez kényszerítettek. A nővérem volt velem a szobában, amikor egyszer csak hirtelen hanyatt vágódtam a szer hatására – szerencsére Dóri elkapott. Élő zombiként töltöttem a következő időket: csak bámultam ki a fejemből, a testem elnehezült, olyan volt, mintha az izmaim ólomból lettek volna, alig bírtam mozogni. Volt, hogy a szám is tátva maradt. Az értelmezgetések ugyanúgy megmaradtak, csak elkezdtem többet aludni, és ebben a zombi-állapotban tengettem napjaimat. Két hét múlva, amikor kezdett kimenni a szer hatása, kezdtem megint jobban érzékelni ezt a világot, ekkor a doki beadott még egy szert. Kezdődött minden elölről. Itt jutottam el arra a pontra, hogy én így nem vagyok hajlandó élni. Elkezdtek rakódni a kilók is nagyon gyorsan, pár hét alatt több mint tíz kilót szedtem magamra. Tudom, hogy egyszer Anitának meséltem el ezeket a gondolataimat, hogy én befejezem ezt az egészet. Azt mondta: „ne tedd, mert attól, hogy meghalsz, ezek a dolgok ugyanúgy folytatódnak, csak nem itt, hanem ott, ahova kerülsz". Igazából nem meghalni akartam, csak nem bírtam elviselni ezt az állapotot. Egyik délután szintén Anitánál voltam a kisboltban, amikor teljesen az értelmezgetések hatása alá kerültem. Egy mentőautó furikázott a közelben és leparkolt a bolt előtt. Azt hittem, értem jött, el fog vinni, megismétlődik a nyári dolog, bolond vagyok, nincs mit tenni, nincs más lehetőség, csak ha elvisz megint. Megkérdeztem Anitától, hogy ez a mentő értem jött, rám vár? El mertem árulni egy apró töredékét a gondolataimnak, amik fogva tartottak – ez mentett meg. Anita azt válaszolta: „nem dehogy, nem érted jött, sűrűn furikáznak erre". Ahogy ennek az információnak a tudatába kerültem, hirtelen visszacsúsztam ebbe a világba, egy pillanat alatt elmúltak az értelmezgetések, és újra itt voltam. Mintha mi sem történt volna, tudtam megint normális kommunikációt folytatni az emberekkel, tudtam mosolyogni újra, és ugyanolyan lettem, mint bárki más. A gyógyszer hatása azért bennem volt még mindig, a zombi-állapot megmaradt. Újra vezethettem, de például nem tudtam bemérni a távolságokat, például sokat padkáztam, hiszen a testem még mindig el volt nehezedve. Valamint abnormálisan nagy mennyiségű folyadékot kívánt a testem, nyolc litereket megittam egy nap. Nagyon rosszul éreztem magamat, olyan volt, mintha szándékosan mérgezném a testemet. Még mindig járnom kellett ehhez az orvoshoz, de most már ki tudtam állni magamért és megmondtam neki, hogy többet azt a szert nem adhatja be nekem, és nem fogok hozzá járni tovább. Mire ő közölte, hogy ő felállította a diagnózist, miszerint skizofrén vagyok, és ha abbahagyom ezt a szert, akkor vissza fog térni ez az állapot. Nem hittem neki, nem érdekelt, amit mondott, kezdetektől fogva unszimpatikus volt, és a legnagyobb bajban sem éreztem felőle egy apró jelét sem az együttérzésének vagy segítségének. Eltette a pénzt az ott töltött idő után, és begyógyszerezett, ennyi.

4.

Újra szétcsúszik a világ

2008. TAVASZ

Időközben rátaláltunk több információra is. Az egyik az volt, hogy az olyan szintű vashiány, ami nekem volt, skizofréniához hasonló tüneteket tud okozni, mivel az agy oxigénellátása nem megfelelő. Valamint egy skizofrénia kórkép felállításához több hónapig fent kell, hogy álljanak a tünetek, de még ekkor is alapos belgyógyászati kivizsgálásra van szükség, mert sok minden más is tud hasonló tüneteket okozni. Amíg ez nem történt meg, addig nem aggathatják rá a páciensre a diagnózist. Nos, nálam ez elmaradt: egyszerűen megkaptam a skizofrénia diagnózisát ettől a dokitól. Arra emlékszem, hogy Anitával azon nevetgéltünk, hogy szerencsére nem kerültem be a pszichiátriára. Kérdeztem tőle, hogy látogatott volna-e. Azt felelte: „igen".

Folytatnom kellett az életemet. Ez majdhogynem ugyanolyan nehéz, mint átmenni egy ilyen élményen. Amikor elvesztettél mindent, és mindent elölről kell kezdened. A tanítás befuccsolt: tönkrement a cég, amelyiknek dolgoztam, tehát új munka után kellett néznem. Hirtelen ott álltam munka és pénz nélkül a nagyvilágban valahol. Elkezdtem keresgélni a lehetőségeket – nem volt könnyű. Már 2008 tavaszának vége felé jártunk. Belefutottam egy csalóba is, aki angol fordítói munkát ígért, és külső nyomásra, miszerint most már valamit el kell kezdenem dolgozni, belesétáltam a csaló csapdájába. Regisztrációs díjat kellett fizetni, azután az illető természetesen eltűnt. Hiába voltak ott a megérzéseim, hogy nem ez lesz az én utam, rá voltam kényszerülve, hogy valahogyan pénzt keressek, és ilyenkor hajlamos az ember struccpolitikát folytatni. Egyébként ennek a csalónak külföldi neve volt. Tovább keresgéltem. Egy telefonos ügyfélszolgálatos munkahelyre hívtak be interjúra, amit el is fogadtam. Emlékszem, hogy épp az uszoda kertjében napoztam, amikor hívtak és felajánlották a munkát, majd közvetlen utána hívtak egy másik helyről is, ami hangzásra sokkal szimpatikusabb volt, de mivel már elfogadtam az előzőt, erre nemet mondtam. Pedig talán nem véletlenül futott be az a hívás is pont akkor... De valahogy alábbhagytak a megérzéseim is, és rengeteg súlyt is magamra szedtem a történtek hatására. Valahogyan vissza kellett illeszkednem a társadalomba, és lépésről lépésre rendbe hozni az életemet.

2008 júniusától tehát megint a fővárosban laktam a régi kis albérletben, és ezt a telefonos ügyfélszolgálatos munkát kezdtem el egy futárszolgálatnál. Vágytam rá, hogy visszakapjam a régi életemet, a régi környezetemet, a lakást, az uszodát, ahova jártam. Azt vártam, hogyha visszakerülök ugyanabba a közegbe, akkor élhetem ugyanazt az életet, mint előtte, és minden helyre fog jönni. Dóri közben Bécsben dolgozott, kihelyezte a cég, de időnként hazajárt Bogyóval, övé lett ugyanis közben az autóm. Egyik hétvégén, mikor az albérletben voltunk, a történtekről beszélgettünk és ő azt mondta akkor nekem, hogy ő fel volt arra készülve, hogy nem lesz családja, és neki kell majd gondomat viselnie. Ez engem nagyon meghatott.

Az első munkanapomon éreztem, hogy nem ez lesz az én hivatásom: egész nap egy gép előtt ülni és telefonokat fogadni. Viszont nagyon jó volt a társaság az irodában; öten voltunk az ügyfélszolgálaton. Egy lánnyal együtt kerültünk oda, aprócska termetű, de nagyon mély hanggal megáldott emberke volt ő. Vele kezdtem el barátkozni, csomót beszélgettünk, jól megértettük egymást, még indián neveket is adtunk egymásnak poénból. Ő lett Mélyhang, és pedig Kisszem voltam. Mindeközben azon kezdtem el gondolkodni, hogy mit kezdjek az életemmel karrier szempontjából, azt kerestem, mi tenne boldoggá. De nem leltem rá. Visszajártam a régi uszodámba is, de már nem volt ugyanolyan, mint előtte. Sokat veszítettem a fizikai erőmből is az elmúlt hónapok alatt, amíg a „bolondéria" zajlott velem, így inkább stressz volt mozogni, mintsem jóleső élmény. Mindenáron fogyni akartam, nagyon frusztrált a súlyom, öltözködni sem tudtam, volt talán pár ruhadarabom, amit cserélgettem. Nem éreztem jól magam az életemben. Ez az érzés egyre inkább elhatalmasodott rajtam, egyre negatívabb lettem, egyre inkább depresszióba csúsztam. Nóri barátnőmnek meséltem üzenetekben arról, hogy milyen rosszul érzem magam, aki megkereste tesómat ezzel, mert aggódott értem. A mindennapok semmi örömöt nem adtak. A munkán kívül nem jártam sehova, otthon töltöttem minden időmet, és elveszítettem a világba vetett hitemet. Nem hittem többé Istenben, a karmában, abban, hogy az élet törődik veled, és hogy dolgod van a világban. Egyre inkább elhatalmasodott rajtam ez az érzés, semminek sem tudtam örülni. Írtam egy nagyon hosszú e-mailt a Mesternek, melyben elmeséltem neki, mi történt velem, hogy milyen diagnózist kaptam, és hogy igazából csak vashiányom volt. Azt éreztem, senki nem vigyáz ránk itt, a földi életünk alatt.

Azután augusztus végére megint baj lett. Tudom, hogy egyre többet pityeregtem magamban, már mindennapossá váltak ezek a negatív érzések. Erről valamennyit meséltem is a munkatársaknak – nem sokat, igaz, csak muszáj volt valakivel megosztanom. Egyik délután, mikor dolgozni voltam, furán éreztem magamat. Hirtelen mintha megint tüneteim lettek volna. Addigra állandósultak megint az étkezési problémáim: hol napokig nem ettem, hol bezabáltam. Nem volt semmilyen rendszer az életemben. Pánikolva mentem haza, és a tünetek egyre erősödtek. Azt gondoltam, ha összpontosítok, akkor eltűnnek. Pont aznap délután hívtak egy másik munkahelyről, ahova ismerős révén jelentkeztem. Több fizetést kaptam volna egy hasonló munkáért, kérdezték, hogy be tudok-e menni. Azt feleltem: „nem". Úrrá lett rajtam a pánik, de azt reméltem, majd kialszom. Reggel ugyanúgy elkészültem, mint máskor, de már nem tudtam elmenni a metróállomásig: egy kutyát kezdtem el elemezgetni, miért van az a padon fent, miért nem a járdán. Megálltam, és hosszú percekig ezen gondolkodtam. Megjelentek a tünetek megint, amikor is elemezgetem az embereket; ki hova néz, melyik autó merre kanyarodik, milyen a színe stb. Bepánikoltam. Lekéstem a buszt is, majd mikor a következőre felszálltam, rossz állomásnál szálltam le – eggyel tovább mentem, és gyalogolhattam vissza. Elkéstem a munkahelyemről, de semmit sem szóltak. Zárt térben kicsit jobban lettem, csak a külvilág rémisztett meg nagyon. Aztán a nap folyamán elkezdtek az emberek is furán viselkedni. Mintha tudnák, hogy mire gondolok, és mintha olvasnának a gondolataimban. Ettől még jobban bepánikoltam: úristen, megint egy másik világba csöppentem. Olyan érzés ez, mintha akkor döbbennél rá, hogy ez valójában is így volt, csak nem tudtál róla. Mintha minden meg lenne rendezve, mint egy színházban. Mindenki játssza a betanult szerepét, és te erre rádöbbensz, belelátsz ebbe. Mintha a tudattalan dolgok – ki mit mond, köhintések, mimika – tudatossá válnának, és mintha az egész világ előre megtervezett cselekedetek alapján működne.

A szünetben felhívtam telefonon a szüleimet és megkértem őket, hogy délutánra jöjjenek értem, mert azt éreztem, egyedül nem fogok tudna hazamenni. Ahogy telt az idő a nap folyamán, egyre inkább megint kicsúsztam ebből a valóságból... Nehéz megfogalmazni az érzést, de annál szörnyűbb átélni. Nem tudom, hogy a munkatársak mit vettek észre, a nap végén csak annyit mondtam nekik, hogy nem velük indulok haza. Megérkezett értem apa Kecskemétről. Azt hiszem, elmentünk az albérletbe összeszedni a cuccaimat, és indultunk vissza Kecskemétre. Megint... Nem tudtam gondolkodni, nem láttam, mi fog következni, csak annyit tudtam, hogy egyedül nem vagyok többé képes ellátni a feladataimat. Ismét...

És otthon kezdődött minden elölről... A régi dokihoz nem voltam hajlandó visszamenni, így továbbra is a szüleimmel jártam be a könyvesboltba. Ugyanúgy töltöttem a napjaimat, mint azelőtt, elemezgetve az embereket, akik bejártak, próbáltam megfejteni a titkos üzeneteiket, amiket felém kommunikáltak. Lefagytam az idegenek jelenlétében, újra nem tudtam egy értelmes szót sem kinyögni, ugyanaz ismétlődött meg, mint ami év elején volt. Olyan volt megint, mintha a múltamban lévő emberek most megint megjelentek volna az életemben ebben a szétcsúszott állapotban, és mintha mindenki tudná, hogy mi a probléma velem, anélkül, hogy bárki is elmondta volna nekik.

Egy szombati napon történt, hogy délután, miután a könyvesboltot már bezártuk, itthon voltunk és le kellett menni a lakással szemben lévő üzlethelyiségbe, hogy kitakarítsuk azt, merthogy bérlő fogja kivenni. A szemem ekkor kezdett nagyon begyulladni, nem láttam, illetve állandóan elhomályosodott minden, mintha az érzékelésem elhagyná ezt a világot, ezt a dimenziót, és valahova máshova terelődne, de úgy, hogy egyik valóságot sem látom tisztán. Emlékszem, hogy nagy por volt a helyiségben, és ez még rontotta a problémámat. Miután befejeztük a takarítást, kívülre mentünk, ahol építkezések folytak. Az egyik falra egy horogkereszt volt festve, amitől én nagyon bepánikoltam. Megint Hitler jutott eszembe és a haláltáborok, és azt hittem, afelé tartunk megint, hogy most újra előjött ez a problémám. A dimenziócsúszkálás. Nem láttam ezt jó jelnek. Később felhívtam az ügyfélszolgálaton megismert Mélyhangot és tanácsot akartam kérni tőle: azt hittem, ő is be van avatva és tudja, mi van velem, és hogy lehet ebből kijönni. Sokat értelmezgettem azt, ahogyan elköszönt. Azt mondta: „szia, szia, helló, szia". Azon gondolkodtam, miért mondta ennyiszer, és mit üzenhet vele. De a 4-es számot leltem felfedezni ebben, ami ugye a szeretet száma, ergó minden rendben lesz. Viszont eszembe jutott a csaló is, aki a fordítást ajánlotta és rájöttem, hogy a neve betűiből ki lehet rakni azt, hogy A Sátán. És azt gondoltam, azzal, hogy szóba álltam ezzel az emberrel, annak nyitottam kaput, hogy a világban majd a sátán fog uralkodni.

Egyik délután nagyon fura dolog történt. Kezdett beszűkülni a világom: amire ránéztem, csak annak a dolognak jutott eszembe a neve, és mintha akkor teremtettem volna a jelenemet, mígnem teljesen bepánikoltam és nem bírtam megszólalni. Mintha bele lettem volna zárva a testembe úgy, hogy nem én irányítom a dolgokat, nem vagyok ura annak. Anya megfogta a kezemet, de mondtam neki, hogy ne tegye, mert akkor ő is bolond lesz. Azt hittem, a kézfogással ez átterjedhet másra is. Anya csak kérdezgette, hogy mi a baj, kérdéseket tett fel, hogy mit érzek. Annyit tudtam mondani nagy nehezen, szakadozva, hogy „nem kellene itt lennem". Anya megkérdezte, hogy hol? Itt, a Földön – feleltem. Ez a könyvesboltban történt, mire anya felhívta a háziorvost és elmondta neki, milyen állapotban vagyok, mire ő azt felelte, vigyenek el hozzá. Bezárták a boltot a nap közepén, apával kimentünk a kocsihoz. Volt ott egy kis szökőkút is az utcában. Csak annyit tudtam kinyögni, hogy szomjas vagyok, de nem tudtam, mit kell ilyenkor csinálni. Erre apa annyit mondott, hogy „akkor igyál". Így is tettem: beleittam a szökőkútba. Mindeközben megállt a világ, mintha lassított felvétel lett volna minden körülöttem. Útközben teljesen elment a beszédem, és az a gondolatom támadt, hogy most fogunk meghalni. Azt hittem, hogy majd szembejön velünk egy ugyanolyan autó, mint amiben mi ülünk, össze fogunk csattanni és mind meghalunk. Azt éreztem, megváltozik az élet sűrűsége, és egy láthatatlan mágnes hozzá fog csapni minket a másik autóhoz, és ennyi a vég. Nem tudtam beszélni, csak a mimikámat próbáltam használni arra, hogy apának elmondjam ezt, de nem értette. Olyan érzés volt, mintha nem lenne tovább semmi, szó szerint itt a vég, és azután nem lesz semmi. Persze időközben megérkeztünk a háziorvoshoz, aki beadott nekem valami nyugtatót, és közben kérdéseket kezdett feltenni. Hogy történt-e már ilyen. Csak a fejemet rázva tudtam neki válaszolni. Feltett még néhány kérdést, amikre testbeszéddel válaszoltam. Majd annyit kérdezett, hogy emlékszem-e, mit mondott a doki, mi ez? Bólintottam. Annyit mondott, ne aggódjak, ez nem az. Fokozatosan kezdtem visszajönni ebbe a világba, és a végén lenyugodott állapotban szálltam ki a székből. A beszédem is kezdett visszajönni. Ezek után hazamentünk, és anya maradt otthon velem. Mindenáron megint az auralátót akartam felhívni, azt hittem, csak ő tud segíteni. „Dehogy hívjuk fel!" – mondta anya, és szőlőcukrot adott a számba: meggyőződése volt, hogy ha eszem valamit, pláne cukrot, az segít abban, hogy visszajöjjek ebbe a világba. Ezek után a háziorvoshoz jártunk időnként, hogy beadja nekem ezt a nyugtatót. Róla is azt hittem, hogy üzeneteket küldözget nekem titkon. Rakódtak közben a kilók is rendesen, hiszen nem sportoltam ismét semmit, és a súly egyre jobban frusztrált. Azt hittem, a háziorvos ebben is üzeneteket küldözget, hogy mit tegyek annak érdekében, hogy elkezdjek fogyni. Nem tudtam erre a világra koncentrálni, mindig valahol máshol járt az eszem. Olyan volt, mint mikor álmodozik az ember, csak nincs kontrollja afölött, hogy visszajöjjön ide, ebbe a valóságba. Egyszer a könyvesboltban leltár volt, Anita is ott tartózkodott. A könyv-darabszámot kellett mondani, és hogy mennyibe kerül. Nekem meg erről a sok számról az jutott eszembe, hogy a jövőben hányszor kell még majd megszületnem; olyan volt, mintha a számok a jövőbeli születési évszámaim lennének, és ezt felettébb viccesnek találtam. Elhittem, hogy az összes szám, melyet hallok, a jövendőbeli évszámokat jelzi, amikor majd megint megszületek. Annyira belelovalltam magam ebbe, hogy röhögőgörcs jött rám, és nem bírtam abbahagyni. Hosszú percekig, talán félóráig is tarthatott ez, mire elkomorodtam, és igazából belegondoltam, hogy ha valóban ennyiszer kell még megszületnem, akkor az nem is olyan vicces, sőt! A két végletet rövid időn belül megéltem: a csillapíthatatlan röhögőgörcs után beleestem egy nagyon is komor, már-már depressziós állapotba. Aztán azt éreztem, kezdek kiszállni megint ebből a világból, és azt éreztem, ennem kell valamit, az majd segít. Közben azért egy jelet kértem Istentől, hogy most valóban őrült vagyok, vagy mi a helyzet? Bementem a raktárba enni, és ahogy haraptam az ételt, egy hajszálat találtam benne. Megkaptam a jelet, mi szerint a megvilágosodottat és az őrültet egy hajszál választja el egymástól. Nekem ott volt a hajszál, tehát őrült vagyok. Nagyon elkomorodtam. Rengeteget ettem és alig mozogtam – az evés segített ebben a valóságban maradni valamennyire, muszáj volt. Anitának mertem elmondani pár dolgot megint, hogy például autók rendszámtábláit értelmezem, azt hiszem, üzeneteket küldözgetnek nekem, hogy azok valamiféle kódok. Meg azt is mondtam neki, hogy szeretetre van szükségem. Mindez a könyvesbolt előtt történt az utcán, és pont mikor ezt mondtam, egy angol turista odajött hozzám és a postát kereste. Ezt úgy vettem, hogy máris ott van a szeretet, mivel a posta színe zöld, ami ugye a szívcsakra színe, tehát egyenlő a szeretettel. De persze a megoldást nem tudtam, hogy mégis mit kellene tennem. A könyvesboltba bejáró embereket is értelmezgettem. Ki kinek az alteregója. Volt egy bejáró férfi, aki hasonlított a Mesterre, a keresztneve pedig ugyanaz volt, mint az auralátónak. Apával sokat beszélgettek, és legtöbbször, mikor bejött a boltba, „üdvözlöm"-mel köszöntötte apát. Erről is a Mester jutott eszembe, hiszen nagyon régen, amikor választ kaptam tőle e-mailben, ő is ezt írta elköszönésként. Ugyanígy értelmezgettem, ha valaki azt mondta: „sziasztok". Ez már jobban megrémített, hiszen a legelső rosszullétemnél is ezt a köszönést hallottam valakitől, amit úgy értelmeztem, hogy nem jelent jót. Hogy megint szétcsúszott állapotban vagyok.

Néha feljártam apával Pestre. Ő volt a könyvesbolt beszerzője, és hozta a könyveket a kiadóktól. Szerettem ezekre a helyekre menni, mert mindig mindenki nagyon kedves volt velem, és próbált segíteni. Itt ismertem meg Mariannt is, neki nagyon jó beszélőkéje volt, és mindig nagyon jó dolgokat mondott.

A 27. születésnapomon is a könyvesboltban voltam napközben anyáékkal, szokás szerint végigértelmezgettem az egész napot, egy normális pillanatom nem volt, mindenben jelet véltem felfedezni. Ezt úgy kell elképzelni, mint amikor egy-egy dolog foglalkoztat minket, és megerősítést kapunk az élettől – például meglátunk egy feliratot, vagy valaki mond nekünk valamit, ami megerősít bennünket. Nos, ebben az állapotban csak ilyen jelekből, üzenetekből áll a nap, mindenről eszedbe jut valami, és próbálod megfejteni az üzeneteket. Nem tudod kiszűrni az oda nem illő információkat.

Azon az estén anyával busszal mentünk haza. Arra emlékszem, hogy csak álltam a buszon, és meredten bámultam kifelé az ablakon. Útközben megláttam egy szobában égni a lámpát, ami pont olyan volt, mint az én csillárom a szobámban. Mintha előre látná az ember a jövőt ilyen apró dolgokban. Hogy mikor hazaérek, én is azt a lámpát fogom látni. Hazaérvén megint kezdtem kiszállni ebből a világból. Olyan volt, mintha a lelkem el akarná hagyni a testemet, de nem bírja, és én egyre jobban beleszorulok, és ezt pánikként élem meg. Így is lett: pánikoltam, éreztem, ahogy hagyom el azt a világot az elmémmel, s nem tudtam, mit csináljak. Le akartam menni a boltba, hogy vegyek valamit, de nem tudtam egyedül egy lépést sem megtenni a külvilágban. Végül megoldásként felhívtam Dórit és elhadartam neki, hogy szállok ki ebből a világból. Dórinak mindig volt valami jó megoldása, ezúttal egy földelő technikát mondott nekem, mintha vezetett meditációban vettem volna részt telefonon keresztül. Azt mondta, fogjam meg a talpamat. Megfogtam. Azt mondta, szagoljam meg, és mondjam el, mit érzek. Megtettem... Ez ment perceken keresztül, mire egy kicsit lenyugodtam. Aztán hirtelen eltűnt a jobb szememről a kontaktlencse, és ezt elmondtam Dórinak is. Nem kiesett, hanem eltűnt! A jobb az a jövőt szimbolizálja, és én ezt úgy értelmeztem, hogy megint eltűnt a jövőm, nincsen, csak a múlt. Dórinak mennie kellett, én meg pánikoltam, hogy ne hagyjon itt, de muszáj volt elköszönnie. Annyit mondott: „sziaaaaa...". Azt hittem, örökre búcsúzik el, és hogy ő sem tud már nekem segíteni. Ahogy letettük a telefont, két vadászgép húzott el a ház fölött, nagyon nagy zajt csapva, majd megérkezett a következő busz, és a buszmegállóban, a ház előtt, mindenki leszállt. Én ezt úgy értelmeztem, hogy a problémám miatt mindenkinek elmennek otthonról. A vadászgépek pedig apát jelképezték, mivel ő vadászpilóta volt, és ez a jelenet azt sugallta: apán a sor, ő maradt csak, aki segíthet nekem... Nem reálisan láttam a dolgokat, ilyen nem józan összefüggéseket láttam a nap 24 órájában. Ebből állt minden percem. Nagyon fárasztó volt.

Egy idő múlva a háziorvos beutalt a pszichiátriára, mivel senki nem látott más megoldást. Ez már ősz végén volt. A nővérem ez idő alatt ugye kint élt Bécsben, így ő sem volt mellettem.

Anyával voltunk bent az osztályon látogatóban is, amikor felmértek az orvosok. Az osztályvezető főorvos, Györgyi egy határozott, de nem túl bizalomgerjesztő nő volt, állandóan az orrom alá cigizett az irodájában. Így látta el a betegeket, hogy közben szívnunk kellett a dohányfüstöt. Többször jártunk bent az osztályon, a főorvos nem értette, például miért nem merek eljárni úszni. Fogalma nem volt arról, hogy milyen ez az állapot. Egy lépést nem tudtam egyedül tenni, nemhogy úszni járni. Volt egy mosolygós orvos is, Kata, akivel szimpatizáltam, de ő még csak akkor csinálta a disszertációját, így amolyan kísérleti alany voltam számára. Egy kedves, fiatal hölgy volt, neki is értelmezgettem a nevét. A vezetékneve egy állatnév volt, egy olyan állaté, amelyet én nagyon szeretek, és ezt jelnek vettem, hogy ő majd fog tudni segíteni, benne bízhatok. Egyik ilyen látogatás alkalmával vele kellett beszélgetnem, majd amikor végeztünk, annyit mondott, hogy az ebédlőben vár egy hölgy, és mellé kellene leülnöm. Bementem az ebédlőbe, de csak egy idős házaspár volt ott, hölgy nem. Gondolkodtam, hogy vajon a pár hölgytagjára gondolt-e az orvos... Nem értettem a helyzetet, majd kb. 10 perc múlva megjelent Kata és annyit mondott, hogy „haza lehet menni". Aznap, mikor bekerültem a pszichiátriára, szintén az ebédlőben kellett várnunk anyával. Egy srác volt ott, aki kopogott az asztalon úgy, mint mikor az óra ketyeg. Azt gondoltam, hogy ő is beavatott, tudatos valaki, aki jeleket küld nekem. Zalánnak hívták, csak úgy, mint az auralátót, és még hasonlított is rá. Olyan volt, mintha az ő alteregója lett volna. Emiatt kezdetektől irányába is olyan rajongást kezdtem érezni, mint az auralátó irányába. Ez a jelenet olyan volt megint, mintha a színházban zajló darabba csöppentem volna bele, mintha egy nagy színtér lett volna az egész pszichiátria a maga kis szereplőivel. Anya elbúcsúzott, otthagyott engem egyedül, de megígérte, hogy minden este bejön látogatni. Nagyon nehéz volt elszakadnom tőle; ő volt az, aki mindig ott volt velem és segített, ahogy tudott. Az első feladatom az volt, hogy fogalmazást kellett írnom az életemről, kaptam rá 15 percet. Elkezdtem szépen írni, mire három perc múlva megjelent Györgyi főorvos, kirántotta a kezemből a papírt és annyit mondott: „köszönjük szépen". Természetesen ezt is értelmezgettem – nem tudtam egy egészséges ember elméjével gondolkodni és kiállni magamért, megvédeni magamat. Nagyon sebezhető voltam. Közben megismerkedtem Zalánnal. Egészen normálisnak tűnt, csodálkoztam is, hogy ő mit keres az osztályon. Olyan lett ő nekem, mint a gyerekeknek a láthatatlan legjobb barát, de igazából megtartottam vele a távolságot, mert ő is csak egy alterego volt, az auralátó alteregója, nem pedig a valódi ember.

Az osztályon elkezdtek gyógyszerrel tömni. Nagy részük erős nyugtató volt, ezzel kezeltek. Nagyon nyomott voltam tőle, és a testem is teljesen elnehezedett. A kilók rakódtak egyre tovább. Mindenki az étkezésemmel piszkált – ekkor megint vegetáriánus voltam, de leginkább vegán akartam lenni. Győzködtek, hogy ez nagyon káros, és ennem kell tejtermékeket is, tojást is. Az osztályon olyan ételt kaptunk, mint a menzán. Vacsorára általában fehér zsömle volt sajttal, krémtúróval. Értelmezgettem, hogy vajon mit jelent, ha a többiekkel eszem, vagy egyedül. Szerettem elvonulni, és inkább egyedül enni, mintsem a többiekkel. Számomra az étkezés megint a szeretetet jelképezte és attól féltem, hogy ha itt bent, a pszichiátrián eszem, akkor ez azt jelenti, hogy szeretem ezt a helyet, és hogy ennek lesz jövője az életemben. Ebben az állapotban megszűnik a jelen pillanat érzése, és olyan, mintha egyszerre zajlana a múlt is és a jövő is.

Volt egy másik főorvos, egy férfi, Mihály, aki pedig a Mester alteregója volt, nagyon hasonlított rá. Én meg azon kezdtem gondolkodni, hogy ha az itt történő dolgok az eddigi életem megismételt eseményei, akkor olyan, mintha egy alternatív valóságban élném újra a dolgokat, és módom van megfigyelni azokat. Az orvosok jelképezték a segítőket; ők voltak az egészségesek, azaz azok, akik valamelyest tudják a megoldást a bajokra. De közöttük volt olyan, aki nem jól végezte a dolgát – az osztályvezető például –, és volt olyan, akiben lehetett bízni: a Mester-alterego, például. És ott voltak az ápolók – ők semlegesek voltak –, és voltak a betegek. Zalán, az auralátó alteregója is beteg volt, tehát arra a következtetésre jutottam, hogy az auralátó nem is megvilágosodott, ő is a bolondok közé tartozik, és aki valódi megoldásokkal szolgál, az a Mester, hiszen az ő alteregója egy rendes orvos. Ő valódi megvilágosodott.

Az osztályon találkoztam egy régi ismerőssel. Gyerekkorunkban egy házban laktunk és összejártunk játszani, Andrisnak hívták. Nem tudtam, hogy neki mi baja volt, később anyától tudtam meg, hogy az ő diagnózisa is skizofrénia, állítólag nem is voltak tiszta pillanatai egyáltalán. Nekem teljesen normálisnak tűnt – igaz, nem töltöttem vele sok időt. Ő a szüleivel élt és néha bejött az osztályra pár hónapra, majd megint hazament. Le volt százalékolva. A betegek között volt még egy idősebb nő, aki egész nap fel-alá járkált a folyosón. Minden héten, vagy akár naponta jöttek új emberek, csodálkoztam is, hogy mennyi ember megfordul itt, akik látszólag normálisak. A nap elején általában az ebédlőben volt egy ötperces reggeli torna, majd megbeszélés, ki milyen feladatokat vállal el, pl. viráglocsolás stb. Voltak foglalkozások – művészóra, ahol festettünk –, volt valami kommunikációs óra is, ahol különböző feladatok voltak, például szóláncoztunk. Aztán jött az ebéd, majd este a vacsora. És persze tömték belénk a gyógyszereket.

Egyik este fürdeni készültem. Már mindenki más végzett, én pedig bent, a zuhanyozó helyiségében az egyik ápolónővel beszélgetni kezdtem. Valamiért megbíztam benne, nagyon aranyos volt, és valódi törődést éreztem irányából. Neki valamennyire meg tudtam nyílni. Miután befejeztük, fogtam volna neki a fürdésnek, amikor bejött egy másik ápolónő és a fejemhez vágta, hogy miért nem vagyok még kész, már húsz perce itt motyogok magamban. Megint nem tudtam neki elmondani a valóságot, hogy nem magamban motyogtam, hanem az egyik ápolónővel. Persze értelmezgetni kezdtem a helyzetet, hogy ha ő azt mondta, én pedig mást tapasztaltam, akkor most kinek van igaza.

Egyszer ebédnél Györgyi főorvos odajött hozzám, valamit elkezdett beszélni – nem sokat –, majd elhallgatott és annyit mondott: „sajtos tészta", majd elment. Rossz állapotban voltam, de azért az énem sosem tűnt el, csak máshogy láttam a világot, de az ilyen megmozdulások nyitogatták a bicskát a zsebemben. Mi az, hogy *sajtos tészta*? Azt éreztem, nem teljes emberként kezel. Volt jó pár ilyen megmozdulása, ami nem illett bele a közegbe. Egyszer, amikor az auralátónál történt dolgokról kérdezgetett engem, azt mondta, hogy az auralátó egy körözött bűnöző. Teljesen egyértelmű volt, hogy nem is ismeri, azt sem tudja, hogy kicsoda, csak így próbált engem „kezelni", hogy egy valótlan tényt sulykolt a fejembe. Anya minden este jött látogatni, és maradt, ameddig csak tudott. Hozta, ha kértem valamit, és mindig jókedvű volt velem. Mikulásra hozott a személyzetnek ajándékokat is. Hétvégére hazajöhettem; szombat reggel jöhettem el, és vasárnap este kellett vissza menni. Egy napot aludtam otthon a saját ágyamban, a másfél nap alatt ki sem mozdultam otthonról, mivel még mindig nem tudtam létezni a külvilágban rendesen. Nem volt javulás.

Györgyi főorvos egyszer elvitette magát a fodrászhoz autóval velünk, és amikor beszálltunk, megkérdezte, hogy ki vezet, én? Csodálkoztam ezen a nőn... Azt pedig, hogy ő is fodrászhoz megy, úgy értelmeztem, hogy ő is megbolondul, ahogyan én... emlékezve a legelső történésekre Szilvinél. A fodrászhoz látogatás az elméleteim szerint azt jelentette, hogy megőrülünk. Az osztályon mérték a súlyunkat is hetente. Nekem ugye ment fel mindennap, mire Györgyi erre is rákérdezett: „Ugye, Klára, nem attól hízik, amit tőlünk kap?". Nem tudtam válaszolni, csak gondolatban: „Nem, hanem a levegőtől, amit belélegzek!". Mi mástól híztam volna? Azt ettem, amit a többiek is. Minden ételhez kapcsolódott nekem egy élmény, egy értelmezés. Például a körte is az őrültséget szimbolizálta, gondolva a mentőben történtekre, amikor is a villanykörte fényére kezdtem magamhoz térni, illetve a körözött, ami az auralátót jelképezte, mivel Györgyi azt mondta róla, hogy egy körözött bűnöző. Mindenhez kapcsolódott valami élmény, nem csak az ételekhez, de szinte minden történéshez az életben.

Volt néhány látogatóm is a két hónap alatt, amíg bent voltam. Szilvi jött be egyik este egyik közös ismerősünkkel, ő is próbált egy kicsit felrázni. Egyszer bejött a háziorvosom is, és a karján lévő nagyon szép aranyóra ragadta meg a figyelmemet. Értelmezgetni kezdtem: megint az időről van szó, hogy milyen jövő felé tartunk. Az arany ugye a győzelem színe, így ezt elkönyveltem jó jelként, hogy bármi történjék is, szép lesz a jövőnk. Ez a hit mindvégig velem volt. Grafológiáról ismert barátnőm jött még le Érdről a barátjával egyszer látogatni. Nagyon jólesett. Apa egyszer volt bent látogatni. A szobámban voltam, amikor szólt valamelyik nővér, hogy látogatóm van. Kimentem az ebédlőbe, ott volt Mihály orvos egy nővérrel, és ott várt apa is. Megint elemezgettem a helyzetet, hogy akkor most ki kit jelképez, ki kinek az alteregója. Valamilyen szinten apa jelképezte nekem a Mestert, hiszen egy lánygyermek életében az apa az első férfienergia, egy fontos tényező. Apa csak annyit kérdezett, mit tehet értem. Annyit tudtam felelni, hogy semmit. Ezzel le is zárult a beszélgetés, és apa elment. Egyszer Dóri is bejött anyával este látogatni, amikor épp itthon volt. Nagyon elgondolkodtatott, mert kivételesen szemüveg volt rajta, ami az én értelmezésemben annyit tesz, hogy bolond az illető is – ez esetben talán azt jelentette a szemüveg, hogy Dóri sem tud már nekem ezentúl segíteni. Arra emlékszem, hogy ráköszönt Andrisra is, de hogy utána mi miről beszélgettünk, nem tudom.

Állandó ember az osztályon nekem Zalán volt, ő is hosszú ideig bent volt. Egyszer hallottam, hogy valakinek az aurájáról magyaráz, hogy ki tudja tágítani, ha akarja. Ez az információ megint arra hagyott következtetni, hogy ő valóban az auralátó alteregója. Volt több fiú is az osztályon, akik jöttek-mentek. Egyszer az egyikben egy szereplőt véltem felfedezni a Mester könyveiből, akkor megint azt gondoltam, hogy az eddigi életem ismétlődik a zárt osztályon a már előtte megtörtént eseményekből. Volt egy másik srác, aki meg állandóan meg akart hívni egy italra, de mindig elmenekültem előle. Valamiért ragaszkodtam Zalánhoz. Egyik este lementünk az udvarra sétálni, és akkor fura dolog történt. A testem tőlem függetlenül mozgott. Elkezdtem szaladni, leesett mindkét cipőm, elhagytam a járdát, és végül elestem a fűben. A villanyoszlop felé kezdtem el szaladni, a fény felé. Csak úgy, mint előtte, a villanykörte felé kapaszkodtam előző nyáron a mentőben. Zalán is nagyon megijedt, nem értette, mi történt. Aznap este, mikor anya jött látogatni, elmeséltem ezt neki, hogy mekkorát estem, mire elmosolyodott, gratulált és nyújtotta a kezét. Vonakodtam, mielőtt megfogtam, de mikor megtettem, megszorította a kezemet, létrejött a kézfogás. Ugyanaz, mint ami anno a nővéremmel, aki átvitt értelemben is folyamatosan megfogta a kezemet, és vezetett ki a fura állapotokból. Ugyanez jött most létre anyával. Ekkorra teljesen nyilvánvalóvá vált, hogy a pszichiátrián nem fognak nekem tudni segíteni: anya lesz az, aki fogja a kezemet és vezet az úton. Egyik nap reggel leszaladtam az újságoshoz ásványvizet venni, és megláttam egy újságban a Mestert. Egy cikk volt róla. Akkor nem volt nálam elég pénz, vissza kellett mennem az osztályra a foglalkozásokra, de azt vártam egész nap, hogy mikor mehetek le megint, megvenni az újságot. Mindenkinek rögtön szót fogadtam, csak hogy megengedjék, hogy lemehessek az újságoshoz. Egyébként nem voltam túl együttműködő, de ez nagyrészt azért volt, mert ki voltam csúszva ebből a valóságból, és nem tudtam normális emberként viselkedni. Végre lemehettem az újságért, rögtön el is olvastam a cikket. Azt éreztem, teljes mértékben nekem szól, és ezt szeretetként fogtam fel, hogy igenis a legnagyobb bajban is megkapom a szeretetet: ha én nem tudok menni a Mesterhez, akkor eljön ő hozzám ily módon. Onnantól kezdve velem volt a remény: hittem abban, hogy a Mester még így is segít nekem, és az az újság mindvégig velem maradt.

Csináltak egy időben teszteket velem, több napon keresztül mindennap le kellett mennem egy emelettel lejjebb, és ugyanazt a tesztet kellett minden nap végigcsinálnom. Amikor emberek fotóit kell véleményezni, hogy melyik a legszimpatikusabb, és melyik a legkevésbé szimpatikus. Ekkortájt megint begyulladt a szemem, így nem láttam rendesen, homályos volt minden, avagy az érzékelésem megint más világokra terelődött. Egyik napon bizottság elé is kellett járulnom, ahol három perc alatt végeztem. Kérdeztek valamit, nem azt a választ adtam nekik, amit vártak, így ki is küldtek.

Eljött az elbocsátásom ideje. Anya jött értem, megkaptuk a papírokat, ajánlottak nekem egy pszichiátert, akihez magánpraxisba el kellett járnom. A diagnózisom nem meghatározott skizofrénia volt, és Györgyi főorvos szerint nekem annyi volt, teljesen elszálltam. Magyarán lemondtak rólam. Indultunk kifelé az osztályról. Épp szembe jött Mihály főorvos, teljesen olyan volt még a járása is, mint a Mesternek. Elhaladtunk egymás mellett és egymásra mosolyogtunk. Ez a momentum megint olyan volt, mintha jelen, múlt és jövő egyszerre zajlana. Vagyis ki fogok sétálni a pszichiátriáról, ergo nem vagyok bolond, és a Mesterrel, vagyis alteregójával értjük egymást. Mindketten tudjuk, hogy meglesz a szép jövőm. Igen, egy-egy ilyen pillanat ennyi sok információval szolgált nekem akkor.

Visszakerültem a könyvesboltba... Állandóan figyeltem, ki mit mond, és olyan volt, mintha próbálnák kitalálni, hogy mit szeretnék, hogy mi az, ami boldoggá tenne, ami kihozna ebből az állapotból. Például volt egy szerző, akinek a vezetékneve Böjte volt, és mindig, mikor ezt keresték, az olyan volt nekem, mintha azt kérdeznék tőlem, mi az, amit szeretnék, böjt-e? Nagyon zavart a súlyom, így igen, részben ezt szerettem volna, böjtölni, de természetesen ebben az állapotban nem lehetett. Valamint elkezdtünk járni az ajánlott pszichiáterhez, aki az ott töltött húsz perc alatt megkérdezte, hogy szólíthat, Klárának vagy Klárinak, valamint rákérdezett a súlyomra, felírta a gyógyszert, ami ugye nem működött és ennyivel be is fejeződött a vizit. Jó sok pénzt otthagytunk nála. Emlékszem, egyszer, mikor jöttünk el tőle, a kapuban egy ember várakozott, aki nagyon hasonlított az auralátóra, így azt a következtetést vontam le, hogy itt nem fogunk haladni egyről a kettőre, hiszen az auralátónál történtek okozták az állapotomat. Anya elkezdett orvosokat keresni nekem. Egyiktől mentünk a másikhoz. Voltunk egynél ugyanabban a kórházban, ahol a pszichiátria volt. Anya elmesélte neki a történteket. Nekem az a pár perc egy örökkévalóságnak tűnt, és olyan volt megint, mintha az egész addigi életem lejátszódna a szemem előtt, csak más formában, de ez a doki sem vállalt engem. A szüleim megkeresték a fővárosban a pszichiátert, aki országszerte ismert volt, és időpontot kértek hozzá is. Neki könyvei is jelentek meg. Anita közben a nagy könyvesboltban kezdett el dolgozni, így mindennap együtt voltunk. A fővárosi dokihoz apa vitt el, és Anita is elkísért minket. Odaértünk. Egyedül kellett bemennem a pszichiáterhez. Kezet fogott velem, majd leültünk és megkérdezte, miért vagyok ott. Annyit feleltem, hogy beszélgessünk. Erre a feleletemre kikelt magából. „Kisasszony, ide nem beszélgetni jönnek, hanem segítségért. Különben is, maga egy dagadt disznó, kinek kellene így?!". Ez ment hosszú perceken keresztül: elkezdte a mondandóját külsőm szapulásával, aztán folytatta mással. Behívatta aput is, és az idő 80 százalékában vele beszélgetett. Azt tanácsolta neki, hogy ők, mint szülők, dobjanak ki engem az utcára és feküdjek össze drogosokkal. Valahogy az idő vége felé szóba jött a diagnózisom; mondtam neki, hogy nem meghatározott skizofréniát állapítottak meg nálam a pszichiátrián, erre mintha egy kicsit összement volna. Tehát eltelt az egy óra. Hiába voltam akkor nagyon sebezhető állapotban, ez a doki valamiért nem tudott megtörni – magam sem tudom, hogy miért nem. Azzal köszönt el tőlem, hogy azt mondta, jegyezzem meg, hogy egy vesztes vagyok. Kifizettük a 30 ezer forintot az egy óráért és eljöttünk. Ez sem jött be. Egyesek elég érdekes módon fogják fel a segítőszakma fogalmát.

Mint említettem, Anitával mindennap találkoztam a könyvesboltban. Valamiért azt hittem, hogy ő tud majd nekem segíteni. Kérdezgettem tőle, hogy mégis mi történt velem. Emlékszem, nagyon megijedtem, mikor ő is azt kezdte nekem emlegetni, hogy hitleri energiákat hívtam be... Az idő nagy részében anya feladatokat adott nekünk, hogy hova kell átmenni, például venni valamit. Csak vele mertem kilépni az utcára. Anita később mesélte, hogy ő is kezdte átvenni tőlem a pánikot, amikor menni kellett valahova. Egy kívülállónak sem volt könnyű ez a helyzet. Jártunk a háziorvoshoz is, aki egy idő múlva elküldött, hogy leszázalékoljanak engem, 27 évesen. Szerencsére nem ítélték meg nekem ezt a kérelmet.

Egyik nap kértem anyát, hogy hívjuk fel az auralátót, hátha ő tud segíteni. Kínjában anya már nem tudott mit csinálni vagy mondani, azt felelte: „Tudod mit? Felhívom neked.". Természetesen nem lehetett elérni. Anya üzenetet hagyott neki, hogy azonnal hívja vissza, különben nem áll jót magáért. Valamivel később vissza is hívta anyát, hosszan beszéltek. Anya elmesélte neki, milyen állapotban vagyok. Hú, ő erről nem tudott, azt hitte, már régen rendbejöttem. Én is beszélhettem vele. Arra emlékszem, hogy azt hajtogatta, hogy ő nem akar velem párkapcsolatot. Egy szóval sem említettem neki ilyet, hiszen csak kerestem a kiutat ebből az állapotból és azt feltételeztem, ő, mint nagy auraszakértő, meg aki állítólag tud energiát is adni, majd tud szolgálni valami megoldással. De továbbra is csak azt hallgattam a telefonban, hogy ő nem akar velem párkapcsolatot. Aztán visszaadtam anyának a telefont.

Közben a könyvesboltban a mellékhelyiségbe beköltözött egy pók. Nagyon ragaszkodtam az élőlényekhez, főleg az állatokhoz, még ehhez a kis pókhoz is. Rituálévá vált, hogy hosszasan időztem bent a pókkal, neki bármit elmondhattam, nem ítélt el ezért. Valahol azért tisztában voltam azzal, hogy egy teljesen abnormális állapotban vagyok, amit senki sem értene meg, viszont betegségtudatom sosem volt. Végig azt sulykoltam magamba, hogy egészséges vagyok, és hogy ez csak egy ideiglenes állapot.

A napi döntéseim közé az tartozott, hogy például mit választok ebédre. Volt egy pékség az utcában, oda jártunk át ételért, és emlékszem, ha lehetett, mindig harmónia croissant-t választottam, mert azt gondoltam, mivel benne van a harmónia a nevében, az majd segít, hogy a valódi életben is ráleljek a harmóniára. Az esti rituálém az volt, hogy szendvicset készítettem magamnak. Mindig a szobámban ettem meg, és nagyon nagy komfortérzetet adott az a szendvics minden egyes alkalommal. Nagyon kerestem az élet örömeit; volt, hogy listát írtam a dolgokról, amiket abban az állapotban szeretni tudtam. Nagyon ragaszkodtam például az állatokhoz, valamint ilyeneket írtam le, hogy „nagyon szeretem a pizsama illatát". Volt, hogy reggel úgy ébredtem, hogy a karjaim ölelték a testemet. Akkor azt fogtam fel a szeretet megtestesülésének, a saját magam ölelését. Viszont nagyon sokszor feladtam a reményt, azt éreztem, soha nem lesz vége ennek az állapotnak, és mindenféleképpen véget akartam vetni neki. Azt éreztem, nem bírom tovább. Sokszor eszembe jutott, hogy megöljem magam, úgy talán vége lett volna ennek az állapotnak, de mindig jött az élettől egy jel, ami azt mondta, ne tegyem.

Esténként bekapcsoltam a tévét, és az egyik csatornán voltak jósok, akik állítólag energiát is tudtak küldeni. Egyszer, mikor megint amellett döntöttem, hogy véget vetek az életemnek, mégpedig úgy, hogy beveszem az összes gyógyszert, sírva kapcsoltam be a tévét. Pont akkor kezdődött egy ilyen műsor, ahol a jós azzal kezdte, hogy „itt vagyok és segítek, küldöm az energiát". Nekem akkor az volt a segítség: olyan volt, mintha nekem címezné, amit mond. Valahol a hit mégiscsak erősebb volt bennem.

Sokszor kívántam azt, hogy bárcsak ez az egész állapot egy játék lenne. Bárcsak hirtelen minden ember ráeszmélne, hogy csak játszunk az életben, és igazából mindenki szeret mindenkit, csak úgy teszünk, mintha nem így lenne. Sokszor vártam azt, hogy hirtelen az emberek ráeszmélnek, hogy igazából csak játszunk, és hirtelen mindenki elkezd nevetni, és tudjuk, hogy minden rendben van. Nagyon sokszor vágytam erre, hogy megtörténjen – azt gondoltam, akkor ennek a rendellenes állapotomnak is vége lenne, és minden rendbe jönne.

Ebben a szakaszban azt gondoltam, hogy azzal, hogy én ilyen állapotba kerültem, ezzel azt váltom ki, hogy mások is rosszul lesznek miattam. Minden mindennel összefügg és kapcsolatban áll, és attól tartottam, hogy mások is megfertőződnek miattam. Egyszer például, mikor otthon voltunk, este a szobámban voltam. Ha jól emlékszem, egy vetélkedőt néztem a tévében, ahol épp veszített a játékos. Ezt úgy értelmeztem, hogy én is veszítésre állok úgy összességében. Mintha minden egyszerre történt volna, és minden a MOST-ban történne. Kimentem a szüleimhez a konyhába. Apa főzött, de olyan fura volt. Megkérdeztem tőle, hogy „Apa, ittál?" Mire ő annyit felelt: „Apa itt áll!". Na, ezen nagyon bepánikoltam: azt hittem, hogy ő is elkapta az elmebajomat, és ő is máshogyan értelmezi a nyelvet: úgy, ahogy én. Nagyon megijedtem, nem is tudtam hirtelen hogy reagálni, visszamenekültem a szobámba és nyugtáztam magamban a történteket. A hozzám közel álló emberek is megkergülnek...

Februárban a gimis Nóra barátnőm férjez ment, engem is meghívtak az esküvőjükre. Anya segített kiválasztani a ruhát és a cipőt, és ő vitt el, de előtte megbeszélte Nóra anyukájával, hogy majd ők átvisznek a szertartásról a vacsorára. Tehát egyedül mentem – nagyon nagy feladat volt ez nekem. Ott ültem a szertartás alatt és végig elemezgettem megint a térszimbolikát, ki hol ül, hova néz stb. A végén volt fényképezkedés. A csoport jobb oldalán álltam és arra gondoltam, már megint nincs jövőm, mivel az emberek azon oldalán álltam, így senki nem volt tőlem jobbra, a jobb oldal pedig a jövőt szimbolizálja. De végig le voltam fagyva, és hiába gondoltam azt, hogy rossz helyen állok, nem tudtam változtatni rajta.

A vacsorára valóban Nóra anyukája vitt el, és addigra nagyon be voltam parázva. Szóltam is Nórának, hogy szeretnék hazamenni, de meggyőzött, hogy maradjak. Leültettek az asztalhoz, ott csendben ültem végig a pár órát, amíg tartott, közben végig gondolkodva, elemezgetve a körülöttem zajló eseményeket. Meg arra emlékszem, hogy nagyon kellett már mosdóba mennem, de nem mertem kimenni, mígnem már nagyon muszáj volt, de akkor is paráztam. Aztán ültem még a helyemen egy kicsit, csak csodálva a műsort, majd Nóra odajött és megkérdezte, hogy melyik sütiből kérek, és kettőt pislantott. Ezt megint értelmezgettem. Magam is csodálkoztam, mert elsőre el tudtam dönteni. Utána persze azon gondolkodtam, hogy jó döntés volt-e, és vajon nem a másikból kellett volna-e kérni. Az est végének közeledtével Nóra felajánlotta, hogy egyik barátnőjéék bevisznek kocsival a városba. Ott is végig csöndben ültem, a városba érvén pedig beültem egy taxiba. A sofőr megkérdezte, hogy hova menjünk. Azt gondoltam, bármit mondhatok, akárhova mehetek a világban, de aztán megmondtam neki a címünket. A ház előtt tett ki. Már késő este lévén az utca kihalt volt. A távolban ugatott egy kutya. Fütyültem neki, mire odakapta a fejét. Ezt jó jelnek fogtam fel: a kutya a hűséget jelképezi, valamint azt éreztem mindig, mikor állattal találkoztam, hogy ők segítenek, megértenek engem.

Otthon anya várt, és izgatottan kérdezgetett az esküvő részleteiről. Sokat persze nem tudtam neki mesélni, hiszen le volt redukálódva a beszédkészségem, de nagyon büszke volt rám, hogy egyedül voltam és jöttem haza. Ebben az állapotban is inkább írásban tudtam hangot adni a gondolataimnak. Nem nagyon tudtam megosztani senkivel azt az egymilliárd gondolatot, ami egy nap alatt suhant át az agyamon, így egy részüket leírtam.

Anya tovább folytatta a keresést a megoldás irányába, továbbra is keresve az embert, aki tudni fog majd segíteni. Jártunk energiagyógyásznál, próbálkoztunk homeopátiával, akupunktúrával, mindennel. Semmi sem használt. Egy ismerős ajánlott egy rendelőt, ahol ráadásul ingyen praktizáltak a pszichiáterek, elmentünk hát oda. Azt az orvost, akit ajánlottak nekünk, épp egy másik helyettesítette aznap. Nagyon kedves volt az asszisztensnője is, és maga az orvos is. Végre olyan valaki volt, aki az embert látta bennem, nem pedig az esetet. Anya szokás szerint dióhéjban elmesélte neki a történteket, az orvos feltett pár kérdést, majd új gyógyszert írt fel nekem. Anya megkérte, hogy ezentúl is jöhessünk hozzá, ne ahhoz, akihez eredetileg érkeztünk volna. A doki nagyon készséges volt, és csak annyit mondott, két hét múlva találkozunk.

A köztes időben ugye a könyvesboltban teltek napjaink. Minden emberben felfedezni véltem valaki ismerőst a múltamból, minden nap olyan volt megint, mint a színházban, mintha minden előre meg lett volna rendezve. Volt néhány ember, akinek a jelenlétében megerősödtem, normálisabbnak éreztem magamat és bátrabb is voltam. Azt hittem, hogy ők gyógyítók és azért vannak ott, hogy nekem segítsenek. Mintha utasításokat adtak volna nekem.

Volt a boltban néhány vevő. Az egyik ilyen srác, aki számomra gyógyítónak bizonyult, anyuval beszélgetett. Csak egyszavas válaszokat adott, ilyeneket, hogy „nemtom" (nem tudom), illetve „rendben". A nemtom azt jelentette, hogy amit épp csinálok, az nem jó. (Nem, Tom = azt gondoltam az egómnak több neve is van, és az egyik a Tom. A rendben pedig jót jelentett. Rend, ki ne szeretné a rendet, Ben = szintén az egóm neve.) Figyeltem, hogy mit csinálok, és ő mit válaszol. Anya adott nekem feladatot, amitől vonakodtam, mire a srác azt mondta, „nemtom", tehát azt úgy értelmeztem, hogy nem jó, ha azt csinálom. Közben ránéztem egy másik vevőre, akin kék pulóver volt és karba volt fonva a keze – ez megint az őrültséget szimbolizálta: a karba tett kéz, olyan volt, mint a kényszerzubbony. Amikor pedig elkezdtem csinálni a feladatot egyedül, amit anya kiadott nekem, a srác épp azt mondta, „rendben". Eközben egy másik vevőre néztem, akin zöld felső volt – a szeretet színe, ugye –, és rám is mosolygott. Volt egy apró sikerélményem, avagy információm, hogyan fogom rendbe szedni magamat. Úgy, hogy visszailleszkedek az életbe szépen, és teszem a dolgomat az agyalás helyett. Persze ezt könnyű volt mondani, de nem ment ez még olyan zökkenőmentesen. De megvolt a megoldás, és mindez már az új gyógyszer szedése mellett történt.

Volt egy másik érdekes történés is. Volt bent egy nő, aki a spirituális könyveknél nézelődött elég sokáig, nekem háttal. Valamiért tartottam tőle. Majd egy idő múlva odajött hozzám és odaadott nekem egy elég pozitív című könyvet, a címben benne volt, hogy „látó vagy". Eközben a rádióban megszólalt a zene, ami az auralátó meditációs CD-jén is volt, és a nő megszólalásig hasonlított az auralátóra. Rám mosolygott, de én nem tudtam azt viszonozni az auralátóval történtek miatt. Viszont ez megint egy olyan pillanat volt, amikor azt éreztem, jelen, jövő és múlt egyszerre zajlik. Hogy egy alternatív jelenben azt éljük meg, hogy az auralátóval normálisan történtek a dolgok, nem pedig úgy, ahogy valójában. Ezen elgondolkodtam... Igazából nem kellene, hogy ellenségek legyünk az auralátóval – az persze más kérdés, hogy balul sült el a dolog.

Volt, hogy egyedül kellett átmennem valahova a városban, anya átküldött. Paráztam ekkor is, de sulykoltam magamba, hogy sikerülni fog. Előre átgondoltam, milyen útvonalon megyek majd, és így is lett. A probléma csak ott következett, amikor egy szökőkúthoz értem, és nem tudtam, melyik irányból kerüljem ki: jobbról vagy balról. Jobb oldalon volt egy kutya, így amellett döntöttem, mivel szeretem a kutyákat.

Pár hét telt el azóta, hogy az új dokinál jártunk először. Egyik délután épp bent ültem a könyvesbolt raktárában a lépcsőn. Azt szuggeráltam magamba, hogy felejtsek el mindent, ergo felejtsem el az értelmezgetéseket. Ott ültem és ezt mondtam magamnak, hogy úgy fogok kimenni az eladótérbe, hogy nem értelmezgetek.

És egyik pillanatról a másikra meg is történt a csoda: sikerült! Elmúltak az értelmezgetések, és újra normális ember lettem, pánikolás nélkül! Csak úgy, egyik pillanatról a másikra! 10 hónapig voltam ebben a bolond állapotban, és valóban anya vezetett ki ebből az állapotból – bebizonyosodott a kézfogás jelentősége. Ő nem mondott le rólam, és felkutatta nekem az embert, aki tudta a megoldást. Még jó darabig jártunk a dokimhoz, aki teljes mértékben támogatott mindenben, szorgalmazta, hogy visszailleszkedjek a társadalomba. Próbáltam visszamenni dolgozni az ügyfélszolgálatra, ahova elvileg visszavettek volna, az orvosom is alkalmasnak talált, viszont az üzemorvos nem… elutasítottak hát onnan. Nem volt mit tennem, mint elfogadnom a döntést. Elkezdtem munkát keresni, az időm legnagyobb részét ez tette ki. Naponta jelentkezgettem az új álláshirdetésekre. Közben csináltam egy kéthetes zöldséglé-kúrát, ami egy kis fogyást is eredményezett, az orvosom meg is dicsért e miatt – látta, hogy össze akarom szedni magamat. Mindig mondta, hogy abszolút támogatja, hogy újra munkába álljak, legyen az akár Hollandiában egy könyvesboltban. Neki is előadtam az angyalokkal folytatott kapcsolatomat, ő nem ítélt el, teljes mértékben elfogadta ezt, hiszen ő is nyitott volt a spiritualitás felé valamilyen szinten.

Anitával teljesen megszakadt a kapcsolat: ő időközben elment a boltból, és habár szomszédok voltunk, nem keresett többet. Azt éreztem, túl megterhelő volt neki az, amiket mellettem kellett átélnie. Nem is hibáztattam ezért. Ő közben férjhez ment, és már az első babáját várta. Orsival is próbáltam felvenni a kapcsolatot, írtam neki egy e-mailt, amiben dióhéjban leírtam neki, hogy volt egy kis visszaesésem, de tőle sem kaptam választ.

Mivel teltek a napjaim? Legelőször mindig megnéztem az álláshirdetéseket, és jelentkeztem az újakra. Aztán angol szavakat tanultam, ritka angol szavakat. A gimis Nóra barátnőmmel pedig napi szinten e-maileztünk. Ő közben kiköltözött Kanadába, mivel a magyar fiú, akihez hozzáment, már egy ideje kint élt, de az internetnek köszönhetően megint napi szinten kommunikáltunk és osztottunk meg egymással sok mindent. Közben előszedtem megint az angyalos könyveimet is és azokból merítettem erőt ahhoz, hogy újra felépítsem az életemet. Rengeteget foglalkoztam ezzel. A kezdet nem volt könnyű, hiszen megint ott voltam, hogy semmi nem maradt a régi életemből, semmi, ami biztonságérzetet adott volna, és depresszió is volt azért eleinte, mert megint elölről kellett kezdeni mindent. Ekkor is anya tartotta bennem a lelket. Csináltam viszont magamnak egy vizualizációs táblát a szobámba. Kiraktam rá olyan dolgokat, amiket szerettem volna megtapasztalni az életben. Többek között nagyon szerettem volna saját lakást vagy házat – ki is nyomtattam egy eladó ház képét és alaprajzát, hogy mindennap lássam azt, és ezzel is erősítsem a megvalósulási lehetőségét. Hittem benne, hogy sikerülni fog ezt az álmot megteremteni valamikor.

Az álláskeresés nem ment túl jól, sehonnan sem kerestek. Aztán hosszú hónapokkal később egy ismerős révén bejött egy lehetőség egy nagyon komoly munkára, de oda nagyon kemény felvételi volt, az emberek 99%-a kiesett a megmérettetések alkalmával. Tettem magamnak egy fogadalmat: ha ez sikerül, jó, de ha nem, akkor kimegyek külföldre dolgozni. Még nem tudtam, hogy hova mennék és mit dolgoznék, de a döntés megfogalmazódott bennem, hiszen nem volt életem, nem volt munkám, nem volt pénzem, nem voltak emberek az életemben.

Ekkortájt történt, hogy elmentem a Mesternek egy előadására, ahol három másik előadó is részt vett. Kíváncsi voltam erre az előadássorozatra. Tetszett, de akkor ezek a dolgok nem fogtak meg, teljesen másmilyenné vált az életem, mint amilyen előtte volt, amikor is ittam ezeket a bölcsességeket. Nem éreztem azt, hogy helyem lenne ott újra, nem éreztem magaménak az ott elhangzottakat. Le is zártam magamban ezt a vonalat, magam mögött hagytam a Mester munkásságát.

Eljött a munkafelvételi ideje. Valóban nehéz volt, több témakörben kellett vizsgálni. Mindegyiken megfeleltem, kivéve az angolt! Ez az élet iróniája volt, hiszen mindig angolból voltam a legjobb mindenütt, itt viszont volt egy szövegértési feladat, ahol egy nagyon hosszú számot kellett megjegyezni, majd a kérdéseknél megadni a helyes választ arról, hogy mely számot hallottuk. Éreztem, hogy ezen el fogok vérezni, nem tudtam megjegyezni a számot... Mikor behívtak, hogy megmondják nekem az eredményt, a vizsgabiztos azzal kezdte, hogy megkérdezte, hogy érzem, hogy sikerült a vizsga. Szerintem jól, kivéve az angol részt – válaszoltam. Jól érzi – felelte.

A döntést már ugye meghoztam: irány külföld! Nem ez volt a vágyam, de ezt a helyzetet nem tudtam tovább elviselni: már közel egy éve voltam munkanélküli – 2010 nyár elején jártunk. Ekkorra már a gyógyszert is elhagyhattam, gyógyult voltam. Ismét bebizonyosodott, hogy az orvosok téves diagnózist állítottak fel: a dokim, aki rendbehozott, vette le a skizofrén diagnózist rólam: azt mondta, ha az lennék, nem jöttem volna rendbe ilyen gyorsan, és hogy csomó minden más sem stimmel ahhoz, hogy skizofrén legyek. Egy kórházsorozatban bukkantam rá egy információra, aminek utána is néztem. Létezik a benzo-elvonás nevezetű állapot, amelyet olyan pszichiátriai gyógyszerek képesek kiváltani, amit én is kaptam a legelső pszichiátertől. Pontosabban az tudja kiváltani, ha hirtelen hagyja el az ember. Úgy, ahogy nálam történt, csak én erről nem tudtam. Ez a benzo-elvonás pszichózist tud kiváltani, skizofréniához hasonló tüneteket produkálva akár 10 hónapon keresztül is. Tehát ott volt a bizonyíték megint, hogy valóban nem vagyok skizofrén, csak ezt jól elnézték – megint.

A nyáron történt, hogy kaptam egy ingyenjegyet egy kurzusra, melyen azt tanultuk meg, hogyan legyünk sikeresek. Anya árulta a könyvesboltban a jegyeket és kapott egy ingyenjegyet is, amit nekem ajándékozott. A kurzuson különböző feladatokat kaptunk – többek között le kellett írni a rövid- és a hosszútávú terveinket. A következő dolgokat írtam le: saját lakást szerettem volna következő év februárjára, szeptemberre munkát, ami fizet nettó 200 ezer forintot, valamint szerettem volna elutazni női példaképem angyalkurzusára Hawaiira 2012 nyáráig. Kitűztem továbbá célul, hogy elkezdjek megint úszni járni legalább heti kétszer, valamint hogy 20 kg-ot lefogyjak. Célom volt még az USA-ba utazni 2015-ig. És nagyon nagy hangsúlyt fektettem arra, hogy mindig egészséges legyek. Nagyon szerettem volna még magasabb szintre fejleszteni az angoltudásomat is, valamint egy másik nyelvet is szerettem volna tanulni. Ezeket a célokat nagyon határozottan kitűztem magam elé.

Elkezdtem gondolkodni, hogy melyik országban kezdjek új életet. Mindenféleképpen angol nyelvterületre akartam menni, mivel más idegen nyelvet nem beszéltem. Gondolkodtam Kanadán, az USA-n, Ausztrálián és Anglián. A távolabbi országokat hamar kizártam, mivel mindhez vízum kellett volna. Anglia bizonyult a legbölcsebb döntésnek, ott már úgyis éltem, és szerettem. Elkezdtem hát keresni a lehetőségeket interneten. Közben egy régi ismerős révén megismerkedtem egy másik Anitával, aki szintén Angliába készült. Emlékszem, hogy a barátjával jöttek be egyszer a könyvesboltba, és ő odajött hozzám, kezet fogtunk és bemutatkoztunk egymásnak. Létrejött megint egy kézfogás... Akkor csak pár szót váltottunk, de megbeszéltük, hogy hasonló terveink vannak, mindketten külföldre készülünk, menjünk hát együtt. Ez nekem nagyon kapóra jött, mert ha rajtam múlt volna, akkor még tologattam volna ezt a tervet magam előtt. Anita ekkor már jelentkezett egy magyar közvetítő céghez, akiket egyébként már én is néztem előtte, és rávett, hogy én is jelentkezzek. Bentlakásos házvezetőnőket kerestek, ami elég szép fizetéssel kecsegtetett. Ha pár évig csinálja az ember, akkor akár egy házra valót is össze lehet szedni. Első fordulóban a magyar céggel volt egy telefonos interjú, ahol leellenőrizték az angoltudásunkat, második fordulóban az angol cég hívott fel minket. Miután az sikeres volt, meginvitáltak minket a tréningjükre Angliába, ami ugye önköltséges volt. Július végén együtt mentünk ki Anitával a pár napos tréningre, ezalatt össze is barátkoztunk, és nagyon szerettük volna mindketten, ha sikerül a felvételink és kezdhetünk a cégnél dolgozni. Sikeresek voltunk mindketten. Kint vettem észre, hogy a túlsúlyom ellenére felfigyelt rám egy-két ember a másik nemből. Az elmúlt pár év eseményei teljesen elzártak attól, hogy ezzel a témával foglalkozzak, de nagyon jólesett a figyelem. Hazautaztunk és vártuk a lehetőséget, amikor is munkát ajánlanak nekünk. Ekkor találkoztam a könyvesboltban Timivel, aki a szüleim ismerőse volt, és elújságoltam neki, hogy Angliába készülök. Annyit mondott: „sok szerencsét!".

5.

Tiszta lappal külföldön

2010. augusztus 12-én kaptam a hívást a cégtől, miszerint van egy ideiglenes hely, mely két hétre szól, és másnap kell kezdenem. Azonnal igent mondtam. Fél napom volt arra, hogy mindent elintézzek, ami az utazáshoz szükséges. Megvettem a repülő-jegyet, bepakoltam a bőröndömet, és másnap hajnalban indult a gépem Angliába. London vonzáskörzetében, egy kis faluban élt az az idős házaspár, akikhez kerültem. Jó volt végre tenni valamit, jólesett, hogy végre van munkám, hasznosnak éreztem magam az elmúlt évek eseményei után. Internetem sem volt, hetente kétszer tudtam elmenni a falu kicsi könyvtárjába, hogy életjelet adjak a barátoknak, családnak magamról. Napi két óra szabadidő volt, melyet mindig sétálással töltöttem; bejártam az egész falut ez idő alatt. Valamint hazafelé menet általában vásárolnom kellett a házaspárnak az élelmiszerboltban. Egyszer személyit kértek tőlem a boltban, mikor alkoholt vettem nekik: sokszor néztek már fiatalabbnak a koromnál. Az ott töltött két hét alatt a cég ajánlott nekem egy állandó helyet is, szintén London vonzáskörzetében, egy kisvárosban. Természetesen elfogadtam. Időközben Anita is megérkezett Angliába, telefonon tartottuk a kapcsolatot.

Augusztus végén kerültem tehát a kisvárosba. Egy egyedülálló hölgynél, Lisánál kaptam munkát a cég által, elég sok mindent kellett csinálni. Eleinte a szüneteimben csak pihentem, de aztán hamar rájöttem, hogy muszáj kimozdulnom arra a két órára kikapcsolódásképpen. Így is tettem; sétálni mentem mindennap. Lisa jótékonykodott, önkéntes munkákat is végzett bizonyos helyeken, így csak ott találkoztam emberekkel, a munka többi része teljes elszigeteltségben telt a lakásban. Az egyik önkéntes helyen dolgozott egy fiatal srác, Mick, aki – úgy vettem észre – mintha felfigyelt volna rám, és ez jólesett. Persze ennyiben is maradt a dolog, csak találkoztunk néha, mikor arra a helyre mentünk Lisával. Egyrészt nagyon jó volt végre megint dolgozni, rövid idő alatt viszonylag sok pénzem lett, és elkezdtem új ruhatárat beszerezni, ami nagyon sokat adott ahhoz, hogy ismét jól érezzem magam a bőrömben. Másrészről nagyon nehéz volt a munka nagy része, főleg az elszigeteltség miatt, nem nagyon volt lehetőség bárhova is menni. Anita közben már több helyet megjárt, mindig kért újabbat, ha valahol nem érezte jól magát. Nekem is azt tanácsolta, hogy kérjek új helyet, de én úgy gondoltam, olyan soha nem lesz, hogy minden klappol, elvégre dolgozunk, nem pedig nyaralni vagyunk. Így a külső változtatás helyett befelé fordultam, belül kerestem meg, mi az, amit megváltoztathatok. Időközben rengeteget is olvastam – angolul sokkal több könyve jelent meg példaképemnek, mint amennyit magyarra lefordítottak, így minden lehetőséget megragadtam, hogy ismét az angyalok felé forduljak és együtt dolgozzak velük. Többek között ők mondják, hogy ha egy helyzetet nem is tudsz megváltoztatni, a hozzáállásodat igen, vagy azt, hogy hogyan nézz az adott szituációra. Ezt tettem. Amikor az embernek nagyon kevés a szabadideje, felértékelődik az, és sokkal jobban meggondolja, hogy mivel töltse. Már jó ideje elkezdtem mozogni, sétálni jártam ugye, és azt éreztem, ideje elkezdenem megint sportolni. A súlyom ugyanakkora volt, mint kamaszkoromban, mielőtt lefogytam volna. Elkezdtem hát heti háromszor úszni járni a szüneteimben, a többi napon pedig folytattam a sétát. Eleinte csak kifogást kerestem, miért nem csinálom – azt hoztam fel, hogy nincs rá időm –, aztán egyszer lemértem: a 2 óra alatt pont meg tudtam járni az uszodát, persze sietve, de akkor is volt időm 1500 métert úszni, amit kb. 40–45 perc alatt tettem meg. Nagyon sokat adott a sport, az, hogy elkezdtem mozogni.

Elkezdtek végre megint mozogni az energiáim az élet több területén is, nagyon sokat adott nekem ez a lehetőség, ez a munka.

Kanadában élő Nóra barátnőmmel megbeszéltük, hogy kiutazok hozzájuk következő májusban látogatóba két hétre, októberben meg is vettem a jegyet. Emlékeztem arra, hogy házat szeretnék venni, és emiatt spóroltam is a pénzzel, de fontosnak tartottam, hogy közben élvezhessem az életet is. Anitával sokszor beszélgettünk, neki is elmondtam, hogyan adta az élet a lehetőségeket. Először kitűztem a célt magam elé, hogy házat szeretnék venni, ekkor még semmi kilátás nem volt erre. Aztán találkoztam vele, és kijöttünk együtt dolgozni. Először ki kell tűzni a célokat, és utána majd adja az élet a lehetőségeket a megvalósításra. Az egyik közösségi oldalon még személyes üzenetet is kaptam példaképemtől, kommenteltem egy posztját, mire azt válaszolta nekem, hogy vizualizálja nekem, hogy valóra tudjam váltani az álmaimat. Ez nagyon sokat jelentett nekem akkor. Nem sokkal később tudtam meg, hogy következő júniusban lesz az utolsó angyalkurzusa, melyet Hawaii-on tart. Meg is volt a következő álmom beteljesítésének lehetősége, hiszen ezt nem akartam kihagyni az életemből. Befizettem a helyemet a kurzusra, megvettem a repülőjegyet, és minden egyéb dolgot elintéztem ezzel kapcsolatban.

Lisával látogattunk egy művészórát is; egy délutáni tevékenység volt ez, ahol megismerkedtem más emberekkel is. Mindig összegyűjtöttem az angol kifejezéseket, szavakat, amelyekkel a hét alatt találkoztam és nem ismertem, és itt, a művészórán kérdeztem meg az anyanyelvűeket a jelentésekről. A művészórát Joan vezette, a hetvenes évei végén lévő, de annál fiatalosabb hölgy. Hamar rokonszenv alakult ki kettőnk között.

Pár havonta hazajártam Magyarországra, ekkor pihentem és találkoztam a barátokkal, és persze a családdal is.

Egyszer, amikor munka közben épp a parkban voltunk, furcsa dolog történt. Hirtelen azt éreztem, menten be fogok megint kattanni. Nagyon erősen arra koncentráltam, hogy stabil maradjak, de közben mégis mintha kicsit kezdtem volna kicsúszni ebből a világból. Körülbelül egy órát tartott ez az állapot, közben végig arra koncentráltam, hogy itt maradjak. Alig vártam a szünetemet, hogy felhívhassam telefonon Dórit – így is tettem.

Megerősített abban, hogy nem lesz baj, hogy erős vagyok és tudom uralni a dolgot. Aggódtam egy kicsit, mert a szemem is kezdett begyulladni egy kicsit, úgy, ahogy már előtte is ezekben az állapotokban begyulladt. De aztán nyugtáztam, hogy biztos az uszoda vize miatt van. Szerencsére nem lett baj, vaklárma volt. Arra gondoltam, mennyi minden áll előttem – Kanada, Hawaii –, és nem voltam hajlandó ezekről lemondani. Nagyon vártam a tavaszt, hogy utazhassak végre. Hamar eljött. Májusban utaztam tehát Kanadába Nóráékhoz. Nagyon jó volt újra találkozni, a két hét alatt rengeteget kirándultunk, minden szép helyet megmutattak nekem Nóráék, ami a közelben volt. Jártunk a Niagaránál is, és az USA-ba is átmentünk. A tipikus kanadai ételeket is végig kellett kóstolnom. Nóra mesélte nekem, hogy egyszer azt álmodta, hogy szép sovány voltam, és nagyon jól néztem ki. Ekkor megfogadtam, hogy lefogyok, valóra váltom az álmot.

Visszaérkeztem Angliába, és nagyon nehéz volt a nyaralás után visszamenni dolgozni. De tudtam, hogy hamarosan megint utazok: kicsit több mint két hét múlva, június elején indultam Hawaiira, a legnagyobb szigetre. Volt egy honlap, ahol kapcsolatba lehetett lépni azokkal az emberekkel, akik az angyaltanfolyamra jöttek. Ezt ki is használtam előtte, bekapcsolódtam a csevegésbe velük az interneten. Kora reggel indult a gépem Los Angelesbe, így kivettem egy hotelszobát a reptér közelében, ahova előző délután érkeztem. Másnap kora reggel a reptérre értem, amikor megtudtam, hogy törölték a gépemet és áttettek egy másikra, ami szintén Los Angelesbe ment, és előbb indult, mint az eredeti gép. Tíz óra múlva megérkeztem az angyalok városába, és jó pár óra volt a csatlakozásomig, amely késett is. A repülőtéren megláttam egy fiatal srácot és azt gondoltam, biztosan ő is a tanfolyamra jön. Ő is észrevett engem. Még öt óra utazás után megérkeztünk a Nagy Szigetre, ahol éjjel volt. Az időérzékemet ekkorra teljesen elvesztettem, azt sem tudtam, milyen időzónában vagyok. Hawaiinak fantasztikus energiái vannak, ahogy kiléptem a gépből, megéreztem azt. Hihetetlenül tiszta és erős energia veszi körül az embert a szigeten. A repülőtér pedig nyitott volt, hiszen itt egész évben jó idő van, nincs szükség fedett helyiségekre. Már sokadjára futottam bele a fiatal srácra, hát mondom, leszólítom végre. Egyből beszélgetni kezdtünk és kiderült, hogy igen, valóban, ő is az angyaltanfolyamra jön. Thomas nálam egy kicsit idősebb, norvég táncos volt. Úgy kezdtünk el beszélgetni, mintha régi ismerősök lennénk. A hotelig tartó transzfer ideje hamar elrepült. Felvettük a szobánk kulcsait, és Thomas javaslatára félóra múlva ismét találkoztunk, hogy felderítsük a terepet a szállodán belül. Így is tettünk: megnéztünk mindent, és persze végig beszélgettünk. Hamarosan elváltak útjaink. Az internetes számítógépek felé vettem az utam: megígértem a családnak, hogy amint megérkezem, üzenek nekik, elvégre a világ másik felére utaztam. Éjfél körül járhatott, amikor írtam a szüleimnek és a nővéremnek, aki rögtön válaszolt is, éppen a gép előtt ült. Megkérdeztem, otthon mennyi volt az idő, mire azt válaszolta, hogy dél körül járt. Itt egy kicsit megzavarodtunk, elszámoltuk az időzónákat, mire Dóri megkérdezte: „Várjunk csak, biztos, hogy jó szigeten vagy?". Ezen jót nevettük; persze, hogy jó szigeten voltam, csak rettentő fáradt, hiszen közel egy napja úton voltam. Ezek után visszatértem a szobámba és lefeküdtem aludni.

Másnap a reggelinél találkoztam ismét Thomasszal. Megbeszéltük, hogy elsétálunk a közelben lévő szupermarketbe. Így is tettünk a rekkenő hőségben – el nem tudtam képzelni, hogy ilyen meleg létezik. Ekkor megint megerősödött bennem, hogy ismét fitt szeretnék lenni. A bevásárlóközpont is egy nyitott hely volt, a boltok természetesen épületekben voltak, de nagyrészük zárva volt napközben, csak az élelmiszerrészleg volt nyitva. Thomas nyersevő vegán volt, én mindenevő ekkor. Bevásároltunk és visszamentünk a hotelbe, majd ismét megbeszéltük, hogy lemegyünk a medencéhez. Itt még több emberrel találkoztunk, akik szintén a kurzusra érkeztek, hamar megismerkedünk jó pár hasonló gondolkodású személlyel. A kurzus csak másnap kezdődött, de mi már aznap elkezdtük megbeszélni az angyalos ismereteinket, tapasztalatainkat.

A kurzus négy napból állt. Pontosan nem tudom, hányan voltunk, de két-háromszázan biztosan. Nagyrészük amerikai volt, csak páran voltunk külföldiek, és én voltam az egyedüli magyar. A négy nap alatt rengeteg nagyon hasznos információhoz jutottunk. Nagy részüket már ismertem, hiszen olvastam a példaképem majdnem összes könyvét, de nagyon felemelő volt ezeket élőben is meghallgatni. Megtanultuk azt, hogyan adjunk másoknak angyali üzeneteket, hogyan kommunikáljunk az angyalokkal magabiztosan. Nagyon vágyott erre a lelkem: én szerettem volna az életem irányítója lenni újra, teremteni a dolgokat magamnak. Azt hiszem, a harmadik napon történt, hogy ültem és hallgattam, amit példaképem mesélt, és hirtelen egy kalap jelent meg a fején. Azt gondoltam magamban, nem is vettem észre, hogy felvette azt, nem figyeltem? Aztán elkezdtem jobban nézegetni a kalapot és rájöttem, hogy nem is kalap, hanem energia az, amit látok. A koronacsakráját láttam meg, mely fehér volt, és nagyon izgalmas érzés volt ezt megtapasztalni. A kurzus ideje alatt lehetett fényképezkedni is példaképemmel, és voltak különböző programok is.

Több emberrel megismerkedtem. Egyik nap a medencénél beszélgettem két amerikai hölggyel, mindketten már jó ideje a spirituális pályán tevékenykedtek, és régóta kommunikáltak ők is a láthatatlan világ segítőivel. Egyik beszélgetésünk alkalmával a medencénél azt mondták nekem, hogy itt van Gabriel arkangyal, és miattam jött ide. Gabriel üzeneteket közvetít, azokat az embereket segíti, akiknek az életfeladata üzenetek közvetítésével kapcsolatos – többek között az írókat is ő segíti. Nagyon jólesett tudnom, hogy Gabriel velem van. A két hölgy azt javasolta nekem, hogy tanulmányozzam az arkangyalokat részletesebben. Közelebbi barátságot kötöttem egy finn lánnyal, Marjóval. Ő volt az első finn, akivel valaha találkoztam, és próbáltuk megfejteni nyelvünk közös vonásait, amit a nyelvészek állítanak, hogy közös a két nyelv gyökere, de nem nagyon találtunk hasonlóságokat. Valamint közeli barátom lett egy középkorú amerikai hölgy, Noemi, akitől kaptam egy személyre szóló angyali üzenetet az egyik gyakorlat alkalmával. Azt mondta, nagyon erős vagyok, bármilyen nehézség kerül az utamba, bármin képes vagyok felülemelkedni. Az ő lánya Hawaii-on élt, és többek között delfinúszások szervezésével foglalkozott. Be is jelentkeztem egy delfinúszásra Dianához. Alkalmam volt találkozni példaképem szüleivel is, az édesapjával beszélgettem is, nagyon megnyugtató energiát sugárzó ember volt. Valamint találkoztam példaképem fiaival is, egyikükkel szintén sikerült szóba elegyednem. A közönségből egyszer leszólított egy nő, akinek magyar vonatkozása volt – ha jól emlékszem, valamelyik szülője vagy nagyszülője volt magyar. A vele való beszélgetés valahogyan felhozta bennem az auralátó személyét, és hirtelen visszaemlékeztem a történtekre, de szerencsére egy pillanat alatt le is tudtam zárni ismét ezt a rossz emléket. A kurzuson voltak segítők is, akiket példaképem kért fel erre az alkalomra, és közöttük volt egy ausztrál srác, aki szintén foglalkozott csakra-dolgokkal, de nem ez volt a fő vonala. A kurzus folyamán lehetőségünk volt egy személyes üzenetet kapni valamelyik segítőtől. Valamiért a sráctól szerettem volna ezt megkapni, de mikor a feliratkozásomra került a sor, nála már nem volt hely. Ezen a ponton éreztem azt, hogy rendezhettük volna a múltat, hiszen az életben ugyanazok a történések ismétlődnek, míg meg nem oldjuk őket. Sokszor nem ugyanannak az embernek törlesztünk, akinek tartozunk, de akkor is törlesztünk. Ez a srác több tekintetben az auralátót szimbolizálta nekem, és jó lett volna rendezni a dolgokat. Még ha más közegben is, de ugyanabban a szituációban voltam, mint 2007-ben. Boldogan, spirituális közegben. Ez a lehetőség itt nem jött létre.

Az utolsó nap feladata az volt, hogy találjunk valakit a közönségből, akivel addig nem találkoztunk, és közvetítsünk egymásnak üzeneteket. Ekkor találkoztam az amerikai származású, nálam idősebb hölggyel, Ginnie-vel, akivel azonnal kölcsönös szimpátia alakult ki. Ginnie meg is invitált egy vacsorára, amit másnap tartottak néhány, a kurzuson részvevő hölggyel. Természetesen elfogadtam a meghívást. Ezen nap estéjén bál volt, sokan jelmezbe is öltöztek erre az alkalomra, élő zenekar volt, és lehetett táncolni is. Épp ücsörögtem, amikor megjelent Thomas, és szokás szerint beszélgetni kezdtünk. Miután befejeztük a beszélgetést, odajött hozzám Marjo, és vele folytattam a társalgást.

Másnap napközben a lányokkal bementünk a település központjába vásárolgatni, meg kicsit nézelődni, este pedig kezdődött a vacsora, amire Ginnie hívott meg engem. Körülbelül tízen voltunk este, és folyamatosan zajlott a beszélgetés. Mindenki nagyon jó hangulatban volt, és hallgattuk egymás történeteit. Ami engem nagyon megfogott, az két hölgy foglalkozása volt: temetkezéssel foglalkoztak, de ők arra fektették a hangsúlyt, hogy jó élménnyé tegyék az elhunyt búcsúztatását, erre különböző módszereik voltak – ugyanis mindkét hölgy meghalt már egyszer, és visszajöttek az életbe. Sokat lehet olvasni ezekről a dolgokról, de teljesen más élmény a való életben személyesen találkozni valakivel, aki átélte ezt és elmeséli neked. Szinte átérzed azt, amit ő átélt a halálközeli élmény alkalmával, ahogyan meséli a történetet. Mindkettőnek csodálatos élete volt, szerető családdal, karrierrel, mindenük megvolt, amikor közbeszólt a halál. Egyikük azt mesélte, hogy van két kicsi gyereke és a férjével a világon mindennél jobban szeretik a gyerekeket, de az az érzés, amit akkor élt át, amikor meghalt, a földi szeretethez nem is hasonlítható. Gondolkodás nélkül menni akart innen, hátrahagyva a családját, de nem lehetett. Azt mondták neki, hogy még nem fejezte be itt a dolgát, ezért visszaküldték. A másik hölgy próbálta éreztetni a szeretetet, amit átélt eme élmény alkalmával, miszerint próbáljuk meg elképzelni azt a személyt, akit a legjobban szeretünk ezen a világon. Azt a szeretetet szorozd meg ezerrel, és még mindig csak a közelébe sem érsz annak az érzésnek, amit odaát tapasztalsz. Ő sem akart visszajönni, de őt is visszaküldték. Nagyon érdekes volt ezeket a másik világról szóló élményeket meghallgatni, mivel engem is mindig nagyon érdekeltek az efféle dolgok. Régóta hittem bennük. Sokáig tartott ez a vacsora, rengeteget beszélgettünk.

Másnap hajnalban kellett kelni, aznap volt ugyanis a delfinúszás. Egy kis hajóval kimentünk páran a nyílt óceánra, és delfineket kezdtünk keresni. Találtunk is egy csoportot elég hamar, a delfinek meg, mikor észrevettek minket, elkezdték produkálni magukat nekünk, élvezték a figyelmünket. Ugráltak ki a vízből, és pörögtek közben. Mi is beleugrottunk a vízbe, ami korántsem volt könnyű feladat. Sokat hezitáltam, mire bele mertem ugrani a hajóról az óceánba, ami olyan mély volt, hogy nem is látszott a feneke. Amikor megtettem ezt, hirtelen el is kezdtem kicsit pánikolni, mert átéreztem a természet félelmetes erejét, hogy valóban egy apró csepp vagyok a tengerben, és teljesen ki vagyok szolgáltatva neki. Ott úszkáltunk a delfinekkel. Persze nagyon közel nem jöttek, mivel vad delfinek voltak, de felejthetetlen élmény volt.

A következő napon elmentünk kirándulni a szigeten. Marjo autót bérelt, mivel ő tovább maradt ott, mint mi. Hamar eltelt az idő, és nekem aznap este indult a gépem Los Angelesbe. Az egyik lánnyal egy gépen utaztunk. Ő Los Angelesben maradt egy hosszabb időt, nekem pedig tíz óra volt a csatlakozásomig, tehát ez idő alatt kimentünk a tengerpartra. Az időérzékem megint teljesen elveszett, fogalmam nem volt, milyen nap volt, vagy hány óra. Visszaérvén a repülőtérre újabb kihívás várt: túl sok jegyet adtak el az induló gépre, így önkénteseket kerestek, akik kupon ellenében hajlandóak lemondani a helyükről. Senki nem jelentkezett, így random választottak ki embereket. Éreztem, hogy köztük leszek. Így is lett. Csak pár emberről volt szó, de engem is kiválasztottak, így a reptéren kellett várnom további hosszú órákat. Cserébe persze kaptam egy kupont, ami az amerikai légitársaság járataira szólt, így ha fel akartam használni, újra az USA-ba kellett utaznom. Meg is volt a következő nyaralás, avagy utazás terve. Mindenesetre valóra váltottam életem egyik legnagyobb álmát: elutaztam Hawaiira, és részt vettem imádott példaképem angyalkurzusán. Ezt a célomat is megvalósítottam.

Az angyaltanfolyamon kaptunk egy feladatot, miszerint húsz ismeretlen embernek angyali üzenetet kell közvetítenünk. Ezt én Magyarországon tettem meg. Anya segített erre embereket találni a könyvesboltban, és két nap alatt meg is csináltam a dolgot. Ekkor éreztem át, hogy milyen jó érzés másoknak segíteni valami olyannal, amiben hiszel, és amiben elvileg jó vagy. Féltem ugyan tőle, de sokkal nagyobb volt a sikerélmény utána, amit tapasztaltam, és azt éreztem, majd ezzel szeretnék foglalkozni. Sajnos nem volt hozzá bátorságom és önbizalmam, hogy el is kezdjem.

Visszaértem Angliába, és eleinte iszonyatosan magamba voltam roskadva. Miután a Paradicsomban eltöltöttem ezt az időt, nagyon nehéz volt visszacsöppenni a szürke hétköznapokba, de elhatároztam, hogy használni fogom a kurzuson tanultakat, és én leszek a saját életem irányítója, azért is boldog energiákkal veszem körbe magam. Az angyalkártya folyamatosan azt az üzenetet adta, miszerint sportolnom kellene. Ez már megvolt, hiszen rendszeresen jártam úszni, viszont ez valóban ismétlődő üzenetként érkezett hozzám. Belekezdtem tehát az étrendem megváltoztatásába is, és pár hónap alatt megszabadultam 30 kg-tól. A még otthon kitűzött célt, miszerint 20 kg-ot szeretnék fogyni, elértem, még felül is múltam. Mindemellett elkezdtem napi szinten pozitív megerősítéseket csinálni – ezt is tanultuk a kurzuson, hogy hogyan irányítsuk a gondolatainkat és teremtsünk pozitív eseményeket az életünkben. Minden este lefekvés előtt 15 percen keresztül írtam le a mondatokat, melyek mind a kívánt életemről szóltak, minden téren. Azonnal elkezdtem érezni a változást: ahogy ezt elkezdtem, sokkal jobb hangulatban voltam a nap folyamán, mindenféle külső változás nélkül. A belsőmön kezdtem el nagyon intenzíven dolgozni, és ez hamarosan a külvilágban is meghozta a kellő hatást. Nagyon szerettem Lisával a művészórára járni, egyre szorosabb lett a barátságom Joannal és a többi ott jelen lévő emberrel is. Viszont a másik önkéntes helyről Mick elment, egy másik városba költözött, pont mikor már kezdtem visszaszerezni a régi, boldog énemet. Otthon közben lett két macska, akik nagyban megkönnyítették az elszigeteltségben való élést. Nagyon megszerettem őket. Az állatok igazi társai az embernek. Mindezek mellett folyamatosan képeztem magam nyelvileg, önszorgalomból tanultam kifejezéseket, szavakat és szólásokat.

Megjelent ismét Orsi az életemben. E-mailen keresett meg; felmondott a munkahelyén Magyarországon, és ő is Angliába akart jönni dolgozni. Beajánlottam a cégemhez, fel is vették, és ő is megismerkedett az angliai élet mindennapjaival. Hosszú idő után beszéltünk újra, és ámulatba ejtettem, hogy az eltelt idő alatt milyen szellemi húzóerő lettem. Poénkodtunk is ezen, miszerint esküdtem neki, hogy minden igaz, amit leírtam, gondolva itt a régi problémáimra, amikor el voltam veszve a láthatatlan világokban.

Ekkor mondta Orsi, hogy anno megkapta az e-mailemet, amelyben leírtam neki a második visszaesésemet, de azért nem reagált, mert nem nagyon tudott mit, valamint éjt nappallá téve dolgozott, így ideje sem volt nagyon. Nagyon hamar újra közel kerültünk egymáshoz és napi szinten tartottuk a kapcsolatot, főleg e-mailben. Anitával is napi kapcsolatban voltam, de ő közben, tíz hónap elteltével hazaköltözött: elég volt neki ebből a munkából és az országból. Ettől függetlenül vele is nagyon közel kerültünk egymáshoz.

Én időközben új szenvedélyre tettem szert: az úszás már kevésnek bizonyult, így a már meglévő három alkalom mellett a többi négy napon elkezdetem konditerembe is járni. A testem kérte tőlem a mozgást, ami nagyon-nagyon jólesett, egyre többet és többet akart. Mindennap állandó eufóriában úsztam az edzések hatására, és ez átsegített minden nehézségen, soha nem volt egyetlen rossz napom sem, holott a munka egyre megterhelőbb volt. Még mindig elszigeteltségben éltem, egyetlen kapcsolatom a sportközponttal volt. Emlékszem, ekkor éreztem életemben először azt, hogy végre meg vannak oldva a súlyproblémáim, soha többé nem kell diétáznom és megvonnom magamtól a dolgokat. Sport előtt és közben is pozitív megerősítéseket használtam. Úton oda mindig szuggeráltam magamba, hogy még jobb teljesítményre leszek képes, mint előző nap, mozgás közben pedig szintén önszuggesztióval motiváltam magamat. Elneveztem a sportot a legjobb barátomnak, hiszen ez sosem hagyott cserben, mindig megadta a siker és az elégedettség, boldogság érzését. Emlékeztem arra, hogy az évek folyamán hányszor mondogattam magamnak, hogy nem tudok futni, közben meg igazából soha meg sem próbáltam. Ahol a leggyengébbnek tűnünk, ott vagyunk igazából a legerősebbek. Nagyon is jó futó lettem, és életemben először hálás voltam a testemnek és megköszöntem azt, hogy kaptam egy ilyen erős szerkezetet, amiben élhetek. Ezt is megértem, hogy egy életen át tartó, állandó önsanyargatás után elfogadtam és imádtam a testemet. Felvettem a terveim közé, hogy idővel olyan munkát szeretnék, ahol a sporttal foglalkozhatok. Szerettem volna hivatásos sportoló lenni, de ahhoz már túl öreg voltam. Emlékszem, Orsinak mindig írtam, mielőtt edzeni mentem, hogy „na, indulok, bedrogozom az agyamat az edzéssel". Így tudtam legjobban leírni, mit éreztem a sport hatására. Nagyon megerősítettem magam mentálisan és fizikálisan egyaránt, azt éreztem, életem topján vagyok, és semmi sem tud legyőzni. Közben rátaláltam egy másik amerikai spirituális íróra is, akinek a fő műve olyan volt nekem, mint a Biblia. Szentírás. Rengeteget merítettem belőle. Ezzel párhuzamosan megjelentek a pasik is az életemben – nagyrészt a sportcenterben dolgozók, illetve akik oda jártak sportolni. Kapcsolatokat kialakítani nem nagyon tudtam, hiszen állandó rohanásban voltam mindig, a kétórás szünetem alatt kellett megjárnom a konditermet vagy az uszodát. De azért figyelgettem a körülöttem lévő embereket és a szívemhez nőttek, az ott dolgozók voltak nekem olyanok, mintha a munkatársaim lennének, hiszen napi szinten találkoztam velük. Persze voltak olyan srácok, akik tetszettek, de mint említettem, nem kerültem velük közelebbi kapcsolatba. Paul úszómester tetszett a legjobban, az ő jelenlétében mindig a legjobb időmet úsztam, nagyon erőteljes energiája volt, ezt éreztem legalábbis felőle. Sok ott dolgozó vagy sportolni járó embert vonzott a sportteljesítményem. Járt a konditerembe és az uszodába is egy gyönyörű szőke lány. Iszonyatosan jó kondiban volt; mikor együtt úsztunk, vele sosem tudtam tartani az iramot. Tökéletes teste volt, gyönyörű volt, mindenki megcsodálta őt, még én is. Viszont a viselkedése furcsa volt: sosem mosolygott, sosem köszönt senkinek, a saját kis világába volt bezárkózva. Én ezt tökéletesen megértettem. Később megtudtam, hogy étkezési zavara van, anorexiás...

Közben jártam haza is időnként, elmentem például kamaszkorom kedvenc együttesének egyik énekese koncertjére, ahol személyesen is találkoztam vele. Miattuk tanultam meg angolul, és lám, adott volt a lehetőség, hogy személyesen is beszélhessünk – igaz, csak annyit kértem tőle, hogy készíthessünk egy közös fényképet, de ez az álom is ki lett pipálva. A zenekar összeállt újra egy közös koncert erejéig, arra is elutaztam

Németországba, és nagyon élveztem, hogy most már minden egyes szót tökéletesen megértek – gondolok itt az angol nyelvre. 2012. februárjában újabb nyaralás várt rám: felhasználtam a kupont, amit a Los Angeles-i reptéren kaptam, Floridába utaztam belőle. Egy hétre mentem és kötelezően végigjártam a látványosságokat. Orlandóban volt a szállásom, de jártam Miamiban, megnéztem a Kennedy Űrközpontot, itt találkoztam egy igazi asztronautával, jártam Disneylandben, és az utolsó napomon elmentem a SeaWorld-be, ahol lehetőségem volt ismét delfinekkel úszni – ezúttal szelíd delfinekkel. Ekkor meg is tudtam őket simogatni is, hatalmas élmény volt. A mesterséges tengerparton napozva éreztem azt, hogy erre vágynék: legközelebb egy tengerpartra szeretnék elutazni, hogy pihenhessek, feltöltődhessek a természet erejével. Nagyon fáradt voltam, soha nem pihentem, a szüneteimben pedig ugye mindig sportolni jártam.

Májusban meglátogattam Melindáékat, akik közben Németországba költöztek és ott dolgoztak. Erről az utazásról is csodálatos emlékeim maradtak.

Nyáron Magyarországon Spookyékat is meglátogattam. Ők a Balatonnál laktak, nagyon mély beszélgetéseink voltak. Megismertettem őket az új spirituális írómmal, főleg Spooky férjét fogta meg nagyon. Sokat jelentettek nekem ezek a találkozások a barátaimmal, hiszen az angliai munka mellett nem volt lehetőségem szocializálódni, így nagyon megbecsültem a már meglévő embereket az életemben. Kiegyensúlyozott és boldog voltam, és ezt szívesen osztottam meg másokkal. A velem történtek után, azt hiszem, ekkorra jutottam el ismét arra a pontra, ahol előtte jártam. Az élet viharai után ekkorra sütött ki ismét a nap. Sok időbe telt, de eljött ez a nap is. Időközben a sportban eljutottam egy olyan szintre, ahol a napi 75 perc kemény edzés már nem volt elég: az izmaim pár óra alatt regenerálódtak, így este, lefekvés előtt még beiktattam egy 40 perces jógát is. Beszereztem egy sporttáplálkozásról szóló könyvet is, és a szerint kezdtem el táplálkozni, aminek hatására még jobban megugrott a teljesítményem.

Rátaláltam egy sorozatban a skizofrénia megközelítésének egy érdekes verziójára. Az ifjú Superman-t megtámadja egy démon, belebújik a fejébe, és ő ennek következtében átcsúszik egy alternatív valóságba, ahol ő egy skizofrén beteg, nem pedig szuperhős. Szerintem ez az epizód nagyon jól mutatja be ezt az állapotot; én is hasonlókat éltem meg, és én is ebben hiszek, hogy rengeteg párhuzamos életünk van, és ezen betegség létrejöttekor csak átcsúszunk egy másik dimenzióba, amit nem tudunk kezelni. De igazából tökéletesek vagyunk, Isten teremtményei, csak ezt ebben a kicsúszott állapotban a világ nem így gondolja rólunk, hanem bolondnak titulálnak minket.

Nagyon régóta szerettem volna elutazni a Kanári-szigetekre, így oda foglaltam le a következő utazásomat 2012. augusztus végére. Két hétre terveztem elutazni Fuerteventurára, ott találtam egy olyan szállodát, ami nagyon megtetszett, és csak ezek után tudtam meg, hogy a sziget éghajlata pont nekem való. Nem bírom a meleget, csak a tengerparton fürdőruhában, viszont ezen a szigeten egész évben erős szél fúj, tehát olyan, mintha be lenne kapcsolva a légkondi a szabadban is, miközben mégis nagyon kellemes, melengető idő van. Eljött a nyaralás időpontja. Hajnalban indult a gép, dél körül értem a szállodába, és délután már a tengerparton találtam magamat. Alig vártam, hogy végre pihenhessek; nincs is erre jobb hely, mint a tengerparton az árnyékban aludni. Életem legjobb pihenését éltem meg azon a délutánon. Testileg-lelkileg ki voltam fáradva, és ez a délután a tengerparton volt életem egyik legjobb momentuma, egy olyan élmény, amit soha nem fogok elfelejteni. Amikor valamit nagyon vársz, és mikor megtörténik, felülmúlja a várakozásaidat. A nyaralás alatt azt éreztem, kiszakadtam ebből a világból és a Paradicsomban élek, abszolút pozitív értelemben. A sportot itt sem akartam elhanyagolni, a szálloda medencéjében úsztam le kétnaponta vacsora előtt a 2 km-t, amihez hozzá voltam szokva, a többi napon pihenőnapot tartottam. Tíz napig mást sem csináltam, csak pihentem, nagyrészt a tengerparton. Reggeli után lementem a partra, olvastam, sütkéreztem, a tengerben pancsoltam, ebédre általában csak egy vagy két szendvicset ettem a bárból, majd azonnal mentem vissza a partra. Nem tudtam betelni ezzel az élménnyel; egészen estig kint voltam, majd ugye az esti úszás után vacsorázni mentem, azután pedig sétálni. Ekkorra teljesen normalizálódott az étkezésem, szőrszálhasogatóan egészségesen éltem, ezt a sportnak köszönhettem. Volt a szállodában egy német család, szülők egy kamasz lánynyal. Mindhárman súlyosan elhízottak voltak, sokat figyeltem őket. Főleg a lány helyébe éreztem bele magamat; azt gondoltam, mennyi nehézség lehet az életében a túlsúly miatt, és mennyi megpróbáltatáson kell majd átmennie élete folyamán emiatt. Tiszta szívből segíteni szerettem volna neki, átadni az addigi tudásomat a mozgás fontosságáról és a helyes táplálkozásról. Azt éreztem, egy ilyen jellegű munka boldoggá tenne, ahol segíthetek másoknak olyan problémák megoldásában, amin én is keresztülmentem. De ez az álom, hogy segítsek a lánynak, álom maradt: nem hozta úgy az élet, hogy kontaktusba kerüljek velük az ott töltött idő alatt. Végig egyedül voltam, szinte el is felejtettem, hogyan kell szocializálódni, ugye a munkám hatására, amit már két éve űztem. Jó is volt, meg nem is, hiszen boldog voltam belül, másrészről az ember ugye társas lény. Volt egy pincér az étteremben, aki nagyon szimpatikus volt, és a nyaralók között is találtam szimpatikus pasikat, de nem tettem semmit ismerkedés szempontjából. Túlságosan élveztem a tengerben való úszkálást, a sziklákon való mászkálást, vagy a tenger órákon keresztül való bámulását. A természet csodálatos, feltöltő erejét élveztem naphosszat. A tizedik napon éreztem azt, hogy eleget pihentem, és aznap délelőtt túrázni indultam a part mentén. Órákat gyalogoltam, de aztán visszatértem a parton való sütkérezéshez. Nem tudtam megunni. Közben Orsival tartottam a kapcsolatot napi szinten. Épp szülinapja volt, amire még SMS-t is küldtem neki, mire ő ezt válaszolta: „Köszi, de ne hozz zavarba, a családon kívül másnak nem tartom számon a szülinapjait." A két hét elteltével azt éreztem, legalább még egy hetet el tudnék tölteni ezen a csodálatos helyen, de indulnom kellett vissza Angliába, véget ért a nyaralás. Emlékszem, hogy a gépen elsírtam magam, amiért itt kell hagynom ezt a paradicsomi helyet, és vissza kell mennem dolgozni. Ám arra gondoltam, visszatérek a sporthoz, az majd továbbra is megadja nekem a boldogságot.

6.

Egy ismerős nézés

2012. SZEPTEMBER

Visszaérvén Angliába nagyon sok változást tapasztaltam magamon. Először is rengeteget fogytam; a sok edzés meghozta gyümölcsét, és ezt az emberek reakcióin is észrevettem. Rengeteg figyelmet kaptam, és be kell valljam, jólesett. Valamint mentálisan is megerősödtem: a sok belső munka is beért, azt éreztem, legyőzhetetlen vagyok, hogy már soha semmi nem tud rám rossz hatással lenni. A spotteljesítményem mindent felülmúlt – magam is meglepődtem ezen; azt éreztem, ezzel szeretnék foglalkozni hivatásszerűen. Kíváncsi lettem volna a szép szőke lányra, akivel mindig az uszodában találkoztunk, hogy most hozzá képest mennyit fejlődtem – rég nem találkoztunk. Ezt a kívánságomat is megadta az élet: a nyaralás után rögtön összefutottunk. Két egymás melletti sávban úsztunk egymás mellett, és én bizonyultam kitartóbbnak. Nagyon büszke voltam magamra. Nem azért, mert valaki alulmaradt velem szemben, hanem mert felhoztam magam egy olyan szintre, amiről azt gondoltam, bámulatba ejtő. Életem egyik legnagyobb sikerélménye volt ez, miután egész életemben küszködtem a súlyommal.

Azt éreztem, változtatásra van szükségem, nem tudok tovább maradni ezen a munkahelyen, de még nem tudtam, mihez kezdjek helyette. Gondoltam arra is, hogy csak kiveszek pár hónap szabadságot és jól érzem magam... anyagilag megtehettem volna, de végül ezt nem léptem meg. Hirtelen egy megrekedtség-érzés jött rám; emlékszem, hogy még el is sírtam magam e miatt, és hirtelen kiszakadtak belőlem nagyon erős érzések. Tudni akartam, miért vagyok a Földön, mi a feladatom... biztosan tudtam, hogy nem az, amit akkor csináltam munkaügyileg. Követeltem az angyaloktól, hogy mutassák meg nekem. Felszínre jöttek nagyon régi sérelmek is, kavarogtak az érzések bennem, és nem éreztem, mi az utam az életben. Akkor, ott azt gondoltam, hogy történjék bármi, a sport mindig megmarad nekem, mindenen átsegít majd.

Miután munkába álltam megint, az első héten történt, hogy mentünk Lisával az uszodába, és volt egy úszómester, Adam, akitől már előtte is kitüntetett figyelmet kaptam, de különösebben nem akartam ezzel kezdeni semmit. A nyaralás óta először találkoztunk, és a távolból ő is nagyon megnézett, amit nem tudtam kezelni. Talán nem is akartam, pedig közben már nagyon vágytam új emberekre az életemben. Maga a pillantás nagyon ismerős volt: mintha ez a jelenet egyszer már megtörtént volna az életemben, mintha ismétlést néztem volna vissza. De aztán nem foglalkoztam a dologgal. Legalábbis azt hittem. Ugyanis elkezdtem ezen a momentumon gondolkodni valamiért olyannyira, hogy sokszor találtam magam a gondolataim világában a való világ helyett. Elkezdtem meglátni az életemben történt események összefüggéseit, minden összeállt, mindent megértettem, mi mikor, miért történt. Elkezdtem felpörögni, és pörögni és pörögni egész nap gondolatban. Orsi szólt rám e-mailben, hogy megint átléptem egy egészséges határt, figyeljek oda. Magamtól ezt nem vettem észre, de az ő figyelmeztetésére beláttam, hogy igaza van.

Nagyon erősen arra koncentráltam mentálisan, hogy stabil maradjak, és ebben a világban maradjak. Valamelyest sikerült pusztán akarattal és koncentrációval ezt létrehozni. Eltelt pár nap, és egyre inkább megint azt vettem észre, hogy gondolatban mindig máshol járok – olyannyira, hogy közben alig tudok erre a világra koncentrálni. Adam úszómester körül forogtak a gondolataim, azt is végiggondoltam és átláttam, hogy a vele való találkozásom milyen volt. Hogyan építgettem magamat, és ennek hatására vonzottam be újabb embereket az életembe, persze ezek nem személyes kapcsolatok voltak, hanem a környezetemben levő emberi „kapcsolatok". Egyik este nem tudtam aludni, mert megint pörögtem, felhívtam hát Dórit. Szegény épp aludt és annyit mondott: „hagyjál békén, alszom". Aztán öt perc múlva visszahívott, annyit mondott: „bocs, az előbb félálomban voltam, felébredtem, mi a gond?". Elmondtam neki, hogy már megint furcsán érzem magam. Ő ajánlott nekem földelő jógagyakorlatokat – ő közben nagy jógás lett – és mondta, hogy minden rendben lesz. Én annyit mondtam neki, hogy nem akarok megint bekattanni, pont mikor megint kezdek jó nő lenni. Ezután el is tudtam aludni. Dórival naponta többször kommunikáltunk, hogy elmondjam neki, hogy érzem magamat – tőle mindig megkaptam a támogatást. Orsi is asszisztált ahhoz, hogy jól legyek, a szüleimnek viszont nem szóltam. Nem akartam, hogy aggódjanak, azt gondoltam, az aggodalmuk tovább rontaná a helyzetemet, mivel az aggódás eredendően félelemenergia, ami lefelé húz, nem pedig felemel, mint a szeretetenergia. Viszont közben eszembe jutott az auralátó is, holott ezt a vonalat én régen lezártam. Valamiért most mégis feljöttek ezek a mélyen eltemetett traumák. Minden egyes percben küszködtem azzal, hogy itt, ebben a világban maradjak, és kerestem az okot, mitől jött ez elő megint. Arra gondoltam, megint vashiány lehet a kiváltó ok, nagyon rég néztettem vérképet utoljára. El is mentem a rendelőbe vérképet kéretni, de ez nem ment olyan egyszerűen. Nem akartak segíteni. Mindeközben még dolgoztam, még el tudtam látni a feladataimat, de azt vettem észre, hogy bármit csináltam, nagyon nehezemre esett az adott dologra koncentrálni. Nyiladozott megint a tudattalanom, és hirtelen megjelentek a Mester bölcsességei, miközben sorban álltam a boltban, vagy éppen mosogattam. Egyik ilyen alkalommal az jutott eszembe, vagy inkább az a nagyon erős gondolatom támadt, hogy „Majd viccesen megjegyzem a Mesternek, hogy már megint kicsúsztam az időből". Elkezdtem furcsán érzékelni a külvilágot, furcsa dolgok kezdtek történni. Például hirtelen megjelent Mick az önkénteshelyen, ahova azóta is jártunk Lisával. Ráadásul úszómester-egyenruha volt rajta. Nem értettem, hogy jelent meg ő itt hirtelen megint, és vált régi úszómesterré megint. Sokkal bátrabban tudtam vele viselkedni hirtelen, mint előtte. Közben a nővérem adta meg nekem a reális válaszokat a kérdéseimre. Hogy került ide Mick, és miért lett félig úszómester? Időutazott? Nem, biztos dolga van ott – magyarázta meg nekem a nővérem. Továbbra is jártam sportolni, és ott is furcsa dolgok történtek. Eddig futás közben nagyon lassan, 0.1 km/h-val emeltem a sebességet kétpercenként. Most meg ez egyszerűen nem volt elég: megemeltem hirtelen 3 km/h-val, és mindenféle nehézség nélkül tudtam azt az iramot tartani. Mintha valóságokon léptem volna át, avagy párhozamos életeimben csúszkáltam volna ide-oda. Hirtelen nagyon rám jött, hogy nekem pasi kell, de azonnal. Mivel Adam indította ezt az élményt megint, hozzá kapcsoltam a vágyaimat és úgy döntöttem, vele szeretnék ismerkedni. Persze onnantól fogva azért sem találkoztam vele, de attól még elkezdtem nézegetni a többi úszómestert. Hosszú idő után újra összefutottam Paullal is egyik úszásom alkalmával, és azt láttam rajta, lenyűgözte a teljesítményem. Be kell vallanom, engem is: 26 másodperc alatt úsztam le egy hosszt, azaz 25 métert. Ez volt a valaha legjobb időm. Paullal sem volt lehetőségem „gyorsan" megismerkedni: pont elment a medencétől, mikor én még nagyban úsztam.

Az emberek azt vették észre rajtam, hogy nagyon erős a kisugárzásom, nagyon sokan nem tudták titkolni, mit gondolnak, és tudatták is velem a véleményüket. Valami nagyon változott energia-szinten. Joan is azt mondta, nagyon szereti az új énemet. Random emberek is valahogy rögtön afelől kezdtek érdeklődni, van-e pasim. Lehet, hogy ennyire lejött rólam, hogy én azonnal pasit akartam?

Eszembe jutott Orsi SMS-e is, amiben azt írta, „Köszi, de ne hozz zavarba a családon kívül..." Családon... Család on... Vagyis a család hamarosan megint belekerül az életembe. Mindeközben megint diktálás jött odafentről. El is kezdtem leírni, amiket fentről kaptam – a betegségekről szóló információ volt, mely megmagyarázta, energetikai szinten mi történik a csakrákkal, és ez hogyan hat a fizikai testre. De nem tudtam hosszan leírni ezeket a gondolatokat, mert csapongtam ide-oda. Nem tudtam egyvalamire hosszan koncentrálni.

Következő délután, ahogy indultam kocsival az edzőterembe, azt éreztem, csúszik ki a lábam alól a talaj, és talán nem fogom tudni kezelni. Belegondoltam, hogy megint skizofrén leszek, és én azt nem tudom még egyszer végigcsinálni. Az előző összeborulásom alkalmával megfogadtam, hogy ha ez még egyszer megtörténik, én „befejezem a földi pályafutásomat". Tiszta szívemből azt kívántam, hogy legyek inkább olyan, mint az a szép szőke lány, testképzavaros, én inkább azt választanám, mintsem hogy megint ketyós legyek. Azt gondoltam, neki sokkal könnyebb dolga van. Éjszaka már nem tudtam aludni, ébren tartottak a gondolatok. Két nap telt el szemernyi alvás nélkül. Felerősödtek a háttérzajok, megváltozott az érzékelésem. Tovább fokozódtak a furcsa dolgok azon a reggelen...

Hirtelen azt hittem, hogy Lisa teljesen tudatos, és ő belelát a gondolataimba. Hogy mindent tud rólam, minden apró dolgot. Délelőttre időpontom volt az optikushoz, de közben kaptam egy üzenetet, hogy megváltozott az időpont. Ezt már nem reálisan értelmeztem; mivel hátrébb csúszott az időpontom, azt gondoltam, én csúsztam ki megint ebből a valóságból, csúsztam el megint az időnek egy másik időpontjára. Ezért változott meg az időpontom. Azon a délutánon Lisával hivatalosak voltunk egy összejövetelre: az önkénteskedők havonta egyszer összeültek egy ebédre. Kezdett úrrá lenni rajtam a pánik. Autóval mentünk, esős idő volt, és úgy éreztem, mintha a viharfelhő követne, mintha csak a kocsi felett esne az eső, átvitt értelemben is jelezve azt, hogy vihar közeledik. Két hét telt el azóta, hogy elkezdtem megint csúszkálni a dimenziókban.

Mire odaértünk az étterembe, már pánikoltam, nem tudtam, mi fog következni. Egyre gyorsabban pörögtek a gondolataim, követték egymást a történések, és kezdtem egyre jobban kicsúszni megint ebből a valóságból. Leültünk enni, de nem bírtam egyhelyben megmaradni. Kihívtam az udvarra az egyik résztvevőt, akit már ismertem, beszélgetni szerettem volna vele, hátha majd az segít itt maradnom, de azt mondta, majd az ebéd után. Visszaültem enni, mikor megláttam egy srácot a bárpultnál, aki olvasott. Odaszaladtam hozzá, és beszélgetést kezdeményeztem. Ebben az állapotban nem kertel az ember, egyenesen megmondja, mit szeretne. Nincs idő udvariaskodni, kijön belőled a lényeg. Tehát első kérdésem az volt, hogy van-e barátnője. Mire a srác rám nézett, egy pillanatra megállt, gondolkodott, hogy most mit is mondjon. Mikor belenéztem a szemébe, furcsa dolog történt: beleláttam az időbe, megláttam a tekintetében sok ezernyi leélt életet, nem csak a mostanit. Olyan volt, mintha egy időalagútba néztem volna bele. Ekkor a srác válaszolt nekem: igen, van barátnője. És ő hagyta is volna ennyiben a dolgot, de én ott, a pánik közepette azt éreztem, tovább kell vele beszélgetnem, hátha az emberi kommunikáció segít egy kicsit visszatérnem ebbe a valóságba.

Továbbra sem tudtam kertelni: megkérdeztem tőle, hogy de biztosan nem szeretné-e egy kicsit jól érezni magát a társaságomban. A srác nagyon udvarias volt, végig mosolygott és nevetett – gondolom, zavarában –, majd annyit mondott: „nem lehet". Nem tudtam elszakadni tőle, beszéltem hozzá, még a könyvébe is beleolvastam... Nem tudom, mennyi idő telhetett el, pár perc talán, miközben folyamatosan próbáltam magamat rátukmálni. Biztos vagyok benne, hogy látta, valami nincs rendben, de nem tudhatta, mi történik. Talán azt hihette, bevettem egy varázsgombát vagy valami ilyesmi. Visszaültem az asztalhoz, próbáltam kérni az ott levőket, hogy segítsenek nekem, de mintha átlátszó lettem volna. Senki sem figyelt rám. Visszaszaladtam a sráchoz. Aztán egy másik asztalhoz, ahol megkérdeztem, mit csinálnak, értekeznek? Igen, épp üzleti ebéd folyik. Aztán viszsza megint a helyemre. Úristen, valaki ragadjon meg, és húzzon vissza ebbe a világba!

Fel akartam hívni a nővéremet, de nem volt nálam a magyar telefonom. Most mit csináljak, egy pánikroham közepén vagyok... Valaki fogja meg a kezemet, és húzzon vissza ide. Szétcsúszott az érzékelésem; olyan volt, mintha sok világ párhuzamosan egymás mellett futna itt, ebben a helyiségben. Nem bírtam sem enni, sem semmi mást csinálni. A gondolataim sebessége elérte megint azt a pontot, amikor csak amire ránéztem, annak a dolognak a neve jutott eszembe, már nem tudtam gondolkodni.

Ránéztem az ablakra, azt kívülről tisztították éppen. Erről az jutott eszembe: törlés. Ezt Anitával régen akkor mondtuk, amikor a negatív gondolatokat ki akartuk törölni. Ez tehát az üzenet? Töröljem gyorsan a negatív gondolatokat, és akkor minden helyreáll? De már nem voltam képes semmit tenni. Kértem a többiek segítségét, de senki sem segített. Kapkodtam a fejemet ide-oda; vesztett ügy volt az egész. Majd csak ennyi jött ki a számon: „a szülők hibája". Csak annyit tudtam megkérdezni Lisától, hogy „ez a valóság?". Arra értettem, hogy most valóban ezt a valóságot élem-e, nem pedig elvesztem valahova máshova. Életem legkínosabb dolgát hajtottam végre ezután: lesmároltam Lisát. Ott, az étterem közepén, mindenki előtt. Egyszerűen azt éreztem, nem én irányítom a tetteimet, a testemet. Soha nem vonzottak a lányok, valahogyan csak megtörtént. Amennyire tudtam, feleltem a kérdésekre, amiket feltettek nekem a telefonban és tartottuk a vonalat, míg a mentősök meg nem érkeztek. Két női mentős jött, és egyből kimentem velük az étteremből. Beültünk a mentőbe, ahol valamelyest sikerült lenyugodnom. Kisebb, zárt tér volt, kevesebb ingerrel – fellélegeztem. A lényeg az volt, hogy végre valaki hajlandó volt nekem segíteni: a két mentős csajszi. Beszélgettünk kicsit. Arra emlékszem, hogy azt kérdezgettem tőlük, hogy kikapcsolódásképpen mit szoktak csinálni. Valószínűleg erre lett volna nekem is szükségem, a két év erőltetett menet meló után több szórakozás, több idő saját magamra. Tudtam ismét normálisan lélegezni, miután megint azt hittem, elérkeztem életem utolsó pillanataihoz. Időközben megjelent Lisa anyukája. Vele visszamentünk az étterembe, ahonnan már mindenki hazament. Mi is. Hazaérvén újabb furcsa dolog történt: megfogtam a magyar telefonomat, és 2012 szeptembere volt rajta dátum. Nekem viszont szent meggyőződésem volt, hogy 2010-et írunk. Percekig néztem a dátumot, mert nem tudtam elhinni, milyen évet írunk, s csodálkoztam, hogyan ugrottam át két évet. Pontosan két éve jöttem ki Angliába és kezdtem egy új életet... mintha a párhuzamos életeim között csúsztam volna egyet azon a délutánon. Lisa anyukája közben felhívta a menedzsert a cégnél, hiszen ők alkalmaztak, és meg is beszélték, hogy a menedzser kijön hozzánk még aznap. Meg is érkezett este, Lisa a szüleinél aludt aznap. A cég képviselőjével beszélgettünk – tudom, hogy nagyon rá voltam kattanva a pasi-témára, ez csak így kijött belőlem. Megbeszéltük, hogy másnap hazautazok Magyarországra. Megvettük a jegyet interneten, 400 fontért másnapra. A menedzser kérte, hogy hívjam fel az édesanyámat és kérjem meg, hogy másnap várjon a repülőtéren. Így is tettem: felhívtam a szüleimet, de nem tudtam elmondani nekik, mi történt, egyszerűen képtelen voltam rá. Csak annyit mondtam, hogy másnap hazautazok, nincsen semmi baj, ne aggódjanak. A telefonbeszélgetés alatt szétcsúsztak a tudatos-tudattalan tartalmak. A nő testbeszédét kezdtem figyelni, és azt hittem, azzal üzenget nekem. Azt kezdtem értelmezgetni, hogy megint itt a világ vége, avagy kezdődik az életem az elejéről, mintha most tervezném a születésemet, és kérném meg az édesanyámat, hogy várjon engem. Ő az első ember mindenki életében, amikor megszületünk ebbe a világba. Efféle gondolataim voltak. Megkérdezte a menedzser, hogy jöjjön-e velem a repülőútra, de azt feleltem neki, nem kell. Megbeszéltük, hogy másnap reggel 11-re jön értem, addig pakoljak össze és majd hívunk egy taxit, ami kivisz a repülőtérre. Ezután hazament, és én egyedül maradtam. Azt hiszem, kicsit elszenderedtem több napnyi nem alvás után, de azonnal fel is ébredtem. Kezdődött a pánik újra, elkezdtem hiperventillálni, nem kaptam levegőt, dobogott a szívem, rosszul voltam. Próbáltam elérni Lisa szüleit, de nem vették fel a telefont. Segítségre volt szükségem. Az éjszaka közepén átkopogtam a szomszédhoz és megkértem, hogy vigyen be a kórházba, nem vagyok jól. Nagyon készséges volt. Egy középkorú férfi volt a szomszéd, megegyeztünk, hogy 10 perc múlva találkozunk az ajtó előtt. Így is történt, beültünk a kocsijába és indultunk a kórházba.

Nem tudom, hány óra lehetett, mikor odaértünk. Pár ember várakozott, nekünk is várni kellett. A váróban közben kikezdtem egy fiatal sráccal, pedig soha nem csinálok ilyet, pláne nem kórházakban, idegenekkel. Vele is teljesen természetesen smaciztam ott, a többi ember előtt. Aztán beszélgettem vele.

Csodálkozom, hogyan voltam képes normális kommunikációra, de ha jól emlékszem, nagyrészt ő beszélt. Neki a lába sérült meg, azért volt ott, mire eszembe jutott, hogy én igazából energia-gyógyásznak születtem le, meg akartam gyógyítani a lábát, de nem engedte. Órák hosszat kellett várni, mire sorra kerültem, elmondtam a panaszaimat, de közben félig már egy másik világba voltam csúszva. Vért vettek, majd hazaküldtek – még az orvosnak sem tűnt fel, hogy nem vagyok eszemnél. Nem tudom, milyen látványt nyújthattam, de a szomszédot is megnyertem: közölte, hogy milyen jól csókolok, és akarom-e a számát... Teljesen kifordultam magamból e téren. Körülbelül hajnali 5 körül érhettünk haza. Aludni tértem, de egy pillanat múlva már reggel is lett. Felerősödtek a háttérzajok – valamit fúrtak az utcában, és addigra már máshogyan érzékeltem a külvilágot. Ugye arról volt szó, hogy aznap hazautazom, én mégis azon kezdtem el gondolkodni, hogy hova is menjek ma, úszni vagy pedig a konditerembe – nem tudtam dűlőre jutni. Mivel elkezdtem ezen vacillálni és nem tudtam eldönteni, mit csináljak, kezdődött megint egy furcsa állapot, és egy erőteljes gondolat érkezett a fejembe: „Én kinyírom magamat!". Azzal a lendülettel kimentem a konyhába, megfogtam egy kést és megvágtam a bal csuklómat. A szemem láttára forrt össze egy pillanat alatt – legalábbis akkor én ezt úgy érzékeltem. Beforrt, akkor megpróbálom még egyszer. És még egyszer megvágtam magam ugyanott. Az is azonnal összeforrt. Nem szórakozhat velem senki! Letettem a kést és elővettem a 20 cm-es, nagy húsvágó kést és minden erőmmel megismételtem a vágást, melynek hatására szétnyílt a csuklóm. Nagyon nagy erőkifejtést kell végezni ahhoz, hogy az ember belevágjon a saját húsába, de én akkor már nem éreztem fájdalmat sem: azt gondolom, egy részem már nem a testemben volt. Viszont a vágás hatására valamennyire visszakerültem ide, ebbe a valóságba: feleszméltem, mi történt, fogtam a telefonomat és mentőt hívtam magamhoz. Annyit mondtam nekik, hogy pont most vágtam el a csuklómat. Megkérdezték, hogy vérzik-e. Mondom, nem nagyon. Szorítsam el valamilyen ruhával. Konyharuha jó lesz? Igen – felelték. Majd megkérdezték, hogy hol van a kés. A fiókban – feleltem. Közölték, hogy pár perc múlva ott lesz értem a mentőautó. Így is történt. Ismét két hölgy érkezett hozzám, az ajtóban vártam őket. Bejöttek a lakásba és elkezdtek kérdéseket feltenni nekem, de már nem mindegyiket tudtam megválaszolni; kezdett beszűkülni a beszédem, megint szálltam kifelé ebből a valóságból, egyre kevésbé voltam ura az emberi dolgaimnak. A mentőben hátra ült velem az egyik hölgy, és próbálva empatikus lenni, annyit mondott, hogy ő már velem marad. Én meg ezt úgy értelmeztem, hogy őt is megfertőztem a dimenziócsúszkálásommal, és ő is bolond lesz miattam. Megint megszűnt az időérzékem. Megérkeztünk a kórházba, és ugyanabban a váróban találtam magamat, ahol az éjszakát is töltöttük. A mentősök leültettek, közölték, hogy majd szólítanak, várjak türelemmel, majd otthagytak. Pánik volt rajtam: azt hittem megint, hogy itt a vég, örökké itt kell majd várnom, időnként felugráltam és odamentem ott dolgozókhoz vagy mentősökhöz, hogy lássanak el, de mindig visszaültettek a váróba. Mit csináljak? Már egy másik világban volt nagy részem. Felhívtam Orsit, hogy jöjjön oda hozzám. Az ország másik részében volt, nem tudott odajönni, rátettem a telefont. Mit csináljak? Felhívtam a nővéremet, nem vette fel. Felhívtam a menedzsert, elmondtam neki, hogy kórházban vagyok, de több már nem jött ki a torkomon. Kérdezgetett, de már nem tudtam válaszolni. Letettük a telefont. Nem tudom, mennyi idő múlva megérkezett hozzám. Már teljesen kommunikációképtelen voltam, csengett a telefonom, de már nem tudtam felvenni. A céges nő vette fel nekem: a nővérem volt, elmondta neki, mi történt. Miközben beszéltek, még mindig azon gondolkodtam, most mit csináljak. Hazamegyek! Felpattantam, kiszaladtam, és haza akartam futni Magyarországra, de ekkorra utánam szaladt a menedzser és visszavitt a váróba. Még mindig a tesómmal beszélt telefonon, majd mikor befejezték, odaült mellém. Elkezdtem fuldokolni, nem kaptam levegőt. Nem tudom, mennyi ideig tartott, de azt éreztem, menten meghalok.

Szólítottak, együtt mentünk be a menedzserrel, egy pszichiáter fogadott. Arra emlékszem, hogy két szendvicset rakott le az asztalra, mondta, hogy egyek belőlük. Egy csipetnyit voltam képes enni, nem többet. Közben kimentek a menedzserrel, gondolom az állapotomról beszélni. Ekkor megint eltűnt mindkét kontaktlencsém a szememről – nem kiestek, hanem eltűntek. Néztem ki az ajtó üvegrészén, s egy fiatal srácot láttam kívül állni. Nem láttam tisztán, mivel a kontaktlencsék nélkül nem láttam jól. Egy másodperc alatt azt éltem át, hogy valójában az alatt az idő alatt több milliárd év telt el. Azt gondoltam, az egész evolúció lezajlott az alatt az egy másodperc alatt, míg én az idő dimenziójába voltam fagyva. Visszajött a képviselő és a pszichiáter, valamit beszélgettek, talán kérdezgettek is, de kommunikációképtelen voltam. Azt próbálták eldönteni, mi legyen a sorsom; kísérővel hazaküldjenek, meg valami hotelszobáról beszéltek, hogy azt bérelnek nekem a repülőút előtt. Aztán megint kimentek a helyiségből. A fiatal srác még mindig ott kint állt, őt néztem, és közben ismét több milliárd év telt el. Visszajött a menedzser és a pszichiáter és közölték, hogy a kórház pszichiátriáján helyeznek el. Kimentünk a helyiségből, elhaladtunk a fiatal srác mellett, aki volt legalább 45 éves, én meg azt gondoltam: „úristen, 20 évig ültem abban a szobában, ez az ember közben megöregedett". Egy kórházi dolgozóhoz kísért minket az orvos, aki majd átvisz minket a pszichiátriára.

Kiléptünk az épületből. Egy parkolón át kellett mennünk, ekkor már máshogyan érzékeltem az időt és a teret is, teljesen lelassultak a mozdulataim. A jobb és a bal oldalt parkoló autókat kezdtem el nézegetni, és én ezt úgy éltem meg, mintha ráznám a fejemet jobbra-balra, de mivel belefagytam az időbe, csak lassítva tudom ezt csinálni. Mire a kórházi dolgozó annyit mondott: „már megint itt vagyunk". Én azt hittem, arra gondol, megint itt, amikor is értelmezgetek mindent, az autókat is, és én ezt úgy éltem meg, mintha belelátott volna a fejembe. Honnan tudja, hogy már megint az időnek egy olyan pontján vagyok, ahol ki vagyok csúszva belőle?

Megérkeztünk az osztályra. A menedzser bejött velem, a pénztárcámat a széfben helyezték el, de a táskámat vittem magammal. A társalgószobában ültünk le kísérőmmel. Egy pontosan ugyanolyan fotelbe, mint 2007-ben az auralátónál, ahol ez az egész elkezdődött. Azt mondta, hogy itt majd vigyáznak rám. Kértem, hogy ne hagyjon ott, de csak azt hajtogatta, hogy itt majd vigyáznak rám, majd elment. Én meg ott maradtam abban a fotelban egyedül. Hogy fogok ebből megint kikerülni? Az időnek ugyanazon a pontján vagyok, mint öt éve. Félig e világban, félig más világokban, és senki nem tudja, mit kell csinálni. Én sem. A fotelből nincsen kiút...

Csak ültem ott, foszlányokra emlékszem ebből a világból. Felálltam. Volt ott egy biliárdasztal, és bejött egy kreol bőrű, szemüveges srác. Nem tudom, hogy mit olvashatott le rólam, de azon kaptam magam, hogy csókolózunk, majd kézen fog és bevisz a fürdőbe. Vetkőztünk, valamit mondhattam, hogy nem akarom ezt, mert abbahagyta, visszaöltöztünk. Azt gondolom, isteni beavatkozás mentett meg attól, hogy összegabalyodjak egy teljesen idegennel a pszichiátria mosdójában. Úgy érzékeltem a valóságot, mint mikor filmnézés közben filmszakadás van, és csak foszlányokat lát az ember a műsorból. Nem érzékeltem többé az időt, nem tudom, hol voltam. Aztán jött több ember is az osztályon, akik szintén be voltak utalva oda. Nekem az ápolók megmutatták az ebédlőt, de fogalmam sem volt, hogyan jutottam oda – vagy aztán vissza az osztályra. Már nem tudtam gondoskodni magamról, nem is ettem.

Volt az osztályon egy fiatal, szőke rövid hajú lány, akihez a férje járt be. A férje egy alterego volt. Gyerekkoromban volt egy ismerősünk, akinek a fia nézett ki ugyanígy. Megint alteregók között találtam magamat: a szőke lány szimbolizált engem, én voltam ő, és egy párhuzamos életemben ugye már férjnél voltam. Volt egy helyes, magas fiú is az osztályon, aki bottal járt. A szőke lánnyal és vele töltöttem el a legtöbb időt. A srácot Craignek hívták – nem tudom, mikor kérdeztem meg tőle, egyszer csak. Az első nap eltelt. Fogalmam sincs, mit csináltam – mint említettem, csak foszlányokra emlékszem. Azt tudom, hogy a szőke lánnyal járkáltunk, nézegettünk be a különböző szobákba, ő vezetett, én csak követtem. Időnként kontrollálatlan röhögőgörcs jött rám, mert eszembe jutott egy-egy vicces poén vagy esemény az eddigi életemből, de elmondani már nem tudtam a szőke lánynak, hiszen a röhögőgörcs ezt megelőzte. Beszéltem is hozzá időnként, arra emlékszem, hogy mindig azt kérdezte: „tessék?". Feltételezem, talán magyarul beszélhettem, azért nem értette. Én akkor ilyenekre egyáltalán nem tudtam figyelni. Időnként „golyózott a szemem", amikor is a más világokba keveredtem, ekkor itt, ebben a világban nem tudták állni a tekintetemet. A szőke lány mindig, mikor ilyenkor nézett rám, csak annyit tudott mondani: „úristen", és elkapta a tekintetét rólam. Volt egy másik fickó, aki naphosszat a folyosón járkált és egyfolytában beszélt. Ugyanolyan volt a hangja, mint az auralátónak. Róla Hitler jutott eszembe – mindenkit azonosítottam valakivel az osztályon, ő lett Hitler. Tehát megvolt az auralátó alteregója is. Megint úgy érzékeltem ezt a közösséget, mintha ez lenne az egész társadalom, és mindenkinek meglenne a maga feladata, szerepe. Volt egy ajtó, ami nyitva volt, azon keresztül a kertbe lehetett lemenni. Egyszer voltam lent ott Craiggel, ő vitt le egy másik lány társaságában. Arra emlékszem, hogy ott ücsörögtünk a padon, Craig mintha beszélt is volna velünk. Visszajutni az osztályra már nehezebb volt, mert ez az ajtó kívülről zárva volt, kopogni kellett és várni, hogy valaki arra jöjjön és beengedjen minket. Miközben várakoztunk, a lány, aki velünk volt, furcsa mozdulatokat csinált, forgatta a fejét oldalra és hátra, de olyan volt, mint mikor beakad a szalag és ugyanazt ismétli egymás után sokszor. Valahogyan visszajutottunk az osztályra. A folyosón is sétálgattam – szerintem órák hosszat –, s a nővérpulthoz érkezve észleltem valamit. Volt ott egy nő és egy férfi, akik ott dolgoztak, és az az info villant be nekem, hogy a férfinak tetszik a nő, de titkolja, és nem is hívja randira, pedig szeretné. Tovább sétáltam. Az egyik szobában tévét néztek, megálltam az ajtóban. Láttam a szobában levőket is, és azokat is, akik a folyosón voltak. Mintha két világot észleltem volna egyszerre. És jött még egy infó: az egyik tévét néző srác valójában fordító volt, a fentről jövő üzeneteket tudta észlelni és az volt a feladata, hogy a nyelv segítségével közvetítse ezt felénk, emberek felé. De valamiért ő is a pszichiátrián volt, akárcsak én... Valamint azt is megláttam, hogyan hat át mindent a szeretet mindenhol. Bármit is tapasztalsz, az a szeretet valamilyen formája.

A táskám még mindig abban a szobában hevert, ahol a fotel volt, nem tudtam ilyen dolgokra figyelni, hogy esetleg magamnál tartsam. Tudom, hogy egyszer hallottam a magyar telefonomat csengeni, de odáig nem jutottam el, hogy fel is vegyem, tovább sétálgattam a folyosón. Egyszer csak értem jöttek a nővérek és bevittek a szobámba, mondván, takarodó van. Enyém volt az ablak melletti ágy, és függönyökkel voltak elválasztva egymástól a fekvőhelyek. Hoztak nekem hálóinget, ott előttük és az ablak előtt kellett átöltöznöm, majd be is bújtam az ágyba. Nem tudtam aludni, azt hallottam, hogy valaki rettenesen horkol egész éjjel. Csodálkoztam is, hogy vajon koedukált kórtermekben vagyunk-e; nő nem képes így horkolni. Egyszer felkeltem és odamentem a szőke lányhoz; neki talán rémálmai voltak, segíteni akartam neki. Meg is kérdeztem, hogyan segíthetek. Aztán visszafeküdtem. Csak feküdtem a hátamon és azon kezdtem el gondolkodni, vajon mennyit fogyhattam. A testemen volt a takaró, gondoltam, benézek alá és megnézem a testemet. Felemeltem a takarót és csak a csontvázamat láttam, húscafatok lógtak a bordáimon. Visszaraktam magamra a takarót, ekkor viszont megvolt a testem minden domborulata. Gondoltam, megnézem újra a takaró alatt – felemeltem, ismét csak a csontvázamat láttam és azt gondoltam: mennyit fogytam, kilátszanak a bordáim! Lehetséges, hogy a több évtizeddel későbbi testemet láttam, amikor már a sírban fekszem – ide-oda csúszkáltam az időben az elmémmel. Tovább feküdtem az ágyban, és elkezdtem látni valamit. Olyan volt, mintha egy kivetítőn néztem volna, ahogyan felkel a nap és lenyugszik. Persze nem volt ott kivetítő... olyan volt, mintha kint lennék az űrben, és úgy szemlélném az égitesteket. A nap felkelt és lement. Ezt nézegettem, majd egy idő múlva rájöttem, hogy tudom ezt szabályozni, hogy mikor jöjjön fel és mikor nyugodjon le. Én irányítottam. Aztán valahogyan reggel lett. Lehet, hogy aludtam valamennyit, de biztos, hogy nem sokat. Reggel ébresztettek minket, kelni kellett.

Ahogy felkeltem és ránéztem az ágyam mellett lévő szekrényre, egy pillanat alatt megláttam, mi történt előző éjjel. Egy öttagú családot mészároltak le, és a testrészeiket a szekrényben rejtették el. Ez nagyon megrémisztett, sokáig vacilláltam, hogy bele merjek-e nézni a szekrénybe, vajon tényleg ott vannak-e a testrészek. Szerencsére üres volt...

A társalgóban megjelent a kreol bőrű, szemüveges srác, jó reggelt kívánt, majd leült. Ahogy ránéztem, eltorzult az arca, más lény lett belőle.

Egyre mélyebbre merültem a tudattalomban, egyre több más világot láttam, tapasztaltam. Aznap csak ilyen „látomásaim" voltak. Olyan világokat láttam, ahol az emberek sorban álltak a saját kivégzésükre. Rengeteg ember várta a saját halálát önkényesen. Azt gondolom, azzal a cselekedetemmel, hogy megvágtam magamat és kockáztattam, hogy esetleg meghalok, ezekre a világokra nyitottam kaput, mivel minden cselekedetünk számít, és létrehoz valamit valahol máshol. Akkor én ezt úgy éltem meg, hogy ezek az emberek miattam halnak meg, hiszen én is részt akartam venni a saját magam megölésében, ők csak követtek engem. Ezért láthattam az öldöklő világokat. Láttam a konkrét kivégzéseket is: rá kellett feküdni egy összeeszkábált gépre, amire rákötözték az illetőt és széttépték a végtagjainál fogva. Volt, akit a mellékhelyiségbe vittek és hátra kellett hajolniuk olyannyira, hogy beleharapjanak a saját fenekükbe, és ezzel el is tört a gerincük. Továbbá láttam haláltáborokat, de ekkor olyan volt, mintha az is én lennék, aki nézi a történteket, és az is, akivel történnek a dolgok ott, aki épp menetel. Ennél a pontnál emlékszem, jött egy orvos beszélgetni velem, kérdéseket tett fel, miért jöttem Angliába, és hogy mi történt most velem. Segíteni jöttem. De ezt átvitt értelemben is értettem, hogy a Föld nevű bolygóra jöttem segíteni, erre most nekem van szükségem segítségre. Aztán az orvos el is ment.

A folyosón sétálgattam, és megint mintha egyszerre több helyen lettem volna jelen. Kopogást hallottam az ajtótól, ami a kertbe vezetett, de nem tudtam rá reagálni, tovább sétáltam. Ekkor mintha az a valaki az ajtó mögött én lettem volna, éreztem a gondolatait: „Én ezt fejbe vágom!". Azzal a lendülettel elkezdett utánam szaladni; olyan volt, mintha ő is én lennék, és az az énem is, aki a folyosón sétál. Utolért, és fejbe vágott egy baltával. Én erre ebben a világban hanyatt estem a padlóra, a fejemet is jól bevágtam. Arra eszméltem fel, hogy a nővérek kaparnak össze a padlóról. Este pár lánnyal bementünk egy kis terembe beszélgetni. Én persze csak ültem kukán, nem tudtam egyáltalán kommunikálni. Ismét látomásaim voltak. Megsemmisült az egész világ, és mi páran maradtunk az utolsó emberek. Az egyik szobában voltunk és azt boncolgattuk, mi történt. Felrobbantottuk az egész Univerzumot, és nem maradt semmi. Semmi? Semmi. Az épület falain kívül csak egy nagy, tátongó, fekete lyuk volt. Ha jól emlékszem, aznap estefelé ettem egy szelet vajas pirítóst, ez volt minden, amit fogyasztottam, mióta bent voltam. Nem tudom, hogy aznap hogyan kerültem ágyba, ekkor mentem pisilni először, mióta bent voltam. Nem ügyeltek arra, hogy táplálkozzak, igyak, tisztálkodjak. Arra emlékszem, hogy az ágyban feküdtem, mire hirtelen magamhoz tértem és ráeszméltem, mit tettem magammal: felvágtam a csuklómat. Kirohantam a nővérpulthoz – ez valamikor éjszaka lehetett – és kétségbeesetten elkezdtem hadarni, hogy meg akartam ölni magamat, segítsenek nekem. Nagyon zaklatott voltam, mire az ügyeletes nővér a kezembe nyomott négy darab kekszet és visszaküldött aludni. Valahogyan visszataláltam az ágyamhoz és ekkor vettem észre, hogy kilátszott a fenekem a hátul kötős hálóingből. Leraktam a kekszeket az ablakpárkányra és kibámultam az ablakon a sötétbe. Ekkor megláttam, hogy születésem előtt én voltam az, aki elgörbítettem a szemlencsémet – eredetileg cilinderes szemüveget kellene hordanom –, hogy mindent én terveztem meg magammal kapcsolatban születésem előtt. A legapróbb dolgokat is. Majd megint más világokat kezdtem el látni az ablakon keresztül. Olyan volt, mintha egy kivetítőt néznék, amely négy részre van felosztva. Négy világot láttam egyszerre, egymás mellett. Az egyikben emberek szerették egymást, a másikban gyerekek játszottak, gondtalanul kacagtak, domboldalon gurultak le és nevettek önfeledten – ezt én is csináltam már felnőtt koromban. A harmadik világban angyalokat láttam, amint egy háztetőn lépdeltek. A negyedik világot nem tudom felidézni, de azt tudom, hogy az is egy kellemes kép volt. Ezeket a világokat nézegettem órák hosszat, nem tudom, pontosan mennyit. Csodálatosak voltak, örökké tudtam volna nézni őket.

Nem tudom, hogy aludtam-e valamennyit, hirtelen reggel lett. A társalgóban voltunk páran, ismét a csajokkal, akikkel este a kis teremben „beszélgettünk", és valahogyan kijött az a mondat belőlem, hogy „én felvágtam az ereimet, megmutatom". Mire mindenki hevesen elkezdett tiltakozni, hogy meg ne mutassam nekik! Megint csúszkáltam a világok között; hol azt éltem meg, hogy nem direkt, de öngyilkos akartam lenni, aztán meg azt éltem meg, hogy megint egy másik világban létezem.

Következő emlékem, hogy a kis konyhában vagyok, ahol a pirítóst is ettem előtte valamikor, és feleszmélek, hogy egy olyan helyen vagyok az elmémben, ahonnan nincs kiút. Teljesen kétségbeestem. Egy kávéspohár volt a kezemben. Valahogyan leestem a földre, és rám borult a kávé is. Aztán csak feküdtem ott... Itt a vég megint, nincs tovább, vége az életemnek vagy akár az egész világmindenségnek, és nincs megoldás. Nem tudom, mennyi idő múlva jöttek az ott dolgozók, felszedtek a földről és bevittek a társalgóba, leültettek egy székre. Egy fehér fal volt velem szemben, azt bámultam, de közben elkezdett golyózni megint a szemem és éreztem, hogy ismét utazok valahova az elmémmel. Ekkor megláttam, hogy Paul úszómester tökéletes tükörképem – tehát fontos lélektársam – volt. Olyan volt, mintha kitágult volna a tudatom és csomó mindent érzékeltem a környezetemből, csak éppen azt nem, ahol éppen vagyok. Annyit láttam, hogy néha elsétáltak előttem emberek, némelyik rám is nézett, de senki nem tudta tolerálni a látványt – feltételezem, látszódhatott a szemeimen, hogy valahol teljesen máshol járok. Majd hirtelen 2007-ben találtam magamat, a Mesternél, amikor csendben ültünk és csak léteztünk. De máshogyan éltem meg most ezt az élményt, mint akkor: felülről láttam ezt a jelenetet, mintha minden ott jelen lévő embernek a része lennék.

Aztán ismét Paul úszómestert láttam, és itt valamiért eltört a mécses. Elöntött egy nagyon magányos érzés, hogy egyedül vagyok a világban, és senki nem szeret engem. Elkezdtem sírni, aztán zokogni, de olyan szinten, hogy alig kaptam levegőt. Egyre csak fokozódott ez az állapot, mígnem hiszti lett belőle, és azért sírtam, hogy valaki szeressen engem. Mindenkinek a nevét felsoroltam, akit csak ismertem, és zokogtam, hogy valaki, bárki szeressen engemet. Két ápoló jött oda és fogott le a két oldalamon, amit mégannyira sem akartam, próbáltam kiszabadulni a szorításukból, de nem sikerült. Majd elvezettek. Bezártak egy elkülönített, egyszemélyes, apró szobába, ahol csak egy ágy volt. Próbáltam kijönni innen, de nem engedtek. Minden erőmmel próbáltam kinyitni az ajtót, de valaki kívülről nem engedte ezt. Jó sokáig próbálkoztam, azt hiszem, de nem jártam sikerrel. Leültem az ágyra és oldalra dőltem; nem tudom, hogy aludtam egy cseppet, vagy csak kimerültem és feladtam a küszködést. Hoztak egy tálcán reggelit, amit az ablakhoz raktak, de nem volt erőm felkelni, meg ugye nem is voltam tudatában annak, hogy napok óta egy falatot sem ettem, egy kortyot sem ittam. Eltelt egy kis idő, mire kinyílt az ajtó és megjelent Dóri és apa. Eljöttek értem Magyarországról: a pszichiátriáról csak családtagnak adtak ki. Felálltam, ott álltam mögöttük, miközben az ápolóval beszélgettek. Az ápoló a nővéremhez beszélt, majd az nővérem elmondta ugyanazt apának. Nem értettem, hogy miért mondanak el mindent kétszer: nem érzékeltem a két nyelv közötti különbséget, a nővérem fordított angolról magyarra apának. Elindultunk kifelé, két oldalról támogattak, útközben megtaláltuk a cipőimet, amiket nem emlékszem, mikor és hol hagytam el, majd az ápolók bevittek egy szobába. Ekkor kötözték át a csuklómat, és ismét látomásaim támadtak. Ahogy ültem a székben, a kartámlán volt a karom, amit ők ketten csuklóból letörtek... Persze a valóságban nem így történt, ez csak egy lehetséges másik valóságban megtörtént dolog lehetett. Aztán visszamentem a folyosóra apuékhoz, de ők közölték, hogy be kell vennem valami gyógyszert, csak úgy engednek el. Beveszem? – kérdezték. Be. Nem nagyon volt választásom.

Ettől a lórúgás-nyugtatótól még rosszabb lett. Valóban csak 1-2 filmkockára emlékszem a hazaútból, pedig legalább egy fél nap eltelt. A kórház előtt találkoztunk a menedzserrel meg egy ismerősével, akik összepakolták nekem két bőröndnyi cuccomat. Aztán beültünk egy taxiba, ami elvitt minket a repülőtérre. Hátul ültem és annyit láttam, hogy a sofőrre rá van tapadva két szürke szellem és szívják az erejét. Következő emlékem, hogy a repülőtéren vagyunk, ülünk valamilyen asztaloknál és egy ember néz rám, akinek gonosz lénnyé változik az arca, és rám mosolyog gúnyosan. Arra emlékszem, hogy fogom a kis rózsaszín bőröndömet és húzom magam után. Állítólag Dóri azonnal elkezdett engem etetni, de én csak arra emlékszem, hogy már a repülőn ülünk, és csokit etet velem. Az ablak mellett ültem, állítólag én kértem oda a helyet, de erre én nem emlékeztem, és ahogy elfoglaltuk a helyünket, én rögtön elaludtam és REM-elni kezdett a szemem. Egyszer riadtam fel az út alatt, és rémülten azt kérdeztem: „zuhanunk?". Valamiért azt képzeltem, hogy a halálba tartunk – megint. Arra ébredtem fel, hogy szállunk le, már sötét volt. Kinéztem az ablakon és azt láttam, hogy a leszállópálya tele volt angyalokkal: vigyáztak rám, avagy a gépen utazókra. Következő emlékem, hogy a parkolóban vagyunk, apa elment a kocsiért én meg ott maradtam Dórival. Annyi jött ki belőlem, hogy „elrontottam az életfeladatomat és meg kell keresni a Mestert!", majd Dóri nyakába borultam és sírni kezdtem.

7.

Félig egy másik világban

2012. SZEPTEMBER VÉGE

Hazaérkeztünk Kecskemétre, anya várt itthon minket nagyon. Az egész család megkönnyebbült, hogy épségben vagyok, ők ugyanis nem tudták pontosan, mi történt velem, csak annyit közöltek velük, hogy kórházban vagyok. Mire hazaértünk, valamennyire lezárultak a kapuk a más világok felé, de persze nem voltam stabil, csak a nagyon mély dolgok előtt szerencsére bezárultak a kapuk. Én ezt az evésnek tudtam be; előtte ugye több napig egy falatot sem ettem, és ahogy földelődtem kicsit az evés hatására, bezáródtak azok a kapuk valamelyest. Arra emlékszem, hogy a nappaliban ülök az ágyon és próbálom összerakni a történteket: mindenekelőtt azon gondolkodtam, hogy azzal a szemüveges sráccal történt-e valami, de valahogyan elő tudtam hívni az elmémből az információt, miszerint szerencsére nem. Elfáradtam. Megfürödtem és lefeküdtem, ismét éjjel volt. A következő napok is összefolytak, nem pontosan emlékszem, mikor mi történt.

Anita meglátogatott engem otthon, nagyon aggódott értem. Valamiért vele is jól éreztem magam, jó energiái voltak. Utólag vettem észre, hogy tőle is és Orsitól is kaptam SMS-eket, míg a pszichiátrián voltam. Anita azt írta, nagyon aggódik értem, és angyalokat küldött nekem. Orsi üzenetek tömkelegét küldte, írta nekem a bölcsességeket, a tanácsokat, hogy ebben a helyzetben mit csináljak. Azon kívül, hogy odajön segíteni nekem, hogyan segíthet? – kérdezte. Azt is leírta, hogy az Angliában élő magyar barátaimtól kérjek segítséget – velük párszor találkoztam a kinti lét alatt, nem egy helyen laktunk. Valamint hogy ne féljek, semmi nincs veszve, de szedjem össze magam, mert most nagyon sok minden múlhat azon, hogy a félelemeim vagy a szeretet vezérelnek. Én ezt úgy értelmeztem, hogy a világ sorsa is múlik most rajtam, vagyok-e olyan erős és tudatos, hogy ebből az állapotból nyertesként jövök ki. A szüleim időpontot kértek a dokimhoz, aki annak idején is rendbehozott. Erre emlékszem, hogy napközben a könyvesboltban voltunk, délután pedig mentünk apával az orvoshoz. Az értelmezgetések természetesen megint ott voltak, megint nem tudtam egyedül semmit sem csinálni, a külvilágba kimenni pláne nem. Ugyanazok a dolgok jöttek vissza, mint amik három éve is a rabságukban tartottak. Értelmezgettem a számokat is, azt is rossz jelnek vettem, hogy délután 3-ra volt időpontunk a dokihoz – a 3-as ugye a gonosz szám az én olvasatomban. Elindultunk a könyvesboltból apával, útközben láttam egy ismerőst, a Szilvi fodrász egyik tanítványát, ebből arra következtettem, hogy már megint megőrültem: a fodrászhoz látogatás jelentette azt, hogy itt a világvége, és senki nem tud rajtam segíteni. Marad a doki, de talán még ő sem. Olyan ez a gondolatmenet, hogy nem lehet megállítani, nem tudom realizálni a dolgokat, csak pörögnek az események egymás után megállíthatatlanul, és mindig ugyanaz ismétlődik, csak más színlettel. És ismét itt tartottunk, hogy dilidokihoz kerülök.

Odaértünk hozzá, várni kellett, majd mikor bementünk a rendelőjébe, ugyanolyan fotelek voltak nála, mint amikből nincs kiút. Én meg még üljek is bele, ráadásul önszántamból. Beleültem a fotelbe és lefagytam, bár addig sem voltam kommunikációképes. Apa mesélte el a dokinak, hogy mi történt velem, valamint értelmezte az angliai kórházban kapott zárójelentést. Valamit elrontottak rajta, a diagnózis kódja nem egyezett azzal, amit mellé írtak. Ezt is elemezni kezdtem, miszerint kevert agybajom van; megint világokon csúsztam át össze-vissza, és mostanra már meg sem tudják határozni, mi van velem. Valamilyen gyógyszert javasolt az orvosom, azt mondta, ha az nem hat, akkor az azt jelenti, hogy csúszunk vissza a skizoid állapotokba – én itt majdnem sírva fakadtam. Csak annyit tudtam nagyon halkan kinyögni, hogy nem, nem... De nem volt választásom. Megkaptuk a következő alkalom időpontját és eljöttünk. Bementünk a gyógy-szertárba kiváltani az új bogyót, valamint ragtapaszt is venni a csuklómra. Itt ismét egy alteregóra akadtam: a gyerekkori ismerős, akinek az alteregója az angliai pszichiátrián lévő szőke lány férje volt, folytatódott ebben a srácban, aki kiszolgált minket. A napjaim megint némán, rémülten teltek, értelmezgetésekkel elhalmozva. A napok teljesen összefolytak, nem volt időérzékem. Pár nap telhetett el, mire alaposan meg mertem nézni a csuklómat, és elszörnyedtem. Szóltam a szülőknek, hogy ezt össze kell varrni, hiszen egy legalább öt centis, mély vágás tátongott a kezemen. Kértünk is időpontot a magánklinikán, ahova járni szoktunk. Rendesen, műtőben varrtak. Arra emlékszem, hogy csak feküdtem ott némán, megint semmi fájdalmat nem éreztem, és mindenféle emberi kommunikációra képtelen voltam. Közben észrevettük, hogy a pénztárcám Angliában maradt a pszichiátrián. Nem voltak tehát irataim...

Ezekben az állapotokban teljesen *felborul* az étkezésem, általában nem érzem az éhséget, és ha rajtam múlna, elfelejtenék enni. Nem volt ez máshogy most sem. Jártunk a dokihoz is elég sűrűn, visszakaptam a skizo-gyógyszeremet, és valamiért ő is a súlyom miatt kezdett el aggódni. Jó bőrben voltam, de azt mondta, ha most fogyok, akkor arra nagyon oda kell figyelni. Pedig végre elértem az álomsúlyt, az álomtestet. Változatlanul a könyvesboltban töltöttem napjaimat fagyott állapotban, és persze ismétlődött az egész életem minden pillanatban. Egyik alkalommal megjelent Timi, akivel akkor találkoztam utoljára, mielőtt Angliába indultam. Vele sem tudtam normálisan viselkedni, de ő, ahogy meglátott engem, azt érezte, segítenie kell nekem, és meghívott egy sütire a szomszédos cukrászdába. Valamiért benne bíztam, és ki mertem vele menni az utcára. Együtt választottunk sütit a cukrászdában, majd kiültünk a kerthelyiségükbe és „beszélgetni" kezdtünk, ami abban merült ki, hogy Timi kedvesen mesélt nekem, én meg rémülten néztem... Megint azt értelmezgettem, hogy milyen emberek ülnek körülöttünk, és milyen színű ruhákat viselnek. Arra a következtetésre jutottam, hogy ismét itt a vég, nincsen semmi a jövőmben, megint kicsúsztam a valóságból, és senki nem tudja, mi fog történni. Egy piros pulóveres ember ült velem szemben – a piros a gyökércsakrát szimbolizálta, tehát a gyökércsakrámat kell erősítenem, gondoltam. Timi egyébként Orsi alteregója volt, fizimiskában is nagyon hasonlítanak, a hangjuk is hasonló, és mindketten akkor vannak ott nekem, amikor nagy bajban vagyok. Tehát ültem ott némán, Timi tukmálta belém a csokis sütit, amit választottam, majd mondta, hogy mindjárt jön, bemegy a mosdóba. Fú, ottmaradtam egyedül, kiesve a világból, teljes filmszakadással, mi lesz most... Aztán visszajött Timi, mire kigondoltam: ha ő bement a mosdóba, és is bemerészkedek – és egyedül megtettem ezt az utat. Ez akkor nagyon nagy lépés volt tőlem. Mikor bent voltam a cukrászda épületében, találkoztam, vagyis láttam egy magas fess srácot, akinek nagyon megfogott az energiája. Valamiért benne is erőt véltem felfedezni ebben az állapotomban, amikor ugye sok emberben ok nélkül megbízom, másokban meg egyáltalán nem. Ő volt egyébként a cukrászda tulajdonosa. Aztán visszasiettem Timihez, ideje volt indulni. Sétáltunk egy picit a környéken, majd visszakísért a boltba a szüleimhez.

A következő hetek az időben elveszve teltek. Ismét mindenáron menni akartam a Mesterhez, ami elég lehetetlen helyzetnek bizonyult, mivel még csak az utcán sem tudtam végigmenni egyedül. Mégis minden napomban ez ismétlődött meg, hogy eljutok hozzá majd valahogyan.

Egyedül nem nagyon tudtam kimerészkedni sehova. Egyszer mégis így történt, és ahogyan jöttem vissza a könyvesboltba, öszszefutottam az utcán Mónikával, aki a szüleim ismerőse volt, egy hihetetlenül önzetlen lélek, ő is nagy segítő. Látta rajtam, hogy valami gond van, így visszakísért a boltba és közben javasolta, hogy menjek el hozzá jógaórára. Elmondta, mely napokon tart órát. Nagy küszködések árán pár nap múlva el is mentem hozzá. Anya kísért át, nem messze volt az épület, ahol az órák voltak. Rábízott Mónikára és mondta, hogy az óra végére értem jönnek, addigra a könyvesboltot már bezárják. Pár ember volt a jógaórán, mindenkiben megláttam egy régi ismerőst, mintha az emberek csoportjai megint ismételték volna egymást. Az első jógaórán a pszichiátrián történeteket éltem újra – más közegben. A résztvevők között ott volt az auralátó is, akinél ez az egész elkezdődött, valamint az óra végén tartott szeretetkörben, mikor is körbe álltunk és megfogtuk egymás kezét, a mellettem lévő ember által megéreztem a kézfogásában azt az információt, miszerint születésem előtt én görbítettem el a szemlencsémet. Csendben telt el az óra, de én évmilliókat éltem át közben megint; jobban mondva azt az időt, amit egyszer már a pszichiátrián, Angliában átéltem. Az óra után valóban az épület előtt vártak a szüleim autóval, és hazajöttünk. Szokás szerint a szobámban gubbasztottam, és aznap volt a példaképemnek angolul rádióműsora, amit nagyon szerettem volna meghallgatni. Ilyenkor a médiától is elzárom magam, mert nem tudom kiszűrni a sok információt, de ez a rádióműsor akkor a mindent jelentette nekem. Figyelmesen végighallgattam. Ebben az adásban példaképem egy hosszú, vezetett meditációt vett műsorra, amely arról szólt, hogy teljesen mindegy, min mentél keresztül, milyen nehézségeid vannak, az angyalaid ott vannak veled, feltétel nélkül szeretnek és támogatnak, segítenek mindenben és nem hagyják, hogy bajod essen. Potyogtak a könnyeim, miközben ezt hallgattam. Erőt adott, miközben tisztában voltam vele, hogy megint milyen nagy mértékű megpróbáltatásokon kell keresztülmennem, de példaképem elhitette velem, hogy sikerülni fog újra kimászni a bajból. Pontosan erre volt szükségem. A rádióműsor végeztével keresni kezdtem, hogy mi is legyen a következő lépés. Először az interneten próbáltam „jeleket" keresni, amelyek segítségével majd kimászom a bajból. Rámentem az auralátó honlapjára, mire a semmiből egy mentő – bekapcsolva a hangos szirénáját – húzott el az ablakom előtt. Hm... ez az irány akkor csak azt eredményezheti megint, hogy bolond maradok. Ezután rámentem a Mester honlapjára, és megérkezett a jel is azonnal: a felső szomszéd felől négy darab kopogást hallottam – gondolom, csak gyalogolt a padlón, de nálam ez négy kopogásként csapódott le. De megvolt a szeretet száma, a négyes. Menj tehát a Mesterhez. Ez a helyes irány.

Nem tudom, hány hét telt el. Jártam a jógaórákra, sokszor már egyedül, ilyenkor csak az jelentett nehézséget, hogy eldöntsem, hogy a könyvesboltból kilépve jobbra vagy balra induljak el és kerüljem meg az épületet, hogy a jógaóra helyszínére érkezzek. Ha jobbra mentem, akkor a cukrászda előtt kellett elhaladnom, ahova Timivel azóta is eljártunk néha. Az a cukrászda volt a biztonságot nyújtó hely, ahol semmitől sem kellett félnem, ahol megszűntek a tüneteim. Egyik este is épp itt voltunk Timivel, miután a könyvesboltban találkoztunk és a szüleim megígérték, hogy este visszajönnek értem, érezzük jól magunkat. Aznap sokáig maradtunk, és teljesen fel tudtam oldódni Timivel – benne bíztam, azt gondoltam, ő tudatos, és hogy ő tud nekem segíteni, rábízhatom magam. Az este vége felé lementem az emeletről ismét a mosdóba, amikor is összefutottam a magas, fess sráccal és olyan jólesett, hogy összemosolyogtunk spontán. Ő egyébként valamiért a Mester-vonalat erősítette; erőteljes energiái voltak. Őróla is azt gondoltam, hogy a cukrászdájában töltött idő a gyógyulásomat segítette elő. Persze amint kiléptünk a helyiségből, folytatódott a bolondéria, holott mindig azt vártam, hogy a hely majd meggyógyít, és a külvilágban is helytállok majd. De a hely sajnos csak annyi varázslatot ismert, hogy amíg ott voltunk, jól voltam. Másnap délelőtt épp bandukoltam vissza valahonnan a könyvesboltba, amikor jött az utcán ez a magas, fess srác. Én meg ugye a bolondéria közepén nem tudtam, hogy viselkedjek vele... joggal hihette, hogy valami nincs rendben, úgyhogy csak elsétáltunk egymás mellett. Timi nélkül és a cukrászda nélkül vele sem működött a varázslat.

Már november környékén jártunk és a családom jóváhagyása mellett Dóri bevállalta, hogy elvisz a Mester egyik előadására. A szülők felvittek Pestre Dórihoz, aki egy apró albérletben lakott akkor éppen. Péntek délután volt. Kellett volna pár dolog a boltból. Hát menj el – mondta Dóri. Vele is valamiért jobban biztonságban éreztem magam megint. Elmondta, hogy itt van kétutcányira a bolt, vigyem a telefonomat, ha bármi baj van, hívjam fel. Megtettem. Elmentem egyedül a boltba, de a két vásárolandó terméket fel kellett írnom egy papírra, mert annyira szét volt csúszva a memóriám is még akkor, hogy semmit sem tudtam fejben tartani, mert elkalandoztam a más világok felé.

A boltban gyorsan megkerestem, ami kellett, és mentem fizetni. Mily' meglepő, jó jeleket fogtam! A pénztárnál egy olyan emberhez kerültem, aki a Mester alteregója volt. Tehát a Mesternél fogok kijelentkezni ebből az állapotból. Visszaértem Dórihoz az apró albérletbe és a délutáni programterv az volt, hogy elmegyünk az egyik nagy bevásárlóközpontba – ha jól emlékszem, Dórinak volt ott dolga. Erre a napra jósolták a dimenzióváltást, 2012. december 21-e, péntek volt. Én ezt egy zsúfolt bevásárlóközpontban töltöttem, de a legjobb társasággal, Dórival. Vele még az emberek közé is be mertem menni. Még mindig csúszkáltak a gondolataim, de sokszor már jót tudtam nevetni rajtuk. Volt egy nagyon vicces jelenet. Ilyenkor ugye olyan, mintha minden éppen akkor történne: átélem, hogy csak a jelen van és minden a jelenben teremtődik meg. Mentünk bent a bevásárlóközpontban és valaki mögöttünk azt mondta a társának, hogy „húú, de bekajáltam". Erre a velem szembe jövő iszonyatosan túlsúlyos emberre tévedt a szemem. Vagyis rögtön megtörtént a teremtés. A cselekedetednek a következménye. Sokat ettél? Nagydarab vagy. Ilyen és ehhez hasonló gondolatok tartottak fogságukban. Volt, amelyiken nagyon jól szórakoztam. Este lett, mire visszaértünk az apró albérletbe, és pörögtek a gondolataim. Dórival beszélgettünk, holott már régen aludni kellett volna, de állandóan még egy gondolat jött, és azt megint el kellett mondanom neki. Végül „megfenyegetett", hogy ha nem alszom, akkor másnap nem megünk a Mesterhez. Na, ez hatott: behunytam a szemem, és rövid időn belül aludtam.

Másnap tömegközlekedéssel mentünk az előadásra. Nem messze a háztól egy kék autó parkolt, ezt jelnek vettem: ez az előadás bevezetője, a kék szín, vagyis a kommunikáció, a torokcsakra. Útközben találkoztunk nővérem akkori párjával, nem régóta jártak. Ő is jött az előadásra. Nagy sor állt, értelmezgettem folyamatosan, csúszkáltam az időben. Valahogy akkor jött le nekem az az infó, hogy mivel figyelmen kívül hagytam az emberi élet szabályait, történhetett ez meg velem. Átléptem bizonyos határokat, átvitt értelemben is és szó szerint is. Átléptem a normális emberi létezés határait. Bementünk a terembe, ahol az előadásra várt mindenki. A jegyeladó lány nagyon mosolygott rám, ezt jó jelnek vettem. Dóri leültetett bal oldalra, előre. Amíg vártunk, az előttem lévő sorban egy pár nagyon megörült egymásnak, mikor találkoztak. Ez keltette fel a figyelmemet, és mivel ebben az állapotban minden most történik és semmi sem független egymástól, azt gondoltam, ez a boldog jövőmet tárta elém. Jó helyen vagyok gyógyulás szempontjából. Hirtelen ott termett a Mester. Évek óta nem láttam, és azt gondoltam: „mennyit változott!". Észre sem vettem, mikor jött be, hiszen bele voltam fagyva a saját kis dimenziómba. Majd elkezdte megválaszolgatni a kérdéseket, amiket írásban lehetett neki feltenni előtte. Én is írtam neki egy idézetet az egyik könyvéből, és végig ki akartam vinni neki, de nem bírtam megmozdulni sem. Végig meredten bámultam rá, és gondolatban könyörögtem neki, hogy fogja meg a kezemet. Azt gondoltam, az ő energiája és kézfogása fog meggyógyítani. Nem nagyon tudtam figyelni arra, amit mond, de meghallottam valami olyasmit, hogy a „csöndben való keserves sikoltozás". Fú, hallja a gondolataimat – gondoltam magamban. Egyetlenegy információ maradt meg bennem arról az eseményről. Ezt mondta: „Nem lesz más választásod, be kell szedned a gyógyszert, amit a doki felír." Valamint, hogy „táplálnod kell a testedet, különben elsorvad". Azt gondoltam magamban, hogy még ő sem tud nekem segíteni, a dokira bíz, és nincs is más út. Közben a dimenzióváltás pörgött a gondolataimban, hogy ezt megint jól elcsesztem, eme nemes eseményre megint összeborítottam magam, és lefelé húztam az emberiséget, nem pedig fölfelé. Az előadás alatt egyszer fordult jobbra a fejem, amikor egy fiú előresétált valamiért. A mester pont azt mondta, hogy a „srácok", ami nekem skizo-nyelven annyit tett, hogy a srác elég ok arra, hogy akarj tovább élni, és ez a srác a cukrászdatulajdonost szimbolizálta. Erre is éreztem megoldást, esetleges jó utat. Vége lett az előadásnak, és én még mindig azt vártam, hogy majd a Mester megfogja a kezemet és meggyógyít. Odamentem hát a segítőihez, akiktől azt a választ kaptam, hogy „egy pillanat". Én ezt úgy értelmeztem, hogy majd egy következő életemben odajutok hozzá, hiszen azt olvastam valamikor spirituális szövegekben, hogy két életed között egy pillanat telik el valójában. Na, nem bírtam ezt kivárni, elkezdtem rohangálni, el tesómékig, de fogalmam sem volt, mit csináljak, jött a pánik. Végül odamentem az üvegajtóhoz, amin keresztül a Mester még látszódott, ahogy megy el, és pont visszafordult valamiért és olyan volt, mintha pont arra, felém mosolyogna egyet. Hát mégis van megoldás – gondoltam magamban –, ő bűneim ellenére, amik nem kicsik, még tud mosolyogni rám, tehát nem vagyok teljesen menthetetlen. De ezek után megint nem tudtam, hogy mit tegyek, hiszen csúszkáltam ide-oda a világokban, pokolnak érződött a létem. Megkerestem tesómékat – vagy ők engem, már nem emlékszem. Tesóm kérdezte is tőlem, hogy mit égetem magam azzal, hogy ide-oda rohangálok, de hát a legkisebb bajom volt az, hogy égetem magam, miközben pánikoltam, hogy mi történik most. Visszamentünk tömegközlekedéssel az apró albérletbe, közben elváltunk tesóm párjától, és most a kék autó helyén egy zöld parkolt. Ez nagyon megnyugtatott, mivel a zöld a szívcsakra és a szeretet színe, és ez azt jelezte nekem, hogy meglesz a szeretet, amit keresek.

Hazamentünk ebédelni, de délutánra mozi volt a terv hármasban, Dórival és párjával. Dóri elvitt a moziba. Fogalmam sincs, milyen filmet néztünk, de velük biztonságban éreztem magam. Arra emlékszem, hogy a film elején Dóri gondosan megkérdezte, hogy minden rendben van-e. „Ühüm!" – csak ennyit tudtam kinyögni. Aztán vége lett a filmnek. Én teljesen máshol jártam közben, a világ sorsán gondolkodtam, hogy vajon mi lesz most. Aztán kimentünk az épületben lévő kávézóba, de nagyon rettegtem emberek közelében lenni. Tesómék megnyugtattak és mondták, hogy nyugodtan üljek le, ott lesznek velem. Meghívtak egy mozzarellás szendvicsre – nagyon vonakodtam az evéstől, mint minden egyes összeborulás alkalmával. Ahogy ettem a szendvicset, egyre jobban földelődtem és Dóri ezt szóvá is tette, illetve próbált meggyőzni afelől, hogy mennyire fontos, hogy egyek, mert egyből mindig jobban vagyok. „Még a Mester is azt mondta, enned kell, neki ugye elhiszed?" – kérdezte Dóri. „Neki elhiszem" – feleltem. Aztán a kávézás után ők elmentek mosdóba, engem meg otthagytak egy asztalnál egyedül, de mondták, hogy nem lesz semmi baj, mindjárt jönnek. Mit éltem én át ott egyedül! Megint lefagytam, belefagytam a jelenbe, és értelmezgetni kezdtem mindent körülöttem. De végül visszajöttek és hazaindultunk. Ennyi volt a pesti tartózkodásom, utána hazavittek Kecskemétre.

A könyvesboltban teltek napjaim; a pszichiáternél illetve jógaórán, de én mindig azt vártam, hogy Timi jöjjön a boltba, és menjünk a varázshelyre gyógyulni. Egyik alkalommal, mikor Timi ott volt és a pénztárcáját, az irataival együtt a pultra tette, azt gondoltam, arra ösztönöz, hogy legyek megint önálló, és nálam is legyenek az irataim, amik még mindig Angliában voltak. Azt képzeltem, hogy ha megvan a személyi igazolványom, tehát a személyazonosságom, akkor az életben is visszakapom azt, meg fogok gyógyulni. De mindez, hogy visszaszerezzem az irataimat, lehetetlen feladatnak tűnt. Innen hogyan intézzem el, hogy hazaküldjék nekem? Próbáltam az ügynökségen keresztül, akiknek előtte dolgoztam, de ők azt mondták, hogy a kórház nekik nem adja ki az irataimat, nekem kell bemennem értük. Elmentem a látó nénimhez is, ő is tudott varázsolni, mert míg nála voltam, biztonságban éreztem magam. Ő mondta, hogy nyugodtan onnan, az előtérből hívjam fel az angliai kórházat, és kérjem vissza a pénztárcámat. A vele töltött idő után, mielőtt még ismét kiléptem volna a külvilágba, meg is mertem ezt tenni. Felhívtam a kórházat, megmondtam, ki vagyok és mit akarok. Magam is meglepődtem ezen a fellépésen. Először is az illető tudni akarta, valóban enyém-e a pénztárca, ami a széfben volt. Mondtam neki, igen, meg tudom mondani, mi van benne. Azt felelte, rendben. Azt mondta, éppen nyitja a pénztárcámat... ó, jaj, minden pénz belőle a földre hullott! Majd öt másodperc múlva valóban hallottam, ahogyan az apró a földre esik. Nem is számítottam rá, hogy egy olyan helyen, ahol nem vigyáztak rám, majd pont az értékeimmel bánnak tisztelettel. Lerendeztem a telefonhívást, megmondtam neki, hova küldje a pénztárcát, és nagyon büszke voltam magamra. Aztán persze kilépve az utcára folytatódott a szétcsúszott világban való létezés, egyáltalán nem voltam olyan nagylegény, mint pár perccel előtte. Alig vártam, hogy visszaérjek a könyvesboltba anyához. Volt egy természetgyógyász-előadássorozat a városban, amire elmentünk anyával. A látó nénim is volt ott, tőle tudtam, hogy lesz ez. Találkoztam is vele, de úgy tűnt akkor ott, hogy ő sem tud nekem segíteni. Bolyongtunk ott, mígnem belefutottunk Annába. Anna általánosban volt osztálytársam, és ő gyerekkorában úszott. Ezen felbuzdulva, mivel én is imádok úszni, valahogyan kijött belőlem az a mondat, hogy megkértem, tanítson meg gyorsban úszni, mert én csak mellúszásban tudok. Anna mindig csupa mosoly, nagyon jó energiái vannak, ezt rögtön megéreztem, talán ezért is mertem ebben az állapotban ilyet kérni tőle. Azonnal igent mondott. Telefonszámot cseréltünk és meg is beszéltük, hogy mikor találkozunk először az uszodában. Ennek a természetgyógyász-fesztiválnak akkor nekem ennyi volt a hozadéka, hogy Annára ráleltem, és folytathattam a sportot vele. Nagyon nehéz feladat ebben az állapotban bármi újat is tanulni, mert nem bír az ember odakoncentrálni arra, amit csinál. Úgyhogy nagyon nagy kihívás volt ez számomra. De mindeközben egy régi barátra leltem, akit nagyon megszerettem, és aki önzetlenül segített nekem. Nem sok emberről mondható ez el, még mikor normális állapotban vagy, akkor sem, nemhogy amikor bajban vagy. Hetente többször jártunk úszni. Legtöbbször Anna még el is jött értem kocsival, illetve haza is vitt, miután végeztünk. Róla is azt gondoltam, hogy tudatos, hogy erős, és hogy a Mester-vonalat erősíti.

Mónika közben – anyán keresztül – a jógaórákon felül felajánlotta azt is, hogy megmasszírozza a talpamat, megnyomkodja azokat a pontokat, amelyek majd jó hatással lesznek a mentális egészségemre is. Egyik nap a szüleim el is vittek hozzá, de egy sarokkal előbb tettek ki az autóból, mivel nekik a másik irányba kellett menniük, nyitni a könyvesboltot. Mintha a poklon kellett volna keresztülmennem az alatt az egy sarok alatt, és közben, mint annak a rendje, értelmezgettem az embereket meg minden mást is, ami az utamba akadt. De aztán megérkeztem Mónikához, aki már várt. Bementünk a kisszobájába és ráfeküdtem a masszázságyára. Vele biztonságban éreztem magam, teljesen megnyugodtam és el tudtam engedni magamat. Nagyon jólesett, ahogy masszírozta a talpamat, valóban megmozgatott energiákat bennem. Emlékszem, hogy közben kérdeztem tőle pár dolgot, már amennyire össze tudtam rendezni a gondolataimat, de aztán mondtam neki, hogy ha nem haragszik, akkor kicsit behunyom a szemeimet – muszáj volt pihennem, azt éreztem. Azt mondta, hogyne. És így telt el az idő hátralévő része: biztonságban, nyugodtan. Aztán készen lettünk és indulnom kellett. Nagyon beparáztam megint, hogy egyedül kell bárhova is mennem. De összeszedtem minden bátorságomat és elindultam. Anna munkahelye felé vettem az irányt; nem messze dolgozott egy boltban. Útközben direkt arra mentem, hogy elmehessek a varázshelyünk, vagyis a kedvenc cukrászdánk közelében, és ahogy gyalogoltam, jobbra pillantottam a helyre és hirtelen megint azt éreztem, minden rendbe fog jönni. Egy pillanatra, csakúgy, mint Mónikánál, a jelenben éreztem magam. Hogy jó helyre csúsztam, hogy visszajöttem a realitásba, ebbe a világba. De ez az érzés csak pár másodpercig tartott, utána újra értelmezgettem, de valahogyan mégis eljutottam Annáig, és vele is biztonságban voltam. Végül Annától telefonáltam a szüleimnek, akikkel megbeszéltük, mikorra jönnek értem.

Gyerekkori barátnőm, Anita, továbbra is a szomszédban lakott, de ő közben szült két gyereket, igaz, éppen válófélben volt. Eleinte azt kívántam, bárcsak ő is mellettem lenne, hiszen az előző epizód alkalmával is mellettem volt, és vele is biztonságban éreztem magam, és vágytam az addigi, jól bevált „receptre". De mivel évek óta nem is beszéltünk, erre természetesen nem került sor. Újabb mentőövet kellett keresnem. Orsival e-mailben tartottuk a kapcsolatot, bár ez igen ritka alkalmakra redukálódott. Emlékszem, hogy róla is mindig azt hittem, hogy beépített ember volt az életemben, és hogy mindent, de mindent tudott rólam és tudatos volt. Azaz tudta olvasni a gondolataimat. Ilyenkor ugye nem tudom használni a média eszközeit, megőrjítenek az abból kiáradó információk, nem tudom kezelni a túlcsorduló információdömpinget. Nem működik ugye a szűrőm, ami kiszűri az akkor éppen fontos információkat, hanem minden rám zúdul. Ilyenkor csak a személyes kapcsolatok fontosak, ami nem feltétlenül egy rossz „tünet".

Egyik szombat estére megbeszéltük Timivel, hogy találkozunk a templomnál és elmegyünk misére. Anya kísért el, hiszen egyedül semmire sem voltam még képes. De közben mögöttes gondolataim támadtak, hogy Timi igazából kinek is lehet az alteregója... Erre nem tudtam rájönni, de valamiért hittem Timiben, megbíztam benne. Mögöttes gondolat volt az is, hogy vajon születésem előtt kivel állapodtam meg abban, hogy a templomnál találkozunk, azaz összekötjük az életünket. Lehetséges talán, hogy Timi az előre eltervezett párom alteregója volt, csak éppenséggel női kivitelben. Ebben az állapotban a nemeknek nincs akkora jelentősége, mint egyébként. A szereplőket látom, és hogy mi a dolguk. A mise után bementünk a kedvenc cukrászdánkba hárman. Szombat este lévén tele volt, de szerencsére megkaptuk az utolsó üres asztalt. A pincér hozta az itallapot: bajban voltam, választanom kellett... Anya ült a balomon, Timi a jobbomon, tehát én ültem középen, amit úgy értelmeztem, hogy jó helyen vagyok: a közép jelentette a biztonságos jelent. Epizód közben ugyanis a jelenem tűnik el, ide-oda csúszkálok főleg a múltban, kevesebbet a jövőben. Ezt nagyon nehéz elmagyarázni és átadni, de így van. Tehát teát készültem választani, de nem tudtam összpontosítani a figyelmemet az itallapra, így amikor jött a pincér felvenni a rendelést, azt a teát kértem, amire épp ránéztem. Ezek után Anya és Timi nagyon büszkék voltak rám és megdicsértek, amiért tudtam magamnak rendelni. A verbális kommunikációm elég fagyott volt: ilyenkor az érzékelésem a látásra és a hallásra korlátozódik, és háttérbe szorul a beszéd. Tehát nagyon biztattak, mire én valamire csak egy szót tudtam kinyögni, ami egyben Timi vezetékneve volt. Ezen egyszerre nevettem és borzongtam: ennyire futotta az agyi kapacitásomból, hogy valakinek, aki ott van velem, kimondom a nevét, és ez világmegváltásnak számít. Maradtunk egy darabig, majd ideje volt menni. Timi hazaindult, és mi is Anyával. Hosszú idő után ez a szombat volt minden idők legjobb estéje. „Kikapcsolódtam".

Lassan ugyan, de elkezdtek javulni a dolgok. Nagyon-nagyon apró dolgokban egyre jobban kezdtem feloldódni abból a fagyott állapotból, egyre inkább lettek ötleteim, és egyre inkább mertem egyedül menni helyekre. Persze még messze volt a teljes gyógyulás. Elkezdtem könyveket olvasni, spirituális témájúakat; példaképem könyvében, melyben az indigógyerekekről ír, csomó hasznos információra leltem. Sok hasonlóságot fedeztem fel köztem és az indigók között, valamint itt olvastam azt is, miszerint sok különleges képességű embert kezelnek tévesen pszichés tünetekkel. Ők valójában csak túlérzékenyek, csakúgy, mint én, és ezt a pszichológia abnormitásnak tekinti. Nagyon sok szívet melengető dolgot olvastam a könyvekben. Végigolvastam a Mester könyveit is, és olyan magyarázatokat adott meg nekem az éppen aktuális állapotomra, amelyek választ jelentettek számomra.

Végre eljutottam arra a pontra, hogy esetleg a Mesterhez menjek a fővárosba egy előadására. Igazából még nem voltam készen erre, hogy egyedül felutazzak, de akkor is meg akartam lépni. Jelentkeztem az egyik éppen aktuális kurzusára, és anya „engedélyével" felmentem rá. A buszpályaudvarig elvitt apa, ott várakozás közben leszólított egy alkoholista. Ezekben az állapotokban sűrűn vonzottam be olyan embereket, idegeneket, akik valamilyen függőségtől szenvedtek. A buszra várni kellett. Emlékszem, jó sokan voltunk. Egy srác odajött hozzám és megkérdezte, hogy vajon lesz-e hely. Biztosan – feleltem. De akkor ennyi futotta tőlem: még régen messze voltam attól, hogy normális kommunikációt folytassak bárkivel is. Valamint a telefonom is megcsörrent és a pszichiáterem hívott: a már megbeszélt időpontunkat szerette volna módosítani, mert valami közbejött neki. Ekkor már szerencsére nem kezdtem el értelmezgetni, hogy utam a célba, a Mesterhez mégsem lesz zökkenőmentes, mert mégiscsak az orvos fog rendbehozni, nem pedig ő. Ekkor már voltam azon a határon, hogy ki tudtam szűrni ezt az információt, miszerint reális gondolkodás szerint valóban csak közbejött neki valami, nem pedig ellenem szegődött és direkt hívott akkor, amikor a Mesterhez tartottam. Felszálltam a buszra, vittem magammal a kis iPod-omat, és hogy kiszűrjem a világ megrettentő eseményeit, zenét hallgattam és csak arra koncentráltam. Nagyon megnyugtatott. Ezt a tippet Timitől kaptam, miszerint ha bármikor is rohangálnak a gondolataim, dugjam be a fülembe a fülhallgatót és semmi másra ne koncentráljak, csak a zenére. Az majd gyógyít. Így is volt. Zenehallgatás közben tudtam, hogy biztonságban vagyok. Felért a busz a fővárosba, az állomásról még el kellett jutnom a kurzus helyszínére, amit metróval tettem meg. Már sorban álltak az emberek, nem kellett sokat várnom, hogy beengedjenek a terembe. Viszont ez előtt, mikor váltottam a jegyemet, azt hittem, hogy a Mester segítője jelekkel üzenget nekem, amit a testbeszédéről vettem le. Meg ahogy odaértem hozzá, elnevette magát azon, hogy tízezrest adtam neki – ezt nem értettem. Az értelmezgetéseim szerint a tíz a tükör száma. Valaki, aki tökéletes tükröt tart eléd. És akkor ott a Mester jelentette nekem ezt, és azt gondoltam, hogy erről a segítője tudomást szerzett.

Beültem a terem közepére és vártam. Egyre gyülekeztek az emberek, de egyáltalán nem lett tele a terem. Majd megérkezett a Mester is. Onnantól kezdve nem én uraltam a cselekedeteimet: olyan volt, mintha egy mágnesre reagálnék. Legelőször is, amikor belépett, nem tudtam levenni róla a tekintetemet, kihívóan kerestem vele a szemkontaktust. Majd mire odanézett, azt éreztem, megkaptam, amit akartam, és abbahagytam a bámulását. Olyan érzés volt, mintha évezredek óta vártam volna erre a találkozásra, mintha egy előző életbeli ismerőssel találkoztam volna, akinek nagyon megörülök, hogy végre látom. Végre itt vagyunk. A kurzus alatt ismét teljesen elmúltak a tüneteim – azt kivéve, hogy nem tudtam beszélni egyáltalán. Mutizmusnak hívja a pszichológia, de ez tényleg egy olyan állapot, amikor le van zárva a torokcsakrád, és még ha akarsz sem tudsz megszólalni. Viszont a testbeszédem remekül működött, és teljesen feloldódtam a Mester jelenlétében. Még mosolyogni is tudtam rá, de ez olyan volt, mint mikor a beszélni még nem tudó kisgyerek látja, hogy mindjárt megkapja a csokitortát, és a szülő minden mozdulatát leutánozza, avagy reagál rá úgy, ahogy azt tőle elvárják. Ezt én ismét az energiának tudom be. És hát a Mester energiái secperc alatt helyre tettek. Éreztem, hogy jó helyen vagyok. Eszembe nem jutott bármit is mondani neki vagy kérdezni tőle – nem is tudtam volna. De ott volt a kérdés: mi jön ezután? Megmondta a Mester. Írjak neki e-mailt, és képet is küldjek magamról, de ne fürdőruhásat. Ezzel vége is volt az eseménynek. Felpattantam és én is kimentem, be a mosdóba, ahol véletlenül eltéptem a harisnyámat, mivel megint kezdtem ideges lenni. Újra egyedül, védelem nélkül. Elindultam ki az épületből, de megálltam a parkolóban, ahol egy autó állt, de járt a motorja.

Megálltam egy pillanatra, együtt rezegtem az autóval és felfogtam azt a tényt, hogy minden pillanatban döntések ezreit hozzuk. Például, hogy gyalog megyek el onnan, avagy beülök az autóba és azzal. Ekkor már voltam annyira stabil, hogy tudjam, nem szabad beülni egy idegen autóba, de éppen ezért ezelőtt nem is mentem sehova egyedül, mert ilyen dolgokat nem tudtam felmérni. Elindultam gyalog, és a velem együtt rezgő autó is elindult. Lehagyott, de az értelmezgetéseimben ez csak annyit tett, hogy biztosította a jövőmet, mivel a balomon haladt el mellettem, ahol a vezetőnek a helye van. És mindez megint a nem sokkal előtte történtek ismétlődése volt, amikor is a Mesternél voltam és biztosította a jövőmet: írjak e-mailt neki. Az értelmezgetések folytatódtak avagy újraindultak, de valahogyan eljutottam a metróig, majd a buszpályaudvarig, és felszálltam a Kecskemétre induló buszra. De gondolatban teljesen máshol voltam ismét: egyszerűen nem bírtam ide, erre a világra koncentrálni. Aztán valahol útközben ellenőrök szálltak fel és a jegyemet kérték. Nem találtam, teljesen szétcsúszott a memóriám is, nem emlékeztem, hova raktam. Közben észrevettem az ellenőrön, hogy az auralátó alteregója: teljesen ugyanolyan volt a szeme, beláttam a lelkéig. Kérdeztem tőle, hogy mi történik, ha nem találom meg a jegyemet. Azt mondta, akkor jegyzőkönyvet kell felvenniük. Majdhogynem pánikoltam, de nem a szituáció miatt, hanem mert nem emlékeztem a pár perccel előtte történt dolgokra. Végül meglett a jegy, megtaláltam, és nyugtáztam magamban, hogy az auralátó a mai napig megkérdőjelez engem, nem hisz bennem. Hiszen nem pontosan ő ugyan, de az alteregója számon kér dolgokat rajtam, amivel a becsületességemet kell bizonyítanom. Avagy hogy betartok-e minden szabályt. Már be, igen, nem úgy, mint anno. Hazaértem Kecskemétre, a szülők vártak kocsival a buszpályaudvaron és nagyon buszkék voltak rám, hogy sikeresen megtettem az első utamat egyedül épségben.

Arra gondoltam, amit a Mester mondott, hogy írjak neki e-mailt. Azonnal meg is tettem: írásban valamiért teljesen ki tudtam fejezni magamat, sőt rengeteg megosztani valóm volt. Elkezdtem hát e-maileket írogatni a Mesternek arról, hogy ki is vagyok én, és épp mi történik velem. Apránként megosztottam vele a gondolataimat és a történéseket, valamint neki valamiért mertem írni a bolond gondolataimról is. Valahol tisztában voltam vele, hogy zavarosak, de ezt találtam terápiának saját magam részére, itt tudtam kiadni magamból azt a sok mindent, ami ez az állapot jelentett, a sok-sok gondolatot, melyek minden percemet lefoglalták. Azt mondják, az írás nagyon jó önterápia, és ez nagyon igaz. Ahogyan írtam ki magamból a dolgokat napról napra, a Mesternek címezve, egyre könnyebbedtek a terhek rajtam. Kiadhattam magamból teljesen őszintén mindent; olyan őszintén tettem ezt meg, mint azelőtt soha senki másnak. Nyitva voltak még mindig az égi csatornák és valamelyest már jobban meg volt szűrve az információ, ami jött, de nagyon sok kérdés is felvetődött bennem, amelyeket feltettem és reméltem, hogy meg is kapom a választ rájuk. Nagy részük irreális gondolatmenet volt, például nem tudtam, hogy aki a tévében szerepel, mind tudatos-e. Ilyen és ehhez hasonló félelmetes kérdőjelek voltak bennem.

Miután folyamatosan írogattam a Mesternek, egyre sűrűbben belefutottam Anitába is – ugye ő is a Mester vonalát képviselte, így azt gondoltam, jó irányba megyek. Hogy meglesz ebből az állapotból a kiút.

Közeledett a Mester évi utolsó előadása, én meg már egyre önállóbb voltam, persze még nem teljesen önálló. Dóri megígérte, hogy eljön velem a barátja kíséretében. Így is történt. Ahogy reggel az előadás során többen az épület előtt várakoztunk, azt éreztem, különleges alkalom lesz ez, hogy itt biztonságban leszek, és visszacsúszok az időben oda, ahol helyem van. Láttam egy autót Juli 1 rendszámmal, melyről arra következtettem, hogy a 2007-ben történtek ismétlődnek – július 1-én kezdtem el anno olvasni a Mester könyvét. Azt gondoltam, most ugyanazon a csomóponton vagyunk, mint akkor, és hogy itt a lehetőség, hogy kikorrigáljuk, immár a Mester segítségével. Meggyőződésem volt, hogy itt most sok idő- és térdimenzió találkozik, és ha eléggé figyelek, akkor most megmenekülhetek, azaz véglegesen rendbe jöhetek. Rengetegen voltak, helyet vizslatva mászkáltam a teremben, mire a Mester segítője rám nézett, ami furcsa érzéssel töltött el. Valamilyen szinten ő is engem tükrözött; olyan volt, mintha ő az én alteregóm lenne, vagy én az övé. Kulcsfontosságú szerepet kapott részemről. Miután rám nézett, egyből megtaláltam a helyemet egy sor szélén, egészen hátul. Azt éreztem, hogy ő is segít engem, akár tud róla, akár nem. Persze róla is azt hittem, hogy tudatos, és mindent tud rólam is. Aztán leírtam a kérdésemet a papírra, majd elég rendezettnek tűnő állapotban kivittem és oda akartam adni a Mesternek, de a segítője nyújtotta érte a kezét. Annyit mondott: „köszi!", amire felelni nem tudtam, csak biccentettem egyet, majd sarkon fordultam és visszaültem a helyemre.

Elkezdődött az előadás, és a Mester az én „poénommal" indított. Én is dimenziókban csúszkálásnak írtam le az állapotomat neki előtte, és ő ugyanezzel kezdte a rendezvényt. Miszerint azért van rajta napszemüveg, mert reggel a dimenziókban csúszkált. Akkor azt éreztem, ez nekem szólt – persze ott volt több száz másik ember is, de magaménak éreztem ezt, és azt gondoltam, jó helyen vagyok, biztonságban, és segítséget kapok. Így is történt: olyan volt az egész előadás, mintha az azelőtt e-mailben leírt kérdéseimre választ adott volna egytől-egyig. Mintha a Mester segített volna helyreállítani a realitásérzékemet – ugye csak neki mertem elmondani írásban minden bolond gondolatot is, és olyan volt, mintha ezekre nekem megadta volna az egészséges válaszokat. Felhozta például, hogy a reklámokban

147

az emberek nem tudatosak... „Az volt a kedvencem!" – mondta. Az egész szövegkörnyezetet nem tudom visszaadni, de akkor a válaszai nekem pont beleillettek a helyzetembe. Azt éreztem, hogy segít nekem, és valóban nagy segítség volt agyban helyre tenni magamat, mert segített egy kicsit kívülről látni az éppen adott helyzetemet, holott ez egy probléma kellős közepén nem könnyű. De próbáltam felfogni a különbségeket a tudatos és a tudattalan dolgok között, erre kaptam remek válaszokat akkor a Mestertől. A rendezvény vége felé a Mester elkezdett beszélni az ünnepekről, meg hogy mit adunk a másiknak, és itt azt mondta, legyen az akár egy kézfogás... Arra gondoltam, honnan tud erről, hogy épp mániám a kézfogás ebben az állapotban, és azt gondoltam, arra céloz, hogy majd ő megfogja a kezemet – azaz kiszed a bajból. De hát ott ültem több száz ember között, és gondoltam rá, hogy odamegyek hozzá és megkérem, hogy fogja meg a kezemet, mentsen meg, szedjen ki ebből az állapotból, de a testem nem mozdult a székről. És ezzel az előadás véget ért. Utána olyan volt, mintha megint kicsúsztam volna abból a valóságból, amit a Mester jelenlétében megéltem, és azt gondoltam, megint elrontottam valamit. Nem cselekedtem időben, pedig itt volt a lehetőség, hogy megfogjam a Mester kezét. Akkor most mi lesz megint? Hova tovább? Hol van a következő kapaszkodó?

„Klári, gyere ide!" – szólt a nővérem, aki a párjával a terem másik oldalán hallgatta végig a Mestert. Itt megint elgondolkodtam – avagy a skizofrén gondolkodás azt mondatta velem –, hogy ez a „gyere ide" valójában a Mester gondolata volt, amikor a kézfogásról beszélt, csak mivel nem reagáltam azonnal, ezt a gondolat átröppent a nővérem fejébe, és ő mondta ki. Fáziskésés történt. Én ezt így érzékeltem. Odaszaladtam hát a nővéremékhez, egy öreglányt magam mögött hagyva, aki addig előttem ült, és a nővérem bemutatott két ismerősének: egy színes hajú lánynak, meg egy harcművészetet űző fiú ismerősének, akinek Ryan volt a beceneve. Velük fogtam kezet, de nyomban meg is bántam, mert rögtön azon kezdtem el kattogni, hogy nem az ő kezüket kellett volna megfogni, hanem a Mesterét... De megint fáziskésés történt, és ami nem történt meg pár perccel előtte, az – értelmezéseim szerint – rögtön utána megtörtént egy másik dimenzióban, más szereplőkkel. Értelmezgettem a dolgokat és attól féltem, hogy a Mester sem olyan erős, hogy megfogja a kezemet, és kisegítsen ebből az állapotból. E körül a gondolat körül kezdtek el kavarogni a gondolataim ezerrel, mert hogy ment az agyalás újra, szaladgáltak a gondolataim a pillanat leforgása alatt. Aztán a nagy pánik közepette, hogy most hova menjek, mit csináljak, mi fog következni, végül odamentem a Mester segítőjéhez és megkérdeztem a nevét. Azt gondoltam róla, ő tudatos és belém lát. Adott két puszit és annyit mondott: „pihenjetek!". Ilyenkor nem tudom, ki mit mond és miért, és értelmezgetem az elhangzottakat órákig, vagy akár napokig. Nem tudom rendezni a gondolataimat.

Az előadás estéjén már otthon voltam Kecskeméten. Nem emlékszem pontosan, hogy kerültem haza, talán a szülők jöttek értem a fővárosba és vittek haza. Azt tudom, hogy egyből írni akartam a Mesternek, amit meg is tettem. Újra szétcsúszottabb állapotban voltam, mint délelőtt, és irreális gondolataim voltak. Azt gondoltam, a Mesternek is baja esik miattam, mivel ilyen állapotomban találkozott velem. Valahol hozzá hasonlónak éreztem magamat, hiszen én is érzékeltem a más dimenziókat, de mivel én ezt instabil állapotban tettem, azt gondoltam, neki is olyan nehéz lehet az élete, mint nekem ebben az állapotban. Jött a karácsony, arra emlékszem az egészből, hogy talán 26-án nagyon jólesően ettem meg rengeteg zserbót, és éreztem, ahogy az evés egyre inkább közelebb hozott ehhez a világhoz, vissza a realitásba. Persze rakódtak a kilók is, de ilyenkor ez nem számít, elsőbbséget élvez az, hogy stabilizáljam magamat mentálisan. Napról napra egyre jobban földelődtem.

A szilvesztert Szilviékkel töltöttem. Meghívott magukhoz, és nagyon jólesett kicsit végre emberek között lenni. Nem sok mindenre emlékszem, de arra igen, hogy jól éreztem magam. Karaokéztunk, beszélgettünk, ettünk, nevettünk. Ez egy kicsit visszahozott az életbe.

Aztán eljött az újév napja is, de teljesen még mindig nem voltam jól. Szükségem volt arra, hogy továbbra is írjak a Mesternek, ez felettébb nagy biztonságérzetet adott. Valamint elkezdtem egyre jobban használni az internetet is újra, hiszen az az elmúlt hónapokban szinte nullára redukálódott. A közösségi médián egy angyalos csoportban angyali üzenetek közvetítését vállaltam ismeretleneknek, ugyanazért cserébe. Jó sok emberrel sikerült felvennem a kapcsolatot és segítettem őket hozzá, hogy választ kapjanak a kérdéseikre. Példaképem hawaii-i kurzusán tanultak alapján közvetítettem az üzeneteket, és mindegyik hiteles lett, ezt a visszajelzésekből tudom. Nagyon jót tett ez a lelkemnek, hogy végre valamit alkotok, és hozzáteszek a világhoz, még ha csak az interneten keresztül is, névtelenül maradva. Valahol mélyen erre vágytam mindig, hogy a már meglévő tudásomat, tapasztalataimat megoszthassam másokkal és segíthessek nekik. Hiszen segítő életfeladatot kaptam, ezt régóta tudtam. Ehhez képest mindig én kerültem bajba, és szorultam mások segítségére.

Az újévben is találkozgattam Timivel, szorgalmasan jártunk a kedvenc cukrászdánkba, ő volt a másik ember, aki ott volt nekem, akire számíthattam, és akivel jól éreztem magam az állapotomtól függetlenül. Nagyon lassan ugyan, de elkezdtek racionalizálódni a gondolataim is, kezdtek bezáródni a felső csakráim, azaz bezáródni a kapuk a más világokra. Ez ekkor hullámokban történt: jobban voltam, majd megint visszaestem valamelyest. Hirtelen realizálódott bennem, hogy a Mesternek is mennyi mindent leírtam, ekkor láttam ezt reálisan, és eljött az idő, hogy újra „normálissá" váljak. E-mailben megköszöntem neki a segítséget – Timi tanácsára –, megírtam neki, hogy jól vagyok, szerencsére. Ahogy abbahagytam a mindennapos levélírogatást neki, hiányérzetem támadt; hiányzott, hogy annyira őszintén kommunikáljak, mint ahogy azt vele tettem. Mindig nagyon jó volt, biztonságérzettel töltött el, mikor és miután neki írtam, és ez most hirtelen megszűnt. Timivel kezdtem el megosztani a dolgaimat. Ekkor látszólag már teljesen stabil voltam, de gondolatilag még nem teljesen, erről csak én tudtam. De ezek már nem kórosan rohanó gondolatok voltak, csak kicsit nem e világiak. Szórakoztattak, szerintem kimerítették az élénk fantázia fogalmát. Egy hét volt még a Mester következő rendezvényéig, ami január végére volt meghirdetve.

Közben gyakran találkoztam Timivel, és ő állt olyan közel hozzám, hogy neki el mertem mondani, miszerint skizofréniám van. Féltem, hogy fog reagálni, de teljesen természetesen fogadta, mintha ez lenne a világ leghétköznapibb dolga. Ez nagyon jólesett nekem, hogy e miatt nem kezel másképpen, hanem ugyanolyan közeli barátom marad. Emlékszem a pillanatra, amikor elmondtam neki, előttem van a mai napig. Nagyon nagy megkönnyebbülés volt ez is számomra, hiszen most már nyíltam beszélhettem vele is ezekről a dolgokról. Egy nagyon nagy kő esett le ezzel a szívemről.

Nagyon hamar eltelt az egy hét. Ekkor már azt gondoltuk, teljesen rendben vagyok, de igazán jól azon a napon lettem, amikor a Mesterhez mentem, még előtte. Kölcsönkaptam Bogyót, az autót, azzal mentem immár önállóan a fővárosba. Este volt a rendezvény. Ahogy beültem a kocsiba, hirtelen, mintha végleg megérkeztem volna ebbe a földi dimenzióba, és hirtelen nagyon elkezdtem magam szégyellni a történtek miatt. Hogy mindent megosztottam a Mesterrel, leírhatatlan érzés volt. Hogy mit érzékelek szétcsúszott állapotban – ott szinte mindent lehet bármiféle szégyenérzet nélkül, de amikor utána leföldelődöm teljesen, mintha egy másik világba érkeznék. Ez így is van valójában: hirtelen megjelennek az egészséges gátlásérzések is. Ezzel az érzéssel vezettem a fővárosba, és féltem, hogy mi fog történni. Nagyon szégyelltem magam a skizóságom miatt, hogy ezt felfedtem a Mester előtt. Ekkor még nagyon szégyelltem ezt az állapotot, és titkoltam mindenki elől. Csak a családom tudta, illetve Timi – és természetesen a Mester. Megérkeztem a helyszínre. A terem bal oldalán, középen foglaltam helyet. Jött volna egy ismerősöm, Mariann is, de ekkor küldött nekem SMS-t, miszerint mégsem jön. Jól jött volna egy ismerős arc, de ekkor már elég erős voltam ahhoz, hogy egyedül legyek ott. Már tele volt a terem és a naplómba írogattam, amikor hallottam, hogy valaki mögöttem azt mondja, hogy „Na, itt van a Mester!". Ekkor felnéztem rá, és egy kis idő múlva úgy láttam, hogy rám néz és rám mosolyog. De nem tudtam viszonozni, annyira rám telepedett a szégyenérzet. Normál állapotomban ezt a nyomasztóan nagy titkot nem tudtam senkivel sem megosztani, avagy felvállalni. Az előadás alatt ismét rengeteg hasznos információra tettem szert. Többek között arra, miszerint a Föld a nulladik dimenzióban létezik, és vannak ennél finomabb és durvább dimenziók is. A finomabb dimenziókban a szeretet olyan, mint itt a lélegzetvétel. A durvább dimenziókban az öldöklés olyan, mint itt a lélegzetvétel. Ez magyarázatot adott nekem arra, milyen világokat is láttam én Angliában, a pszichiátriában. Nagyrészt a durvább dimenziókat... persze láttam ugye az angyalokat is, tehát finomabb dimenziókat. Megtaláltam a Mester szavaiban a nekem szóló üzeneteket – ekkor már reális gondolkodás közepette. Vége lett az előadásnak, én pedig hazajöttem. Immár teljesen stabilan.

8.

Újra rendeződik az életem

2013. FEBRUÁR

Ott voltam tehát megint, szerencsésen megúszva egy újabb ski-zofrén epizódot. Nagyon jó érzés ez után az állapot után újra leföldelődni, és ebben a világban, a Földön élni. Ilyenkor értéke-lem igazán a normális emberi életet, de egy kicsit börtönnek is érződik, hiszen igazából nincsenek határok, azok csak az emberi életünkben léteznek. De mivel erről szól az életünk, ez a normá-lis. Tehát részben hiányoztak a gondolatok, melyek a kitágult tudatomnak voltak köszönhetők, viszont megtapasztalhattam egy sokkal tágabb világot is. Átéreztem, milyen lehet az, mielőtt megszületünk, és eltervezzük, mennyi mindent szeretnénk a földi életünk alatt megtapasztalni, és onnan fentről mindez olyan egyszerűnek és csodálatosnak tűnik. Viszont megteste-sülni a fizikai világban ennél sokkal nehezebb. Beleszületni az anyag dimenziójába, és korlátok közé szorulni. Az epizódjaim alkalmával például olyan jelentéktelen dolognak tűnik a pénz, és hozzátenném, minden egyes epizód alkalmával rengeteg el is megy, de miután leföldelődöm, mintha automatikusan megje-lenne az aggódás a pénz miatt. Hiszen valamiből meg kell élni, nem tudjuk függetleníteni magunkat ettől.

Ismét felvettem Orsival is a kapcsolatot e-mailen, neki is írogattam ezeket a tapasztalásaimat, most már biztonsággal tudtam használni a média eszközeit. Emlékszem, hogy akkor megint azt volt bennem, hogy könyvet szeretnék írni arról a sok mindenről, ami bennem volt. A tömérdek gondolatról, fel-tevésről, az eddigi tapasztalataimról. Azt éreztem, hogy ez az igazi feladatom: megosztani az emberekkel azt, ami bennem van. De aztán lebeszéltek a könyvírásról; a látó nénim mondta, hogy nem lenne sikeres, és csak vinné a pénzt. Éljek helyette – tanácsolta. Timivel is állandósultak a találkozásaink, általában hetente egyszer beültünk a cukrászdánkba, és akár 6-8 órákat is csevegtünk egyhuzamban. Nagyon jólesett, vele is tudtam bármiről beszélgetni, és boncolgattuk is a skizofrén-dolgokat is. Közben interneten rábukkantam egy amerikai skizofrén csaj videóira, azokat nézegettem, és gyűjtöttem belőlük az infókat. Mesélt például ilyet, hogy kamaszkorában az osztálytársaival a szörnyekről beszéltek, amik a szekrényben voltak, és ő nem volt annak tudatában, hogy nem normális dolog valóban látni őket. Jó volt ráakadni erre a személyre, sokat segített, hogy megértsek dolgokat, hogy lássam, nem vagyok ezzel egyedül. Ezeket a dolgokat is mind Timivel beszéltem meg, mire ő mondta, hogy egyszer nézett egy filmsorozatot, ami a dimenziókapuk átlépéséről szólt, és abban ugyanilyen történések voltak. Tehát megtaláltuk ugyanazokat az élményeket, amiket a skizofrének tapasztalnak, a fantázia által kreált művekben is. Pedig ezeket a sorozatokat egészséges, azaz nem skizofrén emberek találták ki.

Közben találkoztam Ágotával is, aki osztálytársam volt a gimnáziumban. Még szeptemberben látogatott be a könyvesboltba az anyukájával, akkor beszéltük, ki hol járt külföldön, és terveztük, hogy együtt megyünk majd valahova külföldre újra. Még akkor, szeptemberben cseréltünk telefonszámot, csak azóta ugye, az állapotomra való tekintettel, nem kommunikáltunk. Vele is elkezdtem találkozgatni, és tervezgettük, hogy kimegyünk együtt Angliába. Akkor, amikor ott ültünk a kávézóban és Ágota felvetette ezt nekem, azt éreztem, nem, nem akarom megint elölről kezdeni az egészet külföldön. Az epizódom alatt meg voltam győződve arról, hogy oka van annak, amiért Magyarországra születtem, és hogy itthon van dolgom. Ugye jobban ki vannak nyitva a kapuk a tudattalan, avagy az előre megtervezett dolgok felé is. De nem tudtam, hogy hogyan tovább, merre folytassam az életemet. Időre volt szükségem. Nem tudtam még munkába állni.

Az orvosomhoz is jártam még egy darabig, mindenáron a gyógyszerszedésről akartam lejönni, hiszen hiába a legmodernebb gyógyszert szedtem, azért bőven voltak mellékhatásai: nehézzé tette a sportot, és valamelyest elzárt Istentől is, mivel pont hogy a koronacsakrát zárja, amire szükség is van epizód alkalmával, csak közben a jó dolgoktól is elzár. Viszont Orsi javaslatára kértem az orvosomat, hogy írjon fel nekem tartalék gyógyszert, hiszen ezek után fel kellett készülnöm az esetleges következő összeborulásokra is.

Próbáltam visszamenni az angliai céghez, akiknek előtte dolgoztam, s akik jogilag nem küldhettek el ugyan, de megtalálták a módját, hogy ne akarjak visszamenni hozzájuk. Táppénzt sem fizettek egy petákot sem, megszegve ezzel a szerződésben leírtakat. De nem tehettem semmit; azt éreztem, túl kicsi vagyok én ahhoz, hogy egy egész vállalattal szembeszálljak, ráadásul egy idegen országban.

Itt voltam továbbra is, egy félbeszakadt élettel. Havonta egyszer jártam a Mesterhez az egyik foglalkozására, ahol rengeteg jó infót szedtem be továbbra is. De nem tudtam feloldódni, avagy kérdezni tőle. Nem is volt erre szükség, hiszen mindig olyan kérdések hangzottak el, amelyeket akár én is feltehettem volna, így kérdezés nélkül kaptam meg válaszokat. Valamint nem is volt bennem ekkor egyetlen olyan kérdés sem, amelyet feltettem volna neki. Az előadásokon megismerkedtem egy nálam idősebb hölggyel, Cilivel. Vele beszélgettem minden egyes alkalommal, mikor ott voltam. Hamarosan az előadásokon kívül nem is maradt más az életemben, kezdett beszűkülni az élleterem. A barátnőkkel találkozgattam, de el kellett indulnom valamerre végre. Már áprilist írtunk.

Sokat gondolkodtam azon, hol folytassam az életemet. Emlékszem, éppen az uszodában úsztam, amikor hosszan eltöprengtem ezen. Csakúgy, mint 2010-ben, most is számításba vettem akár az USA-t, egy új helyet, ahol tiszta lappal indíthatok. De igazából nem tudtam, mire vágytam a lelkem mélyén. Talán arra, hogy folytatódjék az életem, azaz újra legyen életem, mivel ekkor nem volt.

Viszont egyre inkább elgondolkodtam az állapotomon. Első alkalommal a vashiánynak, második alkalommal a gyógyszerelvonás tüneteinek tulajdonítottam az epizódjaimat, és el is zárkóztam az elől a gondolat elől, miszerint valóban skizofrén lennék. De most? Harmadjára? Semmi ilyesmiről nem volt szó: se nem voltam vashiányos, se nem elvonási tünetek okozták az öszszeborulást. Mindeközben továbbra is rendületlenül hittem az angyalokban, abban, hogy nem számít, mi történik, ők mindig ott lesznek nekem, és örökké vigyáznak rám. Időközben egy régi ismerősöm által munkát kaptam Angliában. Már Angliában voltam anno, amikor egyszer beszéltük, hogy majd elmegyünk nyaralni együtt, ezért írt rám Edina, és mentem is volna szívesen, de ugye épp munka nélkül voltam. És ekkor mondta, hogy ahol ő dolgozik, épp keresnek embert. Egy bentlakásos pozícióról volt szó. Azt éreztem, hogy az Ég küldte nekem akkor Edinát! Habozás nélkül fogadtam el ezt az állást.

Mielőtt újra nekivágtam külföldnek, írtam egy „búcsú" e-mailt a Mesternek, melyben feltettem saját magamnak a kérdést, hogy vajon mi a valóság: az angyalok szeretete és ereje, vagy pedig a skizofrénia. Azt éreztem, hogy elérkeztem egy olyan pontra az életemben, amikor ezen nagyon keményen el kellett gondolkodnom. Úgy indultam neki megint a világnak, hogy az életre bíztam, hogy eldöntse, melyik valóság fog megvalósulni esetemben. Az angyalok határtalan szeretete, avagy mindezek szöges ellentéte, egy mentális betegség. Mélységesen hittem, hogy az angyalok felé fog elbillenni a mérleg. Elbúcsúztam a családtól és a barátnőktől is. Ezúttal kételyekkel vágtam neki az útnak. A szüleim vittek ki a reptérre, és küszködtem a könnyeimmel, mikor elváltam tőlük, de bíztam benne, hogy helyes döntést hozok és jót fog tenni, ha újra önállósodok, a saját lábámra állok ismét. A gyógyszerszedést ekkorra abbahagyhattam.

Május utolsó napján utaztam ki a szigetországba újra, hogy másnap már munkába is álljak. Egy másik vidékre költöztem ezúttal, Edina várt ott engem és vezetett körbe a környéken és a munkahelyen is. Eleinte nagyon honvágyam volt, mert azért meg kell vallanom, hozzászoktam az otthon töltött 8 hónap alatt, hogy szabadságom volt, de persze az nem lehet életcél, hogy otthon üljek, és csak lógassam a lábam. De azt hiszem, érthető, hogy őszintén belegondoltam, mit adtam fel miért. Az otthon melegét és biztonságát az ismeretlenért, a való világért. Bekerültem egy közösségbe, és szereztem egy legjobb közeli barátnőt, Edinát, akivel sokat voltunk együtt. Ekkor éreztem át, hogy mennyivel könnyebb így külföldön lenni, ha ketten vagytok és van támaszod, nem pedig egyedül kell mindent csinálnod. Saját pénzből megvettem az első autómat Angliában, ő is nevet kapott... Beilleszkedtem a közösségbe, és ugyan volt egy nagyon közeli barátnőm, belül mégis üresnek éreztem magam. Eszembe jutott az a sok bölcsesség, amiket előző angliai tartózkodásom alatt szedtem magamra, amikor is újraépítettem magam az azelőtti összeborulás után, és feltettem a kérdést, miszerint hol van az az élet, amit megálmodtam magamnak? Miért kerültem oly távol tőle? Nagyon elveszettnek éreztem magam. Aztán alkalmaztam a már jól bevált módszert: elkezdtem magamon dolgozni, a belsőmre figyelni. Az otthon töltött idő alatt megint jócskán magamra szedtem a kilókat, emiatt nem volt önbizalmam, elkezdtem tehát ezen dolgozni. A mozgás folyamatosan megvolt, persze régen nem ment olyan jól, mint azelőtt, de aztán elkezdtem egészségesen élni, majd nekiálltam megint egy böjtnek. Azonnal elkezdtek tisztulni a gondolataim, tele voltam energiával, megnyílt a szeretet csatornája felém. Kezdtem visszaszerezni a lelki békémet ennek köszönhetően. Volt a munkatársak között egy nálam kicsivel fiatalabb srác, aki felől azt vettem észre, mintha érdeklődne irányomba. Természetesen jólesett a figyelem tőle, pláne az elmúlt év poklai után. De nem ő volt az én emberem.

Mindeközben Edinának is sikerült megnyílnom szépen lassan, és tudtam neki beszélni teljesen őszintén a velem történtekről, azaz a skizo-dologról is. Nagyon jólesett ezt kiadnom magamból, Edina viszont figyelmeztetett, hogy szerinte túl sokat foglalkozom vele, és ezzel lehetőséget adok neki, hogy újra megvalósuljon, hiszen azzal, hogy foglalkozom vele, táplálom.

A szemem megint romlásnak indult, csakúgy, mint 2012-ben, akkor is ugye Angliában. Ezúttal nem tudták, mi okozza, így sürgős beutalóval küldtek a kórházba vizsgálatokra. Július volt, a sürgős beutalóval pedig októberre kaptam időpontot...

Célokat tűztem ki magam elé és olyan munkát akartam találni magamnak, ami fizet annyit, hogy spórolni tudjak: meg akartam adni magamnak a lehetőséget, hogy egyszer önszántamból hazaköltözzek, de ennek az volt a feltétele, hogy saját lakást vehessek magamnak Magyarországon. Elkezdtem jelentkezgetni különféle ügynökségekhez két környéken is. Oda is, ahol éppen laktam, és oda is, ahol előtte két évet töltöttem már. Visszahúzott a szívem a régi helyeimre, de az életre bíztam, hogy eldöntse, hol kapok megfelelő állást előbb. Közben Edinával kinéztük a közös nyaralásunkat is, egy bökkenő volt csupán, hogy a főnök nem akart elengedni. Ez megadta a végső lökést ahhoz, hogy eljöjjek erről a helyről és a nyaralásomat válasszam.

Négy hónapot töltöttem ezen a helyen, és közben kötődni kezdtem a srác munkatársamhoz. Mielőtt elmentem, szerettem volna egy kis időt tölteni vele. Az utolsó napomon beszéltem is vele ez ügyben, de visszautasítást kaptam. Azt csak hosszú hónapokkal később tudtam meg Edinán keresztül, hogy miért: éppen három másik lánnyal kamatyolt, és nem volt képe meg egy negyedikhez is, hozzám. Bepakoltam hát az autómba és nekivágtam az útnak, vissza a régi városkám közelébe. Ez már szeptemberben volt. Egy másik régi ismerős, Andi révén szereztem albérleti szobát egy házban, ahol ő is lakott. Ide tartottam éppen, amikor útközben, az autópályán a srácon és az előző estén történt eseményeken kezdtem el gondolkodni. Túlságosan is, és nem vettem észre, hogy kezdtem megint túl messzire menni gondolkodásban úgy, hogy közben kevesebbet figyeltem erre a világra.

Beköltöztem az új helyre, volt egy hétvégém arra, hogy kipakoljak. Ezt gyorsan meg is tettem, és szombat délután Andival elsétáltunk a közeli boltokhoz. Úton visszafele valahogy szóba jött az állapotom és kitaláltattam vele, hogy skizofréniám van. Ledöbbent és annyit mondott, hogy elképzelhetetlennek tartja ezt rólam. Pedig igaz volt... Mindenesetre jólesett megosztanom ezt még egy emberrel, hiszen azt éreztem, ezzel teljesen őszinte lehetek valakivel azáltal, hogy megosztom vele a titkomat. Hétfőn munkába is álltam, egy lánnyal egy napon kezdtünk, akivel egyből jóban lettünk. Az első pár napban csak tréning volt, felettébb felpörgött állapotban voltam, sziporkáztam. Ez az az állapot, amikor kezd nyiladozni a koronacsakra és plusz energiához jutok, hiszen nyílik a kapu a fenti világok és Isten felé. Hihetetlenül jó érzés. A pszichológia ezt pozitív tüneteknek hívja. A tréningen szóba jött a frissen megismert lány bátyja, aki szintén skizofrén volt. Nagyon érdekelt a téma, kifejthettem a véleményemet arról, hogy szerintem ez az egyik legnehezebb betegség olyan szempontból, hogy az emberek rögtön elítélnek és kiközösítenek. A lány elmondása szerint a bátyja beszűkült életet élt, nem tudta magát motiválni, nem dolgozott, egész nap otthon volt a kupleráj közepén. Nagyon szerettem volna találkozni vele – persze nem fedtem fel a saját állapotomat, avagy a múltamban történt epizódokat. A találkozásra sosem került sor.

Szerdán szabad voltam és visszamentem Joan művészórájára – barátokat szereztem ott előtte. Nagyon jó volt látni a régi ismerős arcokat, nem utolsósorban Joan-t, hiszen vele közeli barátságot is kötöttünk és azóta is tartottuk a kapcsolatot. Ott, óra közben történt valami, ami segített észrevennem, hogy ismét nem voltam stabil. Az egyik résztvevő, egy idős bácsi ugyanazzal a névvel rendelkezett, mint a volt munkahelyemen a srác, és az a gondolat jutott eszembe, hogy az igazából ő, csak közben megöregedett. Ez a gondolatmenet nagyon megijesztett; ekkor eszméltem rá, hogy nem normális. Egy pillanat alatt átfutott az agyamon, ebből mi lehet megint. Tudtam, hogy mihamarabb be kell vennem a gyógyszert, ami az előző összeborulás óta mindig nálam volt. Felpattantam, gyorsan elbúcsúztam a művészórán résztvevőktől és azonnal elindultam haza. Autóval voltam, és egész úton azon imádkoztam, hogy ne legyen baj. Hazaérvén azonnal bevettem a gyógyszert, majd felhívtam a nővéremet, elmondtam, mi történt, és kértem, hogy hívja fel az orvosomat. Ahogy bevettem a gyógyszert, rögtön éreztem, hogy lelassulnak a gondolataim, és az álom is elnyomott, le is feküdtem délután aludni. Stabilan ébredtem este, ismét beszéltem Dórival, átadta az orvosom üzenetét, miszerint írjam le neki e-mailben pontosan, hogy mi történt. Azonnal válaszolt is nekem és ellátott tanácsokkal, hogyan kerüljem el az újabb összeborulást. Nagyon kellett volna a pihenés, de másnap már dolgoztam, és nem akartam megint kiesni az élet kerékéből, sokkal könnyebb úgy stabilizálnom magamat, ha csinálom a mindennapi megszokott rutinomat. Tehát jót tett a munka. Nem lett baj, de a gyógyszert most 2 hónapig megint szednem kellett. Visszamentem a régi uszodámba is, és első alkalommal, mikor ott voltam, Paul úszómester volt beosztva a medencéhez. Egy év telt el azóta, hogy ott jártam, de ennek a srácnak az energiái újra, azonnal nagyon nagy hatással voltak rám. Túlságosan is...

Elmentem végre a kórházba a szemészetre a vizsgálatokra. Kitágították a pupillámat, melynek hatására megint pszichotikus állapotba kerültem. Azonnal rosszul lettem, kijött belőlem minden rögtön. Szerencsére csak egy napig tartott, nem pedig igazi epizód lett belőle. Az orvosom szerint tartózkodnom kell minden olyan szertől, ami az agyat stimulálja. Egyszer még egy megfázásra szedett, vízbe önthető portól is ugyanígy rosszul lettem. Tehát szinte semmilyen gyógyszerkészítményt nem szabad beszednem, mert skizofrén tüneteket vagy epizódot okozhat nálam.

Közben eljött a nyaralás időpontja Edinával, októbert írtunk. A munka, amit választottam, nem tett boldoggá, így ekkorra már jelentkezgettem más helyekre is, de semmi fix munka nem volt még. Ennek ellenére a nyaralás előtt beadtam a felmondásomat a cégnél, akiknek dolgoztam, három hét volt a felmondási idő. Viszont a cég azt válaszolta, hogy nem kell letöltenem a felmondási időt, hanem mehetek azonnal. Hát, nem erre számítottam, mert így ugye pénz nélkül is maradtam, de azért megpróbáltam élvezni a nyaralást Edinával Kubában. Két hetet töltöttem el interneten és telefon nélkül a tengerparton. Csak a természet feltöltő erejére koncentráltam, és az ott töltött idő alatt több könyvet is kiolvastam. A nyaralás alatt hagyhattam abba a gyógyszerszedést. Volt egy érdekes álmom a két hét alatt. Szörnyek kergettek, és egy folyosón rohantam. Egy ajtót kellett elérnem, de nem tudtam, hogy elég gyors leszek-e, mindeközben Dóri nevét kezdtem el kiabálni: „Dóji, Dóji!" – ahogy kiskorunkban hívtuk egymást

–, de valójában is kiabáltam, és erre ébredtem fel. Pedig sosem szoktam ilyet, hogy álmomban történik valami, és igazából is azt teszem. Mivel nem interneteztem, nem meséltem el Dórinak ezt, de szándékomban állt ezt később megtenni. Eltelt a két hét, és visszautaztunk Angliába. Visszaérvén az országba beszéltem Dórival és azt mondta a telefonban, hogy majd beszéljünk este is. Tudtam, hogy mit akar mondani, egyszerűen megéreztem. Este elárulta, hogy babát vár.

Ezek után két hétig voltam munkanélküli, de mivel ebben az országban nagyon könnyű munkát találni, ez hamar be is következett. Két részmunkaidős állásom lett: az egyik egy cégnél, a másik egy családnál, mint házvezetőnő. Ez utóbbit szerettem jobban, de muszáj voltam a másikat is csinálnom, hogy fizetni tudjam a kiadásaimat. Egyik reggelen, mikor uszodába indultam, belém jöttek hátulról. A sofőr elismerte a vétségét, de én akkor is bosszús lettem a kellemetlenség miatt, ami ezzel járt. Azt kezdtem el elemezgetni, hogy vajon miért történt ez a baleset, hiszen igazából nem léteznek balesetek – valamit tanítanak nekünk, vagy valamire felhívják a figyelmünket. Egy olyan infó birtokába jutottam, miszerint néha a rossz dolgok azért történnek velünk, hogy valami jót hozzanak az életünkbe. Egyik délután vitték el az autómat a szervizbe, és másnap reggel jöttek értem az autóbérlő cégtől, hogy odaadják nekem a csereautót addig, amíg az enyém el nem készül. De ennek az volt a feltétele, hogy visszamenjünk az autóval az irodába, hogy ott vehessem át a kocsit. Korán reggel jött értem az autó. Egy korombéli srác vezette, azonnali szimpátia alakult ki közöttünk. Úton az irodába olyan beszélgetésben volt részem vele, mint nem sok emberrel, sőt szinte senkivel elsőre. Nagyon szimpatikus volt, hogy ő is sportolt – focizott –, én meg mondtam neki, hogy úszom, mire rögtön rákérdezett, hogy versenyszerűen-e. De persze nem, csak hobbiból. A céghelyen alá kellett írnom a papírokat, de közben ez a srác folyton afelől érdeklődött, hogy mit csinálok még aznap. Aztán kijött velem átadni a kocsit, és a biztonság kedvéért megadta a nevét és az ottani telefonszámát, hogy feltétlenül hívjam fel, ha bármi kérdésem lenne. Közben láttam a kabátján, hogy állatszőrös, ez nagyon tetszett, mert ezek szerint volt valamilyen állata, és ugye az állatokért én gyerekkorom óta odavoltam. De nem vettem a lapot – talán inkább nem tudtam, pedig szerettem volna. Nekem egy találkozás nem elég ahhoz, hogy valakivel barátkozni vagy ismerkedni kezdjek. Abban reménykedtem, hogy amikor visszaadom a bérautót, újra találkozunk, de ez nem történt meg. Elszalasztott lehetőség maradt. De hittem az életben, és tudtam, hogy jön majd a következő lehetőség valamikor, és megfogadtam magamban, hogy akkor élni fogok vele.

Már jó pár hét vagy hónap telt el a nyaralásunk óta, amikor Dóri egyszer üzenetet küldött nekem. Arról érdeklődött, hogy minden rendben van-e velem, mert álmában valaki a nevét kiáltozta, de úgy, mint mikor kisgyerekek voltunk: „Dóji, Dóji!" Kíváncsi volt, hogy tőlem jött-e ez az üzenet, vagy a babájától. Először csak szimplán válaszoltam neki, hogy én jól vagyok, ne aggódjon, de aztán eszembe jutott a Kubában megélt álmom. Ugyanazt álmodtuk, pár hónap különbséggel. Dóri annyit mondott, hogy „remélem, tudtam neked segíteni a szörnyekkel szemben". Ekkor az jutott eszembe, hogy valóban össze vagyunk kötve egy láthatatlan szálon a hozzánk közelállókkal, hiszen Dóri meghallotta a segélykiáltásaimat – igaz, csak egy kis idővel később.

Novemberre nagyon magányosnak éreztem magamat, megint egyedül, barátok és társaság nélkül. Ez nagyon nehéz időszak volt lelkileg, de nem adtam fel. A sportba kapaszkodtam, valamint a munkáimra koncentráltam, de nem leltem igazán közeli barátra. Teltek a hetek, hónapok. A munkahelyemen volt egy srác, Mike, akiről azt vettem észre, mintha érdeklődne irántam. De vele nem nagyon futottam össze, mígnem egyszer februárban végre egy napon dolgoztunk. Akkor végre elkezdtünk beszélgetni, és nagyon érdeklődő volt valóban. Tudattam vele, hogy aznap vagyok ott utoljára, mivel a másik munkahelyemen, a családnál időközben, mivel elégedettek voltak velem, teljes munkaidős foglalkoztatást ajánlottak. Ügyesen elértem Mike-nál, hogy elkérje a számomat. Innentől kezdve úgy történtek a dolgok, mint ahogy a mesében van megírva. Éppen költözködtem, így volt apropóm felhívni, hogy segíthetne. Nagyon vágytam már egy kapcsolatra, viszont már az elején voltak dolgok, amik nem tetszettek a fiúban. Nagyon jó lélek volt, de például életében nem hallott még Hemingwayről... Beköltöztem a városba, mivel az előző albérletemnél problémák voltak az előre megbeszélt feltételek ellenére. Ha valaki nem korrekt velem, én mindig továbbállok. A következő apropó, hogy kapcsolatba léphessek Mike-kal, is adta magát. A kocsim egyik izzója kiégett, emiatt kerestem meg. Nagyon rövid idő alatt kapcsolatban találtam magam vele, holott rengeteg kételyem volt és az élet is többször adott jeleket, miszerint nem kellene vele együtt lennem. Volt, hogy hívtam, de nem csengett ki, nem kapta meg az SMS-eimet, és valahol én is nagyon küzdöttem magammal, mert azt éreztem, sőt tudtam a kezdetektől, hogy nem ő az én emberem. Másrészről viszont megérintett az érzékenysége. Hiába voltak ott a figyelmeztetések az élettől, hogy ne menjek bele ebbe a dologba, figyelmen kívül hagytam őket.

Egyszer elmesélte, hogy régebben voltak mentális problémái, olyan dolgokat látott, amik nem voltak ott, és majdnem intézetbe került emiatt, de az anyukája nem engedte, hogy ez megtörténjen. Skizofréniára tesztelték egyszer, de nem kapta meg a diagnózist. Ekkor eszembe jutott a vonzás törvénye, hogy valóban a hasonló a hasonlót vonzza. Én ekkor ismét nagyon erős és stabil voltam, Mike volt az elesettebb. Bennem újra megvolt az erő, az isteni szikra nagyon erősen, rengeteg bölcsesség volt bennem, amiket vele osztottam meg. Érdekelték nagyon a dolgaim, de nem tudott hozzájuk szólni, csak hallgatott. Ekkor akadtam arra az információra példaképem által, hogy mi, fényküldöttek gyakran választunk olyan embereket partnerként, akiknek igazából csak a kliensünknek kellene, hogy legyenek, annyi a feladtunk, hogy segítsük, nem pedig az, hogy együtt legyünk velük. Mike-nak agresszió-problémái voltak idegenek irányába, és hamarosan gyógyszert kezdett szedni depresszióra. Tényleg olyan voltam neki, mint egy igazi segítő. Ebben az időszakban Ágota lett a legközelebbi barátnőm, közben ő is Angliába költözött, egy másik városba. Vele osztottam meg a legtöbb gondolatomat. Pár hónap elteltével szakítottam Mike-kal, amit ő nem tudott elfogadni, hiszen ő házasságban gondolkodott velem kapcsolatban, de csak nem szakadt meg a kapcsolat közöttünk, így továbbra is találkozgattunk. Már többször be akartam fejezni vele, és mikor végleg sikerült, egy előre eltervezett gondolatmenet alapján tettem. Nagyon lehúzók voltak az energiái, így tudtam, ha vele maradok, meg fog engem is betegíteni. Így is lett...

Júniusra szabadságot vettem ki tíz napra: a nővérem ekkorra volt kiírva szülésre, nem akartam lemaradni a babáról. A baba előbb jött; még kint voltam, mikor megszületett Bence. Egy héttel a szabadságom előtt történt, hogy rettenetesen felfáztam, úgy, mint előtte még soha. Vasárnap este mentünk be Mike-kal a sürgősségire, egész éjjel ott kellett várnunk. Ekkor volt egy nem fogadott hívásom egy ismeretlen számról, de csak később vettem észre, hogy hívtak. Felettébb furcsának találtam, hogy valaki az éjszaka közepén csörget. Hajnali 3 óra lehetett, mire végeztünk, kaptam egy gyógyszert, amelyet öt napig kellett szednem. Direkt rákérdeztem az orvosnál, hogy biztonsággal beszedhetem-e. Az felelte, igen.

Nagyon nehezen bírtam ki a következő napot alvás hiányában – emlékszem, hogy hétfőn este 7-kor lefeküdtem aludni, de még így sem voltam teljesen jól keddre sem. Talán pont ezért nem is vettem észre, hogy kezdtem megint dimenziót csúszni a felfázásra adott gyógyszer hatására, de én ezt akkor még nem tudtam. A következő egy-két napban azon kaptam magam, hogy gondolatrohanásom van, de ez nem tudatosult. Ismét megjelent a gondolataimban a Mester, valamint lepörgött előttem ismét az életemnek eddig megtörtént minden pillanata. Ez alkalommal a skizofréniáról támadt sok gondolatom, hogy hogyan lehet uralni ezt az állapotot, illetve, hogy mivel lehet könnyebbé tenni. Feltétlen meg akartam osztani ezt valakivel; a nagy káosz közepette azt gondoltam, hogy majd az orvosommal fogom, neki fogok ezzel segíteni kezelni a többi skizofrént. Mindeközben magamat nem tartottam annak.

A következő napok összefolynak. Arra emlékszem, hogy írtam megint pár e-mailt a Mesternek azokról a világokról is, amiket a előző epizódom alkalmával tapasztaltam. Aztán valahogyan csak rájöttem, hogy baj van, közben beszéltem telefonon a családdal is, Timi éppen anyuéknál volt, mikor hívtam őket. A szüleim és ő is azt javasolták, hogy vegyem be a gyógyszert, és mondták, hogy nagyon várnak haza, hiszen már csak pár nap volt a szabadságomig. De már túl későn vettem be a gyógyszert: elkezdődött az újabb epizód. Mindegyik egy kicsit más. Az értelmezgetések ugyanazok maradnak, de mindig mást tapasztalok, mást élek meg.

Elkezdtek furcsa dolgok történni körülöttem, párhuzamban azzal, hogy ismét kezdett darabjaira törni a valóságom. A munkáltatóim megkértek valamire egyik nap, mire másnap rákérdeztem ugyanarra. Kinevettek, hogy ezt honnan vettem. Igaz a mondás, hogy ahogy kívül, ugyanúgy belül, de amikor ennyire szembetűnően történik ez, az nagyon ijesztő tud lenni. A szabadságom előtt még két munkanapom lett volna még, de már nem tudtam dolgozni menni. Szerettem volna segítséget kérni a munkáltató családtól, hiszen előtte mindig elmondták, hogyha bármire szükségem van, bizalommal forduljak hozzájuk. Amikor valóban kellett volna a segítség, süket fülekre találtam. Mindeközben már a családom itthonról szervezte a hazamenetelemet, folyamatosan tartottuk a kapcsolatot, már nem volt annyi időm, hogy kivárjam azt a két napot, amikorra a repülőjegyem szólt. Ezúttal apa egyedül tervezte, hogy kijön értem a hajnali géppel, délután pedig már utazunk is ketten haza. Már nem tudtam döntéseket hozni, már nem működött racionálisan az agyam. Csak annyi volt a feladatom, hogy öszszepakolom a bőröndömet, és valahogy eljutok a reptérig. Apa az Angliában élő barátaimat kérte meg, hogy jöjjenek el értem kocsival és vigyenek el a reptérig.

Azon a reggelen egy látomásra ébredtem: nagyon tisztán láttam egy képet magam előtt ébredéskor. 2007-ben, amikor otthon ültem a konyhában a legelső szétcsúszás után, és anyával beszélgettünk, Morzsi kutya végig ott feküdt mellettem a padlón. Ezt a képet láttam nagyon erősen, ahogyan ott fekszik az eb, és vigyáz rám. De nem tudtam értelmezni ezt, nem tudtam, mit jelent. Talán azt, hogy az időnek megint azon időpontján vagyunk, mint akkor, hiszen az élet körforgásból áll, és a történések ismétlik önmagukat más közegben addig, amíg meg nem tanuljuk a leckét. Szóval megint valamit elszúrtam ugyanúgy, és most abból a helyzetből kell megint kimászni. Ébredés után felhívtam Mike-ot, mert pánikoltam, ő el is jött hozzám azonnal. Ekkorra már megint nem kaptam levegőt, teljesen szét voltam csúszva. Neki mennie kellett dolgozni, de megígérte, hogy délutánra elvisz a repülőtérre, mindeközben az angliai barátokkal is beszéltünk, miszerint akkor nem terheljük őket azzal, hogy eljöjjenek értem egy másik városból. Egy pillanat alatt telt el az a fél nap, nem tudom, hogy mit csináltam, míg Mike visszaért, egyre rosszabb állapotba kerültem a pár óra alatt is. Annyit mondott Mike, hogy ígérjem meg, hogy vigyázok magamra és rendbe jövök. Én erre annyit feleltem, hogy „tudod, hogy már nem fogok rendbe jönni". Olyan volt ez a kérés részéről számomra, mintha nem csak ő kérné ezt, hanem az egész Világegyetem. Fontos, hogy helyre jöjjek. A válaszommal azt sugalltam, hogy már késő... ebből nagyon nagy kalamajka lesz megint. Elindultunk az én autómmal a repülőtérre úgy, hogy Mike vezetett. Egész úton a nővérem tartott kontroll alatt, hogy hol járunk, és hogy időben odaérünk-e, valamint azt is megígértette velem, hogy ebből az egészből most kihagyom a Mestert. Útközben már olyan állapotban voltam, hogy értelmezgettem az autókat, és azt „olvastam ki" belőlük, hogy csúszok vissza egy előző életszakaszomba – abba, amikor is előzőleg Magyarországon voltam hónapokat. Mintha darabokra lenne osztva az életem, és a dimenziócsúszások alkalmával összevissza illeszkednének egymáshoz a darabok, nem pedig sorban. Ez alkalommal nem volt felpörgött állapot az epizódot megelőzően, hanem egyből az értelmezgetésekbe csúsztam.

Időben odaértünk a reptérre, apa már várt minket. Én nagyrészt már nem ebben a világban léteztem. Bemutattam Mike-ot apának, nekem kellett tolmácsolnom közöttük, de már megint nem érzékeltem a különbséget a nyelvek között. Mike elment a mosdóba, míg én apával ottmaradtam a kocsinál, majd apa megkérdezte, hogy „hol van már?", mire én a tömegre tekintettem, egyből kiszúrtam Mike-ot, és rávágtam, hogy „ott jön". Ez egy számomra lelassult állapot volt, megint máshogy érzékeltem az időt, és átéltem azt, hogy az életünk minden egyes pillanata gondosan meg van tervezve: pontosan akkor és pontosan oda néztem, ahova kellett. De közben mintha bele lettem volna fagyva a valóságba, és mintha kívülről is láttam volna ezt az egész jelenetet. Az elmém egy része elhagyta ezt a dimenziót, és egy másik világ felé fordult, de közben nem szakadt meg a kapcsolat teljesen ezzel. Visszaért Mike, a könnyeivel küszködött az elválás miatt. Elbúcsúztunk, és ő visszaindult az autómmal. Mi apával bementünk a terminálba, és a check-in pultoknál sorba álltunk. A 37-es számú pulthoz álltunk sorba, de én a 38-ashoz szerettem volna, mivel egyszer ez a szám hangzott el a Mester előadásain, és azt gondoltam, ha jól sakkozok a felismerésekkel, akkor biztonságban leszek és épségben megúszom ezt a kalandot. De már kommunikációképtelen állapotban voltam, így csendben beálltam ugyanabba a sorba, mint apa. Megkaptuk a beszállókártyákat és sorba álltunk a security részhez. Ekkor nem fogadott hívást véltem felfedezni a telefonomon Mike-tól. Próbáltam visszahívni, de nem vette fel. Elraktam a telefonomat. Valahogyan bejutottunk a beszállókapukig, és ekkor megint azt éltem át, hogy nincs tovább a világ. Átéltem azt, hogy minden pillanatban teremted a következő pillanatodat, de ha ebbe tényleg belelátsz, az nagyon félelmetes. A beszállókapunál már rettegtem attól, hogy nincs tovább az életem, nem tudom tovább teremteni. Apával felszálltunk a gépre – én azzal a tudattal, hogy most fogunk meghalni. Elfoglaltuk a helyünket középen, ekkor észrevettem a telefonomon az üzeneteket. Jött több is Mike-tól, aki arról írt, hogy sosem szerette őt senki úgy, mint én, és hogy nagyon vár vissza. Valamint kaptam egy üzenetet a munkáltatóimtól is, miszerint nem akarnak engem többé. Ezt már átvitt értelemben értelmeztem, miszerint a Földön nem akarnak engem többet látni, mert nem megfelelően végeztem a munkámat, az életfeladatomat. Azaz megbuktam, és már nem szeretnek engem itt.

Egyik üzenetre sem válaszoltam; már nem tudtam mondatokat képezni. Elmondták a szokásos biztonsági utasításokat a légiutas-kísérők – az egyiknek ugyanaz volt a neve, mint a Mesternek. Pont akkor néztem rá és ő is rám, amikor a vészkijáratról beszéltek, amit úgy értelmeztem, hogy a Mesternél van a kijárat ismét ebből az állapotból. Felszálltunk, és egyre inkább kezdett rajtam úrrá lenni a pánik. Kezdett beszűkülni a tudatom, azt éreztem, bele leszek zárva a testembe tehetetlenül, és hogy ezt elkerüljem, segítséget kértem a légiutas-kísérőktől, akik apával együtt beültettek a második sorba, előre, hozzájuk, ami egy cseppet jobb volt, mivel nem bent, az embertömeg közepén voltam, hanem egy kicsit jobban elszeparálva. Ott utaztunk tovább, de közben ismét kezdtem egyre inkább kiszállni a testemből, és már teljesen elvesztettem a realitásérzékemet. A turbulenciák hatására azt gondoltam, hogy odakint háború zajlik, mivel mi átcsúsztunk a múltba és a világháborút éljük újra. Valaki pár üléssel odébb videójátékon játszott és éppen lövöldözött, aminek a hangja teljesen meggyőzött engem a háború valóságosságáról. Nézelődtem magam körül, és ahogy szűkült be továbbra is a tudatom, egy ijesztő állapotba kerültem, mert már csak az a szó jutott eszembe, amit láttam. Néni, pulóver... stb. Ekkor, az utolsó előtti pillanatban, még mielőtt teljesen megszűnök létezni a testemben, ismét segítséget kértem. A légiutas-kísérők azt hitték, hogy pánikbeteg vagyok, és nagyon készségesek voltak, odajöttek megnyugtatni. Apa jobb oldalról fogta a kezemet, a légiutas-kísérők egyike pedig bal oldalról mellém ült, és mindketten beszéltek hozzám. Aztán kaptam zacskót lélegezni, majd megetettek, amitől egy kicsit jobb lett. Odakértem a Mester-alterego légiutas-kísérőt is; azt gondoltam, ő majd tud segíteni. Aztán hoztak nekem gyógynövényes nyugtató bogyót, amit végül bevettem és valóban lenyugtatott, kezdtem egy kicsit stabilizálódni. Arra emlékszem, hogy jó büdös volt az a bogyó, de közben meg nagyon hatásos is. Mögöttünk egy fiatal pár ült, akik végig látták, mi történik velem, róluk azt gondoltam, hogy igazi segítők – ez az érzés megint csak úgy jött a semmiből. Valamennyire lenyugodtam a bogyó hatására, és le is szálltunk. Megvártuk, míg leszáll mindenki a gépről, hiszen hátra kellett menni az eredeti helyünkhöz, elhozni a kézipoggyászokat a felső csomagtartóból. Apa ment hátra értük, én addig ottmaradtam elöl a légiutas-kísérőkkel, akik megajándékoztak azzal, hogy bemehettem a pilótafülkébe. Zavartan bementem a pilótákhoz. Beszélni még mindig nem nagyon tudtam, így csak próbáltam magamra erőltetni egy mosolyt és kijöttem. Ahogy megfordultam, láttam, hogy apa a gép közepén van a cuccokkal, és ekkor megláttam a dimenziókat, amik közöttünk voltak. Három-négy dimenzióval voltam odébb csúszva, mint apa és az összes többi ember. Ahhoz tudnám hasonlítani ezt a látványt, mint mikor bent vagy az elvarázsolt kastélyban és az tele van tükrökkel, és mindegyik másmilyen tükörképet mutat. Valahogy mintha tükröket láttam volna mindenhol – átvitt értelemben is, miszerint a külvilág tükör, és mindenki tükröz neked valamit. Miután bámultam bele ebbe a látványba, elhagytuk a gépet. Apa segített végig, magamtól nem találtam volna meg, hogy merre kell menni. Felvettük a csomagot és elmentünk a mosdóba. Apa a bejáratnál várt meg. Mmikor kijöttem, láttam, hogy a fiatal párral beszélget, akik mögöttünk ültek a gépen. Mire odaértem, pont befejezték a beszélgetést, és a lány rám köszönt. Apa mesélte el, hogy irántam érdeklődtek, hogy jól vagyok-e már. Ahogy elindultunk a terminálból, egy Mátrixos jelenetben volt részem. Azt a jelenetet éltem meg, amikor Neo figyelmét elvonja a piros ruhás nő. Pontosan ez a jelenet játszódott le, egy kék ruhás nő személyével. Mintha az összes többi ember körülöttünk más világban létezne, nekem pedig elvonja a figyelmemet ez a nő, ahogy szembejön. Elhaladtunk a nő mellett, és ahogy az emberek között gyalogoltunk kifele, azt érzékeltem, hogy ők egy másik dimenzióban mozognak, máshogyan, mint én. Lassabban. Mintha csúszkáltam volna az idő dimenzióiban ismét. Ahogy a kijárathoz értünk, szembejött megint egy ismerős arc, egy alterego: a Mester előadásain megismert hölgy, Cili személyében. Lefagytam, amikor megláttam őt; olyan volt, mintha ő is egy dimenziót képviselt volna, amit ő saját maga teremt, és mivel ismét dimenziókat csúsztam, Cili egy alteregója mellé csúsztam. Ez a „felismerés" nagyon megijesztett. De nem volt mit tenni, gyalogoltam tovább apa mellett kifelé. Ahogy kiértünk, ismét furcsán érzékeltem a jelent. Akkor jelentek meg a sárga taxik Budapesten, és én azóta még nem jártam az országban. Tehát mindezt én úgy éltem meg, miszerint a repülőút alatt visszacsúsztunk a valamikori múltba, és ez nagyon megijesztett. De beszélni nem tudtam, mindez csak a fejemben játszódott le. Odaértünk a kocsihoz, ami a parkolóban várt, majd apa megkérdezte, hogy elmegyek-e vele kifizetni a parkolást. Nem tudtam ilyen szintű döntéseket meghozni újra, nem is tudtam válaszolni a kérdésre, így apa mondta, hogy menjek el vele, ne maradjak ott egyedül. Bementünk a fizetőbódéba, ahol egy srác volt, aki szintén egy alterego volt. Azon az előadáson volt kameraman a srác, amikor a Mesterrel legelőször találkoztam. Gépiesek voltak a megmozdulásaim, ez az ember csak épp, hogy rám pillantott, de eközben én megéltem, hogy a pillantás alkalmával energiacsere jött létre köztünk. Azt gondoltam, akkor ő ott tudattalanul energiát adott nekem, hiszen erre volt szükségem. Ahogy elhagytuk a bódét, zajokat hallottam odabentről és azt gondoltam, hogy ez az ember épp akkor halt meg energiahiány miatt, mivel annyit adott nekem, hogy neki már nem maradt. Frászt kaptam ettől, de nem tudtam se hangot adni neki, se semmit sem csinálni. Beültünk a kocsiba és elindultunk Kecskemétre. Hirtelen az a gondolatom támadt, amit Timi mesélt nekem a találkozásink alkalmával, mi szerint ő nyolc évig az autóban élt, mert olyan munkája volt, ami miatt állandóan utaznia kellett. Azt hittem, hogy most mi is nyolc évig az autóban fogunk élni, ennyi idő lesz, mire hazaérünk. Csak bámultam bambán magam elé... Nem telt el nyolc év, hamarosan megérkeztünk Kecskemétre és leparkoltunk a lakásunk előtt. Timi várt az ajtóban, a nyakába borultam. Anyával mindketten nagyon örültek, hogy épségben hazaértünk.

9.

Benne az örvényben

2014. JÚNIUS

Hamar lefeküdtünk aludni, hiszen későre járt, már éjjel volt. Másnap itthon voltunk a lakásban, de a furcsa dolgok történése csak nem maradt abba. Összevissza kavarogtak a gondolataim, nem tudtam rendszerezni őket. A szemem ismét kezdett begyulladni, ugyanúgy, ahogy azt már máskor is tette epizód alkalmával. Délelőtt volt, én az ágyon feküdtem uborkakarikákkal a szemeimen, és Timi ott volt velem és beszélt hozzám. Timinek nagyon kellemes orgánuma van, megnyugtatott, és közben arra gondoltam ismét, hogy ő Orsi vonala, hiszen még a hangjuk is hasonlít. Ők ketten voltak már ott velem többször a bajban. Egyszer csak Timi azt mondta, hogy mindjárt jön, kimegy cigizni az erkélyre, addig maradjak itt és pihenjek, de nem tudtam nyugton maradni, ha egyedül maradtam, rögtön szaladgáltak a gondolataim keresztbe-kasul, összevissza, ezért Timi után mentem az erkélyre, aki a széken ült, és valóban cigizett. Féltem, mivel nem azt tettem, amit mondott nekem, és hirtelen azt láttam róla, mintha igazából tolószékben ülne; megint egy régebbi emlékem testesült meg benne ebben a pillanatban. Hát ettől nagyon megijedtem, vissza is siettem a szobámba, lefeküdtem és vártam. Nem tudtam, mi fog történni. Hullámokban jöttek a különböző tünetek: először ez az elesettség-állapot, amikor meg kell nekem mondani, mit csináljak. Aztán valószínűleg túlpörgött a torokcsakrám, hirtelen meg akartam osztani dolgokat a családdal és Timivel. Én az ágyon ültem, Timi pedig velem szemben a fotelomban, abban a fotelben, amit az első szétcsúszásom alkalmával vettem, ez az emlék tapadt hozzá szorosan. Elkezdtem mesélni Timinek, hirtelen rengeteg mondandóm lett, csak mondtam és mondtam, mire Timi félbeszakított, és így szólt: „Olyan gyorsan jönnek a gondolataid, hogy nincs idejük beszéddé formálódni, én csak szófoszlányokat hallok abból, amit te gondolsz!". Szent Isten, hogy én kimondtam a teljes mondatokat, amelyek összefüggtek, de ő ezt máshogy érzékelte. Más történt meg abban a dimenzióban, amelyben én voltam akkor, és más itt, ezen a világon. Egyszer csak elfogytak a mondandóim és újra megkukultam, ekkor Timi beszélt hozzám újra. Ekkor ismét különös dolog történt. Mivel be volt gyulladva a szemem, nem kontaktlencsét viseltem, hanem szemüveget. Valamelyik csakrám ismét elkezdett túlpörögni, ugyanis a látásom élessége elkezdett változni: pár másodperc alatt teljesen kiélesedett, szemüveg nélkül is teljesen jól láttam. Az élesedés és homályosodás órákig tartott, folyamatosan váltakozott a kettő. Olyan volt, mint amikor a fényképezőgép fókuszpontját váltogatod. Közben Timi kiment a szobából, anya jött be és ült le a fotelba, és kezdett beszélni hozzám. Ekkor azt éltem meg, mintha tanácsadó lennék, és az emberek jönnének hozzám elmondani a problémáikat. Azt vettem észre, hogy ebben az állapotban, amikor ilyen bevillanások vannak, azok talán az előre eltervezett életem eseményei, amelyek még nem következtek be, hiszen az időben csúszkálok. Csak figyeltem némán. Emlékszem, hogy aznap meséltem a családnak Mike-kal való kapcsolatom részleteiről, majd délután kimentünk a hobbikertbe mindannyian: apa, anya, Timi és én. Kint sütkéreztünk a napon, Timivel a kismedencében fürdőztünk, amikor ismét hullámokban tört elő a normális, emberi énem, és olyankor nagyon bölcs voltam. Megláttam, hogy a kimondott szavainknak teremtő hatalma van, például amikor Timi úgy kezdett egy mondatot, hogy „Az a baj...", rögtön kijavítottam, hogy így már bármit is mond, ezek után máris a rossz dolgokra összpontosít. Nagyon erősen tudatában voltam, hogy azzal, amit gondolsz és amit mondasz, annak adsz lehetőséget az életedben megvalósulni. Ezért nagyon fontos, hogy felül tudjuk írni a negatív gondolatokat azonnal, ahogy megjelennek, és ezt egy kis gyakorlással meg is lehet tenni, sokszor csináltam már. De ha abbahagyja az ember a gyakorlást, akkor beleesik ismét abba a hibába, hogy a baljós ideákat erősíti. Egy-egy ilyen bölcs megszólalásom után ismét eltűntem valahol belül, és a skizo-állapot vett újra erőt rajtam. Ekkor Timi felháborodva követelte, hogy a barátnőjét szeretné visszakapni azonnal, aki ott van belül valahol, és ne hagyjam magamat elveszni. Nem tudom, hogy mennyi ideig voltunk kint a hobbin, a kint töltött idő hátralévő részében megint teljesen magamba zárkóztam, és nagyrészt elveszítettem a kapcsolatot ezzel a világgal. A nap hátralévő részét nem is tudom felidézni. Ez minden alkalommal így van: bizonyos dolgokat teljes pontossággal fel tudok idézni, köszönhetően a tökéletes memóriámnak, de az epizódokban töltött idő bizonyos momentumai teljesen elvesznek.

A következő napon is még mindig Timivel és a családdal voltam. Arra emlékszem, hogy világvége-hangulatom volt, pánikoltam, mint mindig ilyen esetben, hogy mi fog következni, hiszen megint azt éreztem, itt az életem vége, kicsúsztam a dimenziómból és nincs tovább eltervezett életút. Illetve letértem róla. Úgyhogy használtam az internetet és rábukkantam példaképem aktuális üzenetére, ami nagyon illett a helyzetembe. Azt tanácsolta, hogy töltsünk elég időt a szabadban, ha van lehetőségünk, menjünk ki a természetbe. Így amikor a többiek javasolták, hogy ismét menjünk ki a kertbe, azt éreztem, ez a helyes döntés. Persze egész úton a kocsiban pánikoltam, mivel nem tudtam megszűrni az eseményeket.

Kiértünk a kertbe, ahol a szüleim elkezdtek füvet nyírni, Timi pedig azt javasolta, hogy feküdjünk bele a magas fűbe, a természet majd feltölt minket. Így tettem. Ahogy ott feküdtem a hátamon, bámultam a felhőket, de az elmém folyamatosan zakatolt, egy percre sem maradt nyugton. Mintha gyorsított felvételt néztem volna, ahogy a felhők haladtak. Aztán a fűnyíró zaját is társítottam valamivel. Kedvenc rendezőm egyik filmjében van egy jelenet, ahol a megbolondult emberiség egyedei a fűnyíró alá feküdtek, hogy végezzenek magukkal, és én akkor ezt éltem meg. Hogy valójában emberek halnak meg azáltal, hogy a szüleim nyírják a füvet. Elkezdtem pánikolni, nem tudtam nyugton maradni, egyre erősödött ez az érzés, nem tudtam megmaradni a természetben, valahol, ami nem egy zárt tér. Elkapott egy nagyon erős gondolat, miszerint „mi, emberek, vagyis az emberiség elrontotta az Univerzumot". Szörnyű volt ezt a legapróbb porcikámig átérezni. A mai napig bennem van ez az érzés. Mivel csak nem tudtam lenyugodni, mondtam Timinek, hogy baj van és muszáj hazamennünk, nem tudok tovább itt maradni. Ő szólt a szülőknek, akik szó nélkül elpakoltak, és indultunk is haza. Nagyon rossz állapotban voltam. Ha jól emlékszem, lepihentem. Időérzékem nem volt, így nem tudom, mennyi idő telt el. A következő emlékem, hogy másnap reggel van, és ismét jön rám a pánik érzése, miszerint „elrontottuk az Univerzumot". Ismét áthatotta minden porcikámat, és ismét nagyon zaklatott lettem. Kértem anyát, hogy hívja ide Timit, de nem tette meg, mivel ő még aludt. Nem tudom, mennyi ideig pánikoltam. A szülőknek nem tudtam elmondani, mi a baj, csak vártam és vártam Timire. Egyszer csak megjelent, becsuktuk az ajtót és kérte, hogy mondjam el, mi a baj. Nálam ugyanaz a lemez pörgött újra és újra, beleragadtam ebbe a gondolatba. Tehát... kimentünk a hobbira, és el lett rontva az Univerzum... Körülbelül ennyi lehetett a mondanivalóm; nem tudtam normálisan kifejezni magam, holott gondolatok ezrei cikáztak a fejemben minden másodpercben. Szóvá formálni viszont csak ennyit tudtam. Timi nyugtatott, hogy nem így van, és kérte újra és újra, hogy mondjam el, mi a baj. Én pedig ismételtem magam, mire ő sem bírta tovább cérnával, hogy mindig csak ugyanazt a nonszensz gondolatot ismételgetem. Végül ott maradtam egyedül. Aznap este megint pánikoltam. Timi apával a nagyszobában focit nézett, anya pedig a hálószobájukban volt. Már sötét volt, én pedig a kinti zajokra lettem figyelmes. Ismét a háttérzajok erősödtek fel. Nagy pukkanásokat, dörreneseket hallottam; azt hittem, hogy lövöldöznek. Megkérdeztem anyát, hogy mik ezek a dörrenesek, mire ő megnyugtatóan mondta, hogy rendezvény van, és ott petárdáznak. Nem tudtam reálisan gondolkodni.

Valamelyik nap reggelizéshez ültünk le. Jöttek a kusza gondolatok. Az jutott eszembe, hogy most meg kell ennem azt, amit főztem. Átvitt értelemben is, meg igazából is. Hogy ezt az egész állapotot én terveltem ki magamnak, és csakis én vagyok érte a felelős. Némává és mozdulatlanná, cselekvőképtelenné tett ez a gondolat. Evés közben mintha az Univerzum mozgatta volna a tagjaimat, nem pedig én. Nem voltam hajlandó enni, de a többiek rendre utasítottak. Volt a konyhában a konyhaszekrény fölött, pont velem szemben egy szén-monoxid mérő, ami villogott. Én meg azt hittem, hogy fel fog robbantani itt minden, sőt láttam is magam előtt, ahogy felrobban itt az egész mindenség. Aztán egy pillanat alatt ismét helyén volt minden. Igazából fogalmam sem volt arról, hogy az egy szén-monoxid mérő – azt hittem, hogy valami robbanószerkezet. Aztán egy pillanat múlva ismét felrobbantunk mindannyian, és ez így ment egy darabig. Beleragadtam ebbe a pillanatba, és nem tudtam belőle kiszállni. Apa közben elment fürdeni, majd amikor végzett, jött vissza és a szemébe csöppentett a szemcseppel, amit én úgy érzékeltem, hogy fogpiszkálóval kiszúrja a szemét, oda sem mertem nézni. Megint a durvább dimenziós történések felé tolódott az elmém, amikor az itt történő dolgokat egy másik, durvább dimenzió beszűrődésével érzékeled.

Telt az idő, és eljött az ideje, hogy Timi hazamenjen. Apa vitte őt haza.

A következő időszak megint nagyon megterhelő volt mindenki számára. Teljesen el voltam veszve belül. A szülők sosem hagytak magamra egy pillanatra sem. Kommunikálni nem tudtam, nagyrészt megint mutizmusban szenvedtem. Arra emlékszem, hogy küldtem egy e-mailt a Mesternek, melyben a segítségét kértem, miszerint ajánljon valakit, aki segít rendbe jönnöm. Reménytelennek érződik minden, amikor epizódban vagyok. Hiába mondják a körülöttem lévők, hogy rendbe fogok jönni, azt érzem, nincs megoldás, és hogy így fogok maradni. Pokolban töltött időszak ez. A Mester válaszolt is az e-mailemre, egy sort írt. Nem ajánlott senkit, írt egy biztató sornyit.

Otthon voltunk a szülőkkel, engem rettentő nagy bűntudat öntött el. Összességében úgy mindennel kapcsolatban. A konyhában reggeliztünk, és megmagyarázhatatlan sírás jött rám. Nem tudtam kontrollálni. Feltételezem, megint átéreztem valami nagy fájdalmat a világban, mivel ismét nyitva volt a tudattalanom. Apa mellett ültem és azt a fájdalmat éreztem meg, amit az fog okozni, amikor ő meghal. Minden porcikám érezte a fájdalmat, mintha valóban ott lettem volna a jövőben, ennél az eseménynél. Muszáj volt bemennem a szobámba és lefeküdni, teljesen kikészültem ettől. Ugyanezen a délutánon történt... ismét a konyhában voltunk, és főztünk valamit. Ismét rám jött ez az állapot, de ezúttal az egész bolygó fájdalmát éltem át. Azt, hogy az emberiség tönkreteszi a Földanyát, de még nem késő ezt megakadályozni. Mintha jóslatként hatott volna az, hogy tudatában lévén ennek az információnak, a jelen cselekedeteim fogják meghatározni, hogy valójában mi lesz a Föld sorsa. A szüleim azonnal észlelték rajtam, hogy valami megint nincs rendben, és közrefogtak két oldalról, mivel a testemből is kezdett kimenni az erő, és a lábaim nem bírták el a testem súlyát. Anya azt kérdezte, „merre megyünk, lefele?". Én meg ezen teljesen beparáztam, hogy az emberiség sorsa lesz ez: lefele megyünk, azaz elbukunk. Betámogattak a hálószobájukba, lefektettek az ágyra és ott maradtak velem. Rettegtem, mert még mindig ez a felfoghatatlan érzés tartott hatalmában: leírhatatlan, körülírhatatlan átérezni az egész bolygó sorsát. Arra emlékszem, hogy csak feküdtem ott és rettegtem, mire valaki megérintette a karomat, én pedig felszisszentem. Azt gondolom, hogy az angyalaim voltak: próbáltak vigasztalni, de én annyira fagyos voltam a rettegéstől, hogy még az ő szerető érintésüktől is kivert a víz. Itt a világvége megint... A csendet apa telefonjának csörgése törte meg; a nagybátyám volt az, ezt jó jelnek vettem. Ő az első alkalmakkor is pozitív hatással volt az állapotomra, róla mindig is azt gondoltam, hogy egy végtelenül jó lélek, és ha ő hív, az csak jót jelenthet. Lassan lecsillapodtak a félelemérzéseim, és valamelyest visszatértem ebbe a világba. Valamelyest...

Délután ismét elkezdtem pánikolni, és csak sírni tudtam. A szülők a szobabiciklit a szoba közepére helyezték, és apa mondta nekem, hogy üljek fel és tekerjek. Így is tettem, de közben megint dőlt belőlem a sírás és azt hajtogattam apának, hogy bocsásson meg nekem. Ő meg csak hajtogatta, hogy pedálozzak tovább, ne álljak meg – segíteni próbált, hogy kihozzon ebből az állapotból. De én továbbra is csak azt tudtam hajtogatni, hogy bocsásson meg nekem. Azt gondolom, hogy ez valamilyen előzőélet-beli karma lehetett, ami miatt ebben az életben ebben a felállásban születtünk egy családba. Hogy ledolgozzuk a karmát. Annyira erős volt bennem ez az érzés, miszerint neki meg kell bocsátania nekem, hogy nem tudtam magamban tartani a sírást...

Másnap reggel, amikor felébredtem, anya már a konyhában sürgött-forgott és kedvesen köszöntött engem. Invitált, hogy jöjjek és főzzek vele. Apának dolga akadt, mondta, hogy ő majd jön. Én ezt úgy értelmeztem, hogy majd jön valamikor egy következő életben. Ismét tágult a tudatom és beengedett mindenféle szűretlen információt, amit normál esetben ebben a világban nem érzékelünk. Emlékszem, túrógombócot készítettünk. Közben anya rám bízta a főzést, amíg ő elment fürdeni. Ekkor megint darabjaiban kezdtem el érzékelni a világot, megint olyan volt, mintha filmszakadásos lett volna a film, amit nézek, vagyis maga az élet. Bizonyos mozdulatokat érzékeltem csak, és minden történés mögé képzeltem valami oda nem illő gondolatot. Reálisan oda nem illő gondolatot. Hirtelen elkezdtem érzékelni a halál folyamatait, valamint azt egyszerre, hogy a világ örökös körforgásból áll. Átéreztem, hogy húsevőként valójában a félelemenergiát eszed meg, illetve a körforgás miatt valójában saját magadat. Egy pillanat alatt átéreztem megint az egész teremtés folyamatát. Hogy a semmiből hogy jutottunk el oda, ahol most vagyunk. Ezek csak villanások voltak, mintha az agyamon minden egy ezredmásodperc alatt átvillant volna. Apa közben jött-ment a lakásból. Azt hittem, hogy a konyhán kívül a lakás többi részén emberek jönnek, és őket feldarabolják és belőlük lesz a túrógombóc. Valójában ez olyan értelemben igaz gondolat, hogy az állatokkal tesszük ezt: megöljük őket és megesszük őket, valamint elvesszük a tejüket, de az elv ugyanaz. Közben készen lettünk a főzéssel és leültünk enni. Nem bírtam lenyelni a gombócokat, öklendeztem tőlük az előbb említett gondolatmenet miatt. Valójában egymást és magunkat esszük meg. Nem is bírtam enni. A következő emlékem, hogy apával szemben ülök az asztalnál, aminek közepén a laptop van lecsukva. Én a fedél tükröződésében látom apa sziluettjét, és meredten bámulom. Nem tudok az arcába nézni. A tükröződés megváltozik: a nagybátyám ül velem szemben, majd pár pillanat múlva az orvosom. Majd ismét apa. E három férfi arca váltakozik előttem, az a három ember, aki ezekben az állapotokban az életemben van és segít. Avagy megszűnik az idő, és fogalmazhatnám úgy is, hogy az a három férfi, aki valaha is volt, és mindig is lesz az életemben. Akik valójában ugyanannak a léleknek a megtestesülései. Valójában minden ember ismétlődik az életedben, amíg ezt észre nem veszed. Ugyanazt tanítják neked, amíg meg nem tanulod a leckét. Nem kell feltétlenül ugyanazzal az emberrel megélned mindent, jön majd a következő, aki tovább tanítja neked, amit meg kell tanulnod, amit fel kell ismerned. Nem tudom, meddig tartott ez a gondolatmenet, én nem tudtam másra figyelni, ez teljesen elvonta a figyelmemet erről a világról.

Nyár volt, én pedig az egész évszakot a lakásban töltöttem. Értelmezgetve, kergetve a saját gondolataimat, remélve, hogy megint eljuthatok a Mesterhez. Közben időnként elmentünk a pszichiáterhez, aki felügyelte az állapotomat. Nagyon mélyre süllyedtem, őszintén azt éreztem, hogy nem bírom ezt tovább és azt gondoltam, hogy az egyetlen megoldás az, ha megölöm magam. Csak így tudok kilépni ebből az állapotból, hiszen annyira embert próbáló, hogy nincs, aki ezt képes végigélni. A vonat elé akartam állni. Szerencsémre nem voltam képes sehova egyedül menni, plusz a családom soha egy percre sem hagyott magamra. Pedig őszintén ezt kívántam, hogy meghalhassak, hogy felszabaduljak és megszabaduljak ettől az állapotomtól. Mint említettem, szerencsém volt, nem volt erre lehetőségem.

Orsival is váltottunk egy-két kusza üzenetet, egyszer fel is hívott és az állapotom felől érdeklődött. Nem neveztük nevén a dolgot, csupán annyit kérdezett, hogy megint dimenziócsúszás van? Igen – feleltem neki. Nem nagyon tudott érdemben mit mondani – vagy segíteni –, de teljesen együtt érző volt: ő valahogy tisztában volt a helyzet súlyosságával. Aztán elmaradt a kapcsolattartás.

Nem akartam elhanyagolni a sportot sem, eleinte keményen edzettem otthon a futópadon, míg volt még energiám. De ahogy egyre több gyógyszert kezdtem szedni, egyre inkább nehezedtek el a végtagjaim, és egyre inkább mondta fel a szolgálatot a testem. Nem adtam fel teljesen: ha a futás nem ment, felültem a szobabiciklire – persze korántsem voltam olyan erőben, mint előtte. Egyszer, amikor éppen tekertem, szólt apa, hogy a Dóri meghívott magukhoz minket, és nemsokára indulunk fel hozzájuk Pestre. Útközben értelmezgettem az autókat – megint mintha az eddigi életem pörgött volna le előttem minden egyes eseményével, csak más formában. Az autópályán például elhaladt mellettünk egy mentő, ami újszülöttmentéssel foglalkozott, én meg azt gondoltam, most tartunk ott, amikor a nővérem babája megszületett, picit előbb a vártnál, és azért tette, hogy megmentsen engem. Hogy ő már elég indok legyen arra, hogy hazaköltözök végre Magyarországra. Beérvén a fővárosba egy táblán akadt meg a szemem, ami valamilyen rendezvényt hirdetett: az volt ráírva, hogy „depresszió". Erről Mike jutott eszembe, hiszen neki depressziója volt, és azt gondoltam, most járunk ott az időben pörgetve, amikor vele voltam. Mindig, mikor a nővéreméknél voltunk, biztonságban éreztem magam, jót tett.

Dórival együtt lenni határozottan jót tett nekem. Mikor fent voltunk náluk, direkt a kezembe adta a babáját, hogy én vigyázzak rá, hogy kényszerítsen rá, hogy jobban legyek. Egyik alkalommal, mikor a nappaliban dajkáltam a babácskát, szörnyű gondolataim támadtak. A plafonra erősített hintát nézegettük mindketten, mire nekem bevillant, hogy régebben hogyan akasztottak fel embereket. Azt érzékeltem, mintha a hinta helyén akasztott emberek lettek volna. Abban a pillanatban, ahogy egy ilyen gondolatom támadt, a baba elkezdett sírni. Valahogyan érzékelhette ezen gondolataimat, ilyenkor muszáj voltam visszazökkenni ebbe a valóságba és realizálni magamban, hogy az ott bizony egy hinta. Ilyenkor abbahagyta a sírást. De amint ismét durvább dimenziós gondolataim támadtak, ismét keservesen sírni kezdett.

Ez egy kemény lecke volt nekem, hogy megtanuljam irányítani a gondolataimat és ne a másik dimenziókra figyeljek, hanem a valóságra. A Dóriéknál töltött idő mindig hasznosan telt, és mindig adott nekem valami pluszt. Egyik ott tartózkodásunk alkalmával bevillant egy dátum: 2022. Aranykor lesz akkorra. Volt, hogy néha felmerészkedtem a netre, megnéztem az üzeneteimet. Egyik nap kaptam üzit Mike-tól, persze nem arról szólt, hogy velem mi van, hanem a saját problémáit ecsetelte. Nem tudtam rá mit reagálni. Viszont miután elolvastam az üzenetét, jött egy értelmezgetés, miszerint „mondjak búcsút neki". Valahogyan tényleg léteznek ezek a jelek, üzenetek az élettől, csak általában nem tudjuk helyesen értelmezni őket, vagy észre sem vesszük. Én pedig ugye ilyenkor nem tudom őket helyesen megszűrni.

Egyik éjjel megint nem tudtam aludni, és felkeltettem anyát. Ő, hogy megnyugtasson, odajött hozzám aludni. Azonnal el is aludt, de én teljesen éber voltam. A zajok vonták el megint a figyelmemet. Ahogy anya szuszogott, azt éltem meg, hogy csecsemők sikoltoznak a távolban. Mindig, amikor levegőt vettem, azt hittem, hogy a babákon szögeket szúrnak át, azért sikoltoznak. Az egész éjjelem ilyen irreális, kusza gondolatokkal telt. Nagyon féltem attól, hogy ezek a gondolatok valahol a világban valósak.

Telt az idő, szedtem a gyógyszert, és valamelyest elkezdett javulni a helyzet. Persze még messze volt a teljes jóllét. Viszont néha már mertem egyedül maradni. Egyik délután a szüleim azt mondták, hogy elmennek a garázsba – van messzebb egy garázsunk, ami tele van cuccokkal –, és kérdezték, hogy velük megyek-e. Nem tudtam eldönteni. A szobámban voltam, ment a zene... a zene mindig is nagyon jó hatással volt rám, de ezt a döntést valahogy nem tudtam meghozni. Apa már lent volt a kocsinál, anya pedig a szobámban velem, várta a válaszomat. De addig nem akart itt hagyni, míg biztosan nem tudom, mit szeretnék. Pedig én csak nem tudtam eldönteni, mi lenne a helyes döntés. Ha elmennék velük, vagy ha erre a kis időre végre egyedül mernék maradni. Csak ültem és próbáltam meglelni a megoldást, kitalálni, hogy melyik a „helyes" döntés: maradni vagy menni? Anya nem tágított mellőlem, türelmesen várt, és a döntés még mindig nem volt meg. Próbált győzködni, hogy nincsen jelentősége ennek a döntésnek, de én nem tudtam ezt elhinni. A végén felhívtuk a nővéremet, Dórit, hogy segítsen ő dönteni, de így sem jártunk sikerrel. Ekkor, hosszú idő után először nevettem úgy igazán, sőt mi több, röhögőgörcsöt kaptam ezen a helyzeten; van az a pont, amikor nem tudsz mást tenni, csak nevetni saját magadon. Anya közölte velem, hogy ezt el fogja mondani a pszichiáternek, hogy egy félóra alatt sem tudok meghozni egy ilyen volumenű döntést, mire én tiltakozni kezdtem, hogy „kérlek, ne tedd"! Valahol talán szégyelltem ezeket a dolgaimat, illetve próbáltam leplezni az esendőségeimet. A helyzet megoldódott: senki nem ment sehova azon a délutánon.

Egyik nap délutánján anya még mindig teljesen magamba záródva, sírva talált. Kérdezte, mi a baj. Elsírtam neki, hogy a gondolatok nem hagynak békén, rohangálnak a fejemben. Anyának nagyon kreatív ötletei voltak, azt mondta, kapdossam el a gondolatokat a markommal, és dobáljam le őket a földre. Így is tettem. Valamelyest ez is segített, ezentúl alkalmaztam ezt a fortélyt is.

Kezdtem annyival jobban lenni, hogy valamelyest nyitni tudtam a külvilág felé. Persze nem tudtam egyedül közlekedni, csak kezdtem egy nagyon picikét önállóbb, bátrabb lenni. Valamelyest kezdtek záródni a felső csakráim, nem voltam annyira nagyon védtelen, persze még mindig nagyon sebezhető állapotban voltam. Elindult a nagyon lassú mértékű javulás. Olyannyira, hogy ismét fel mertem venni a kapcsolatot Timivel. Sőt mi több, megegyeztünk, hogy találkozunk a kedvenc helyünkön egy csevejre. Anya autóval bevitt a városba és letett a központban, Timi pedig késett. Azt írta, hogy a könyvtárban van, majd jön. Nem tudtam mit csinálni egyedül, azon törtem megint a fejemet, hogy mi lenne a helyes megoldás. Leülni egy padra és megvárni? Beülni a helyünkre és ott megvárni? Végül úgy döntöttem, elmegyek a könyvtárba Timi elé. Meg is találtuk egymást, mire ő azzal kezdte, hogy nem nagyon hagytam olvasni őt. Erre nem tudtam mit reagálni; még mindig védtelen állapotban voltam, így csak ültem ott némán, míg ő a könyveket nézegette. Hamarosan el is indultunk a helyünkre és beültünk, azonban problémába ütköztem. Választani kellett, hogy hova üljek, és ezt a döntést nem tudtam meghozni. Végül Timi döntött helyettem, miközben én oly lelkes voltam, hogy végre találkozhattam a legkedvesebb barátnőmmel. Viszont a viszszájáról sült el a találkozás. Timi jól kiosztotta a fejemet, hogy miért nem szedem már magam össze, mi lehet ebben olyan nehéz. Iszonyú bűntudatot keltett bennem, nem tudtam magamat megvédeni, csak ültem ott és szívtam magamba a negatív tartalmat és süllyedtem lefele. Alig vártam, hogy vége legyen ennek a találkozásnak, holott mennyire vártam. Eljött ennek is az ideje, búcsút mondtunk egymásnak, anya pedig jött értem és hazavitt. Egyből észrevette rajtam, hogy valami történt, nem tudtam titkolni, hiszen a kezdeti javulásnak lőttek, visszacsúsztam ugyanabba a mély állapotba, amelyben előtte voltam. Anya azt mondta, hogy túl korai volt ez az önálló program, nem voltam hozzá még elég erős. Azon az estén anya aláíratott velem egy megállapodást, miszerint egy hétig minden döntést ő hoz meg helyettem, hiszen nagyon kikészített még az, hogy bármit is eldöntsek: mi sem mutatta ezt jobban, mint az, hogy visszaestem a rossz állapotba a délután folyamán. Anya levette ezt a terhet a vállamról, hogy bármiben is döntenem kelljen, és nagyon jót tett ezzel. Újra kellett játszanunk ezt az időszakot, nem tehettünk mást. Újra elzárkóztam mindenkitől, mígnem pár hét múlva elkezdtem ismét picit javulni. Elkezdtem bátorodni. Nóra barátnőm hívott, hogy jön Kecskemétre – neki az akkori párja kecskeméti volt –, és javasolta, hogy találkozzunk. Anya hozta meg ezt a döntést, hogy nyugodtan menjek el vele, sőt be is kísért és a lelkemre kötötte, hogyha bármi baj van, azonnal hívjam fel, és jön értem. Megvárta, míg megveszünk egy fagyit a központban, majd hagyott minket egy kicsit kettesben lenni. Szegény Nóra csak annyit érzékelt, hogy teljesen anyára voltam utalva: bármit kérdezett, szinte mindenre olyan választ adtam, amiben anya szerepelt. Persze, hiszen most ő hozott meg nekem minden döntést. Nórával való találkozásom jól sikerült, viszont nagyon vártam, hogy az anyukám által nyújtott biztonságban legyek megint. Nagyon közel kerültünk egymáshoz; ő volt az az ember, aki sosem hagyott magamra, és minden irreális problémára tudott valami kreatív megoldást.

Napközben rengeteget gyalogoltunk anyával, próbált kimozdítani. Egyik ilyen alkalommal belefutottunk egy hajléktalanba, amitől én nagyon megrettentem. Nem az embertől, hanem az emléktől, hiszen a legelején, 2007-ben, mikor bevittek a pszichiátriára, egy hajléktalan feküdt a bejáratnál és ezt az elméket éltem újra, avagy értelmezgettem azt, hogy újra azon az idővonalon vagyunk... Sétáltunk, sétáltunk. Anya próbált segíteni, hogy elkezdjek meghozni nagyon apró döntéseket. Mindig, ha kereszteződéshez értünk, feltette nekem a kérdést, hogy merre menjünk, és bizony mindig arra mentünk, amerre én mondtam. Egyre inkább felbátorodtam a döntések meghozatalában, mígnem bele nem futottunk egy mentálisan beteg emberbe, aki a városban mindig az utcákat rója és látszik rajta, hogy nem ezen a világon él. Ettől nagyon megijedtem, azt gondoltam a vonzás törvénye alapján, hogy én is erre a sorsa jutok, mivel pont vele futok össze. Ezek után megint lefagytam. Természetesen ezeket a gondolataimat nem osztottam meg senkivel, képtelen voltam rá. Egyre többet mozdultunk ki a négy fal közül. Ebben a védtelen állapotban sokkal jobban megéreztem a természet gyógyító erejét: nagyon jót tett a friss levegő, sokkal nyugodtabb lettem, hogy elkezdünk kilépni a lakásból. Egyik alkalommal a piacra mentünk reggel. Még mindig elvarázsolt állapotban voltam, gondolatban biztos. A piacon jó nagy tömeg volt, és ez nekem nagy kihívás volt. Pár ember viszont kitűnt nekem a tömegből. Miközben anya beszélt, azt gondoltam, hogy az ő gondolatait tolmácsolja nekem. Volt például egy nagyon szerénynek tűnő srác, akit észrevettem, és ő is engem. Kétszer is belefutottunk, és anya közben arról beszélt, hogy tőle telhetőt mindent megtesz és próbál nekem mindent megadni. Ez passzolt a srác nézéséhez...

Egyik napon találkoztunk Ágotával is bent a városban, ő is éppen itthon volt Angliából. A kedvenc helyünkre mentünk, és anya bátorított az önállóságra: azt javasolta, hogy mi üljünk ki a kávézó kerthelyiségébe, ő pedig 50 méterrel odébb kiül a padra. Ez biztonságérzetet adott nekem, mert egyedül hagyott Ágotával, de mégsem. Ott volt a közelben. Egész jól el tudtam beszélgetni Ágotával, ő meg is dicsért, hogy milyen csinos vagyok, régen nem látott már. A sok sport most is meghozta a hatását, persze az epizód beállta óta újra elkezdtem magamra szedni a kilókat. Találkoztam a magas, fess sráccal is, és ezt jó ómennek vettem: biztonságérzetet adott valamiért, azt gondoltam, jó úton vagyok afelé, hogy kikeveredjek ebből az egészből.

Időközben elkezdtem azon gondolkodni, hogy hogyan folytassam tovább az életemet. Mindenki azt javasolta, hogy költözzek haza Magyarországra. Én ilyenkor nem tudok magam döntéseket meghozni, így elfogadom azt, amit mások mondanak. Ezen felbuzdulva meghirdettem a közösségi médián az angliai autómat eladásra. Ekkor már viszonylag nyugodt állapotban voltam, viszont ahogy feladtam a hirdetést, rá pár percre teljesen nyugtalan kezdtem lenni és elkezdtem pánikolni. Nem jó ómennek vettem a hirdetés feladását, mivel ezt a nyugtalanságot váltotta ki belőlem. Anya nyugtatott meg ismét.

Egyik hétvégén lejöttek hozzánk a nővéremék a pici babával. Arra emlékszem, hogy anya lent a házak körül tologatta babakocsiban a picurt, én pedig lementem hozzá. Ismét torokcsakra-túlpörgésem lett, be nem állt a szám, nagyon nagy kényszert éreztem arra, hogy az elmúlt hónapok csendben töltött időszaka után hirtelen mindent kiadjak magamból. És hirtelen menni akartam ki a világba is, elég volt a bezártságból. Délután a nővérem és a férje a babával együtt elindultak a városba, kávézni. Felajánlották, hogy menjek velük. Természetesen megragadtam a lehetőséget, hiszen mehetnékem volt, hónapok óta be voltam zárva. Egész úton beszélgettünk, és akkor a sógoromról azt éreztem, mennyire jó lélek, és annyira jólesett, hogy ő nem ítélkezett felettem, elfogadott így is, és teljes embernek tekintett. Nem úgy, mint az emberek nagy része, hiszen megbélyegzik az embert egy ilyen mentális betegséggel. Ahogy sétáltunk, már a központban jártunk, amikor szembejött egy lány, akinek egy pillangó volt a pólóján. Nekem erről beugrott valami, mégpedig az, hogy a pillangó a boldogság szimbóluma, tehát jó irányba megyünk fizikálisan is, és az én állapotomból is meglesz a kiút, ami a boldogsághoz vezet. Odaértünk a kedvenc helyemhez és kiültünk a kerthelyiségbe. Ott volt a cukrászda tulajdonosa, a magas, fess srác, valamint egy pincér is, kint beszélgettek az épület előtt. Jó jelnek vettem, hogy belefutottam a magas, fess srácba; ilyenkor jeleket keresek az életben, és ha pozitív dolgokat vélek felfedezni, mindig azt gondolom, hogy egyre közelebb vagyok a normális állapothoz. Végül jött a pincér és megkérdezte, hogy sikerült-e választani. Én meg azt hittem, arra érti, hogy a srácok közül sikerült-e választanom. Persze valahogy realizáltam a gondolataimat és rájöttem, hogy az italrendelésre gondol. Szép délutánt töltöttünk el ott, majd hazaindultunk.

Másnap délelőtt volt időpontom a pszichiáterhez. Anyával mentünk, és ahogy odaértünk az épülethez, közöltem, hogy én a lépcsőn szeretnék felmenni, hogy sportolhassak valamelyest végre, míg anya lifttel ment. De megegyeztünk, hogy fent találkozunk. Ilyen apró dolgokban kezdtem el döntéseket meghozni, és megindokolni is, hogy miért azt választom, amit. Ahogy mentem fel a lépcsőn, találtam egy döglött molylepkét az egyik lépcsőfokon. De jó jelnek vettem, mivel az is egyfajta pillangó, tehát úgy értelmeztem, hogy itt is meg fogom lelni a boldogságomat végül. Felértem a 3. emeletre, ahol anya már várt. Együtt mentünk be az orvoshoz, és végre épkézláb mondatokat tudtam összerakni, míg addig mindig csak elmesélték az állapotomat. A doki is elégedett volt velem, megkaptuk a következő időpontot, majd eljöttünk. Ahogy kiléptünk az utcára és elfordultunk jobbra a saroknál, négy ember jött szembe. Ezt is pozitív jelnek vettem, mivel ugye a négyes az a szeretet száma: végre megszabadultam a hármastól, és innentől kezdve csak felfelé ívelés lesz.

Így is lett. Annával is újra felvettem a kapcsolatot; egyik délután elmentem hozzá a boltba, ahol dolgozott. Anna mindig is nagyon határozott volt és buzdított arra, hogy járjak utána az angliai autómnak, ami elvileg Mike-ra volt bízva. Buzdított rá, hogy hívjam fel Mike-ot, és beszéljem meg vele a dolgot. Meg is tettem. Még mindig a kelleténél jobban nyitva voltak az energiáim, így sokkal jobban éreztem egy-egy embernek is a rezgését, mint normál esetben. Ahogy Mike felvette a telefont, az ő rezgését is éreztem: nagyon alacsony volt, és lehúzó. Pár percet beszéltünk, de nagyon nem volt rám jó hatással ez. Aztán felhívtam Joan-t is, akinél a kinti cuccaim voltak ez idő alatt – az ő energiái pedig nagyon erőteljesek és megnyugtatóak voltak. Erősített rajtam, hogy beszélhettem vele. Már ekkor fogadott nagymamámnak tekintettem, nagyon szerettem őt. Ezek után mondta Anna, hogy szóljak a szüleimnek, hogy jöjjenek el értem, mert hamarosan zárja a boltot. Így is lett.

A következő napokban gyors javulás állt be végre. Arra emlékszem, hogy egy délutánon aludtam, majd amikor felébredtem, megkerestem anyát, aki a konyhában volt és épp nekem főzött, amikor is hirtelen ezüst angyalcsillámlásokat láttam! El is mondtam azonnal anyának és azt éreztem, minden rendben lesz; nagyon nagy biztonságérzetet adott látni eme csodálatos jelenséget. Mielőtt teljesen jól szoktam lenni, hullámzik a dolog, jól vagyok, majd megint egy picit visszacsúszok, és ez váltakozik egy darabig. Ez alkalommal az angyalcsillámlások jelentették a rossz állapotom végét. Ezután már nem csúsztam vissza. Azért időbe telt visszailleszkedni a mindennapokba, nagyon elszoktam a három hónap alatt attól, hogy például egyedül közlekedjek az utcán. Nővérem javasolta, hogy álcázzam magam valamivel, amikor kimegyek, úgy, mint a sztárok. Kalappal például. Hát kalapom nem volt, de napszemüvegem igen, amit még a Mester viselt a 2012. decemberi előadásán, így annak mágikus jelentőséget tulajdonítottam, és napszemüvegben kezdtem el sétálni. Valamint hallgattam a zenét is közben, ami nagyon megnyugtatott. Erről a napszemüveges, álcás tippről különben utána az orvosom is elismerte, hogy jó taktika.

10.

Fussunk neki még egyszer

2014. ŐSZ

Találkoztam Timivel, stabil állapotomban nagyon jó volt vele lenni ismét. Szokás szerint jót beszélgettünk. Én az utamat kerestem, fel akartam költözni Pestre és hívtam volna Timit is, hogy lakjunk együtt, de ebből aztán nem lett semmi. Azt hiszem, váltottunk ismét pár e-mailt Orsival is; örült, hogy jól vagyok. Anyával nagyon közel kerültünk ez idő alatt: most pótoltuk be a gyerekkoromban elveszett időt, amikor is ők a munka miatt nem értek rá velünk foglalkozni. Teljesen vissza is mentem a gyerek-szerepbe, de jólesett megélni az anya-lánya kapcsolatot végre. Annával is eljárkáltunk úszni. Egyik alkalommal együtt sétáltunk haza, és egy nagyon mély beszélgetésben volt részünk. Nagyon sok témát érintettünk, ekkor mondtam el neki, hogy tulajdonképpen mim is van nekem. Ezt nem lehet bárkinek elmesélni, csak olyannak, akiben teljesen megbízol, és úgy adja a helyzet. Sokan képtelenek lennének megérteni vagy elfogadni.

Megint ugyanott álltam... életet kellett választanom magamnak. Nem akartam Magyarországon maradni, vágytam vissza Angliába, tudtam, hogy ott sokkal hamarabb kapok munkát és ez talajt ad a lábam alá. Apa nem akart visszaengedni, azt mondta, országon belül válasszak várost. De nem hallgattam rá, és önfejűen megvettem a repülőjegyemet Angliába. Felhívtam Joan-t Angliában és megbeszéltem vele, hogy egy ideig nála fogok lakni, míg nem találok állást magamnak, amiből aztán albérletet béreljek. Mielőtt kiutaztam, volt egy nagy veszekedésünk a nővéremmel. Mindent a másik fejéhez vágtunk: szerinte önző voltam, amiért most, hogy már jól voltam, semmi nem érdekelt, én meg a szemére vetettem, hogy nem tudhatja, milyen érzés ez nekem, amikor ezeken az epizódokon kell végigmennem. „Lehet, hogy te ki sem bírnád, hanem belehalnál!" – mondtam neki, mire helyeselt. Köszönés nélkül jöttem el tőle, és így indultam ismét útnak az idegen országba.

Még itthonról jelentkezgettem kinti munkákra, és már volt is egy interjú-időpontom, miután kiutaztam. Megint teljesen belebetegedtem abba, hogy kilókat szedtem magamra, és mindenáron szigorú diétákat és böjtöket akartam tartani. Nem tartottam igazságosnak az élettől, hogy ami ellen mindig is harcoltam, a túlsúlyom, ezen összeborulások alkalmával mindig visszajött. Mániás lettem ezzel kapcsolatban.

Visszatértem Angliába, Joan szeretettel fogadott. Mike-kal is újra felvettem a kapcsolatot, hiszen nála volt még az autóm. Az első napokban nagyon anyátlan voltam, e két emberrel töltöttem az időmet. Nagyon sokat rombolt rajtam az előző epizód, nagyon sebezhető voltam. Elkezdtem ismét sportolni járni, és újra találkozgatni Mike-kal. Munkát kaptam pár napon belül. Nem életem álma volt, de jó volt arra, hogy talpra álljak, rendszert vigyek az életembe. De nem voltam boldog, nem találtam a helyem. Talán éppen ezért is folytattam a kapcsolatot Mike-kal – most sokkal inkább összeillettünk, mint előtte, hiszen sokkal alacsonyabb volt a rezgésszintem, ami jobban illeszkedett hozzá, mint mikor boldog voltam és szárnyaltam. Közben Joannal mélyült a kapcsolatunk, olyan lett ő nekem, mint a fogadott nagymamám, mindent meg tudtunk beszélni. Még mindig nála laktam, mert nem kerestem eleget, hogy kiköltözzek, valamint nem is éreztem a munkámat olyan stabilnak, hogy arra alapozhassak. Érdekes dolgot figyeltem meg. A munkáltatóimat ugyanúgy hívták, mint a Mestert és az ő kapcsolattartóját. Igazából semmiről nem maradunk le az életben, csak formát váltanak a dolgok. Anya is hiányzott visszajövetelem elején nagyon, mert nagyon összenőttünk előtte. Elkezdtem néha e-maileket írni a Mesternek; úgy tekintettem rá, mint akinek el lehet mesélni a dolgaimat. Egyedül dolgoztam, nem nagyon volt lehetőségem szocializálódni, így teljesen Mike-ra hagyatkoztam, pedig egyáltalán nem volt felhőtlen a kapcsolatunk, ami miatt én többször is befejeztem vele, de mindig visszakönyörögte magát. Mígnem találkozott valaki mással, és velem nagyon csúnyán fejezte be a dolgokat. Pont akkor elveszítettem a munkámat is, mivel a munkáltatóm nem tudta tovább fizetni a béremet. Ezután alkalmi munkákból éltem. Minden egyszerre borult össze, én pedig abba menekültem bele, hogy lefogyjak; őrületes böjtökbe kezdtem. Szenvedtem a Mike-kal történtek miatt és így birkóztam meg a helyzettel: teljesen abbahagytam az evést. Közben ismét váltottam pár e-mailt a Mesterrel, nekiszegeztem az élet nagy kérdéseit, példázva a saját életemmel. Sokat gondolkodtam azon, hol lehet a helyem, vajon tényleg Magyaroszágon-e, illetve arra kerestem a választ, hogy a látszólag rossz dolgok is azért történnek-e, hogy a helyes útra tereljenek. Konkrétan az összeborulásaimat szerettem volna megfejteni, hogy miért kerülök vissza mindig ugyanabba a helyzetbe. A Mester azt írta erre, hogy menjek el személyesen hozzá egy előadására, és kérdezzem meg ezt ott... Elvileg ő meg tudja ezt nekem mondani? Olyasmit, amire én magam nem tudom a választ? Álmomban útmutatást kaptam, amelyben a Mester azt mondta nekem, hogy egyelőre még Angliában célszerűbb maradnom. Ehhez tartottam magam.

Anya javaslatára jelentkeztem egy kurzusra azzal a céllal, hogy ha esetleg egyszer hazaköltözöm, tudjak mivel foglalkozni. Angol, mint idegen nyelv tanítása külföldieknek. Izgatottan vártam a kurzust, melyet a megtakarított pénzemből fizettem ki, és amely 2015 nyarán volt. Nagyon jó érzéseim voltak ezzel az eseménnyel kapcsolatban, egyszer álmodtam is valamit, amit útmutatásnak vettem. Álmomban egy szeretetteljes hang ezt kiáltotta: „A kurzuson! A kurzuson!". Hiszek benne, hogy folyamatosan kapjuk az útmutatást, csak nem mindig halljuk meg, így van, hogy álmunkban üzennek. Felébredve gondolkodtam azon, hogy vajon mi fog történni a kurzuson... Biztos ott ismerek meg valakit végre. Bizakodva néztem a jövőbe.

Már a kurzus első napján nagyon jól éreztem magam, nagyon sok jó fej emberrel találkoztam, nagyrészt fiatalokkal. Mindenki nagyon értékes ember volt, és teljességgel be tudtam illeszkedni ebbe a közösségbe. Soha nem volt ilyen ezelőtt. Kialakult egy kisebb, szorosabb csapat is, négyen voltunk benne, nagyon összenőttünk. Fokozatosan egyre jobban megnyíltunk egymásnak, mindannyian hittünk valamiben az élettel kapcsolatban. Volt, hogy órák után együtt imádkoztunk az épület melletti zöld réten. Nagyon jól ki tudtam bontakozni ebben a közösségben, előjöttek belőlem a régen bennem szunnyadó igazi értékek, amiket át tudtam adni a többieknek is. Egyik alkalommal, mikor motiváltam a többieket, azt mondták, hogy ez mennyit segít nekik. Amit én közvetítek, amit én mondok. Hihetetlen érzés volt végre megbecsülve lenni és olyan dolgokkal foglalkozni, amelyek igazán közel álltak a szívemhez. A négyes csoportból az egyik fiatal sráccal lettünk egymás tanulótársai és segítői, minket egymás mellé osztottak be tanítani is. Egyszer elejtettem neki egy mondatot az angyalaimról SMS-ben, mire ő azt mondta, hogy erről majd személyesen beszélgetünk. Mint kiderült, ő nagy Jézus-hívő volt. Ugyanolyan mély hitünk volt valamiben, ezért remekül kiegészítettük egymást. Egyszer, mikor nagyon stresszes voltam a kurzus miatt, imádkozott értem a távolból, amikor is megtapasztaltam az ima csodálatos erejét. A kurzus ugyanis rettentő intenzív volt, semmi másra nem volt időnk. Ez idő alatt megismerkedtem egy szlovákiai magyar sráccal, aki az iskolába jött angolt tanulni. Ő barátokat keresett, így elérhetőséget cseréltünk. Péternek hívták, 10 évvel volt fiatalabb, mint én. A kicsit több mint négy hét hamar eltelt, és kiszakadtam ebből a remek közösségből. Eleinte nagyon nehezen viseltem, de az élet folytatódott tovább.

Közben jelentkeztem egy állásra egy bioboltba. Már le is tettem róla, mígnem egyszer, mikor épp a boltban vásároltam, a boltvezető odajött hozzám és megkérdezte, hogy érdekel-e még az állás. Persze, hogy érdekel! Interjúra invitált, mely két fordulós volt, és meg is kaptam az állást rögvest. Nagyon boldog voltam, igazán szerettem volna megkapni ezt a pozíciót. Tréningek is voltak, rengeteg mindent kellett megtanulni, ami kihívás volt számomra mind nyelvileg, mind intellektuálisan, de nagyon élveztem. Ekkor kezdtem el igazán nem enni, és mellette kötelezően mindennap úsztam. Elértem egy olyan testsúlyt és testalkatot, amiről előtte egész életemben csak álmodtam, és egyre megszállottabb lettem a testemmel kapcsolatban. Évekkel később ugyan, de valóra vált az a kívánságom, miszerint inkább lennék testképzavaros és anorexiás, mint skizofrén. Egyrészt élveztem a figyelmet, amit rengeteg embertől kaptam, másrészt egyre jobban szenvedtem belül és küszködtem magammal. Valamennyire még mindig nem tettem magam túl azon, ahogyan Mike megsértett engem, pedig március óta, amikor is szakítottunk, már fél év eltelt. A munka jó apropó volt, hogy elvonja a figyelmemet erről, valamint rengeteg emberrel is találkoztam, hiszen egy nagyon forgalmas üzletben dolgoztam. Itt mindig volt mit tenni, így hamar eltelt a munkaidő. Frissen szerzett munkatársaim között kerestem az új barátokat, hiszen velük érintkeztem legtöbbet. Ez idő tájt jelent meg a Mesternek egy új előadása, ami nagyon érdekelt. Kacérkodtam a gondolattal, hogy hazautazom rá, de aztán anya lebeszélt róla. Azt mondta, csalódás érne, és hogy inkább élvezzem az életet. Így is lett. Egyszer csak munka közben megakadt a szemem az egyik vásárlón. Nagyon szimpatikusnak találtam, egy jól szituált férfiról volt szó, aki elég népszerűnek tűnt a másik nem körében. Egyik este, amikor már kevesen voltak és a munkatársammal az üzletet rendezgettük, megpillantottam Ryant az üzletben, s összemosolyogtunk. Majd jött a kasszához fizetni, mire hirtelen azon gondolkodtam, mit is mondjak neki, de elkezdett ő beszélni. Lányos zavaromban egy szót nem értettem meg abból, amit mondott, majd félbeszakítottam egy kérdéssel: „Mivel foglalkozik?" Megállt, rám nézett és mondott vagy öt mondatot, amiből megint egy szót nem értettem, pedig folyékonyan beszéltem a nyelvet. Teljesen magával sodort az energiája ennek az embernek, egy másik világba kerültem a hatására. Miután kiment, sem tudtam még magamról; olyannyira hatása alá kerültem, hogy arra sem emlékszem, aznap hogy kerültem haza. Teljesen elvarázsolt. Alig vártam, hogy újra találkozzunk, ami persze sokáig nem történt meg, pedig törzsvásárló volt. A boltvezető régóta ismerte már Ryant, tőle tudtam meg, hogy egyedülálló és vagyonos. Persze nem ez fogott meg benne, hanem maga a lénye. A munkatársaim eljátszották nekem, hogy majd ők összehoznak vele, persze senki nem gondolta ezt komolyan. Elkezdtem belebotlani Ryanbe egyre többet a boltban, és mindig elolvadtam tőle. A puszta jelenlététől jobb ember lettem. Energiájának hatására elkezdtem jobban teljesíteni, megnőtt az önbizalmam, valahogyan teljessé váltam. Azt gondoltam, hogy mellette az étkezési problémám is megoldódhatna, kitöltötte azt az űrt, ami miatt az létrejött.

Ekkorra úgy-ahogy azt éreztem, hogy visszakerült a lábam alá a talaj, ez a munkahely nagyon sokat adott nekem. Hosszú időbe telt ugyan, de eljött ez a pillanat is. Közben Péterrel kezdtem el találkozgatni szabadidőmben, és magamra ismertem benne. Én is teljesen olyan voltam tíz évvel korábban, mint ő. Örök optimista, mindenben csak a jót látta, és teljesen egyezett a gondolkodásunk. Nagyon jó beszélgetéseink voltak, elárulta többek között, hogy tinédzser korában szklerózis multiplex-szel diagnosztizálták, de egy szlovák természetgyógyász segítségével kigyógyult tíz év alatt. Tetszett nagyon az élethez való hozzáállása: ő sem ismert határokat az életben – jó értelemben. Ő is hitt a csodákban, csakúgy, mint én. Joan-nal is nagyon jól alakult a kapcsolatom. Még mindig nála laktam, esténként mindig elmeséltem a napomat, ezzel színt vittem az életébe. Joan mindig nagyon aktív idős ember volt, és végtelenül jó beszélgetéseink voltak. A humorunk is egyezett. Egyre inkább összenőttünk. Közben volt ismét egy érdekes megfigyelésem. Az uszodában, ahova jártam, dolgozott egy srác, aki a Mester alteregója volt. Valamilyen szinten azt gondoltam, így is jelen van az életemben a Mester, csak más formában. Azt gondolom, hogy bárhova megyünk a világban, ugyanazokat a szereplőket kapjuk, csak más fizimiskával, más környezetben, közegben.

Elérkezett a december, amikor rossz híreket kaptam otthonról. Anya már egy éve köhögött – erről tudtam, hiszen szinte mindennap beszéltünk telefonon. Csakhogy ezidáig nem ment vele orvoshoz, mígnem most megdöbbentő diagnózist kapott: tüdődaganata volt, és nem sok jót jósoltak neki. Januárban műtötték, majd szanatórium és kemoterápia következett. Kértem az én erős anyukámat, hogy vegye előtérbe a természetes módszereket, hiszen azok már eddig is jól beváltak, de ő azt felelte, hogy már túl előrehaladott állapotban volt a daganat, és az orvosi beavatkozás mellett döntött. Tiszteletben kellett tartanom ezt a döntését.

Különleges álmom volt. A nővérem ismét babát várt. Mikor elmeséltem neki ezt az álmomat és kérdeztem, hogy mit jelenthet, azt felelte: valószínűleg azt, hogy valóban terhes. Még várni akart vele, hogy elárulja a hírt, de ha már így kitaláltam, hát nem volt titok többé. Ez januárban történt.

Dóri olvasott valamit egy jógás könyvben, melyet meg akart osztani velem, mert fontos volt. Ha valakinek túl gyorsan emelik a tudatszintjét, az elmebetegeséget tud okozni. Egyre jöttek a válaszok, a magyarázatok a dimenziócsúszásaimra.

Mindeközben én egyre inkább szenvedtem a testképzavarommal és az evési rendellenességemmel. Gyűlöltem a testemet. Nem tudtam mással foglalkozni. Vagyis de: Ryan volt a nap fénypontja, szinte mindennap bejött a boltba, de soha egyikünk sem lépett a másik felé. Kezdtem egyre elveszettebb lenni. Ha elkezdtem enni, mindig visszajöttek a szenvedős elmékeim Mike-ról, s azt éreztem, nincs megoldás. Olyan egyedül éreztem magam a világban ezzel az étkezési problémával, mint még soha előtte. Ez töltötte ki a mindennapjaimat. Mindeközben kaptam ismeretlenektől a dicséreteket a testemre, hogy milyen szép fitt, még egy edző is megdicsérte. Kívülről semmi nem látszódott, belül viszont nagyon szenvedtem.

Elkezdtek nagyon érdekes álmaim lenni. Egyszer például álmomban megmutatták nekem a vonzás törvényét. Attól függően, hogy mennyi és milyen energiát engedsz át a tenyereden, repülsz oda, ahol dolgod van. Megnéztem, mi történne, ha hazaköltöznék. A Mester egyik előadására kerültem, de ő nem volt ott, viszont a jelenlévők között hatalmas veszekedés kerekedett. Valamint visszatérő álmom volt, hogy szellemek akarnak bántani különböző módon, és csak úgy tudok elmenekülni előlük, ha felébredek, így mindig direkt felébresztettem magamat.

Különös isten-élményeket is megtapasztaltam ez idő tájt. Ez a jó szó rá, hogy isten-élmény. Egyik reggel spontán így ébredtem, hogy éreztem a rajtam áthaladó, nagyon erős szeretetenergiát, ez leírhatatlan érzés. Az emberek is észrevették ezt rajtam, csodálattal néztek rám ekkor, szerintem ők sem értették, mi ez. Jó pár napig eltartott ez az isteni élmény.

Már 2016 tavasza volt, nyáron jöttem haza látogatóba, másfél év után először. Akkor szembesültem igazán anya állapotával, pedig akkor már kezdett jól lenni, mondhatni, már viszonylag jól volt. Eszembe sem jutott az, hogy az én erős anyukám ne gyógyuljon meg. Ezen látogatásom alkalmával felkerestem egy asztrozófust, akit a nővérem ajánlott. Elmondott nekem minden szépet és jót, hogy jön az előléptetés, ott van az elhalaszthatatlan karmikus kapcsolat, és boldog életem lesz. Mindez külföldön. Ryan jutott róla eszembe. Rákérdeztem a képletem alapján a Mesterre is, hogy vajon ő benne van-e az életemben, hiszen még mindig ragaszkodtam hozzá, de azt felelte a hölgy, hogy nincs. Túl nagy jelentőséget tulajdonítottam mindig annak, amit más mondott, nem hittem saját magamban eléggé.

Azon a nyáron még egyszer jöttem látogatni, de egyre inkább vágytam valami másra, többre, mint ami épp volt. Konkrétan megint új munka után keresgéltem: azt gondoltam, hogy ha megváltoztatom a külső körülményeket, akkor majd jobb lesz. Abból is besokalltam, hogy állandóan látom Ryant, de olyan volt nekem ő ekkorra, mint a mézesmadzag: valaki, akit sosem érhetek el. Egyre inkább zaklatottabb voltam mindennel kapcsolatban. Alvási problémáim lettek. Dóri ellátott egy jó tanáccsal. Azt mondta, hogy mikor lefekszem aludni, zárjak ki mindent, csak a légzésemre koncentráljak, az segít. Ez valóban működő technika. Minden egyes alkalommal így tudtam álomba merülni. De még mindig ideges voltam. Felkerestem egy dietetikust is, hogy segítsen megoldani az étkezési problémámat, de mikor meghallotta, miről lenne szó, mondvacsinált indokkal elutasított. Próbáltam segítséget kérni e téren, de nem kaptam ezt meg. Már régen beláttam, hogy problémám van ezzel, de nem tudtam belőle kilépni egyedül.

Elmentem egy interjúra a kedvenc ruhaboltomba, változást akartam az életembe. Még mielőtt eldöntöttem volna, hogy mi legyen, egyik éjjel pánikérzettel feküdtem le, ugyanazzal az érzéssel, ami akkor kapott el, mikor előzőleg az epizód alatt, még itthon, meghirdettem az autómat, és bepánikoltam annak hatására. Sokszor így üzennek odafentről azzal kapcsolatban, hogy mit válasszunk az életben. Ha pánik fog el, az nem jó út. Sajnos nem hallgattam erre a jelzésre, és elfogadtam a ruhabolt ajánlatát. Augusztus vége volt. Az alapján hoztam meg a döntésemet, amit az asztrozófus mondott, hogy jön a jobb munka, itt a nagy lehetőség. Az utolsó napomon a bioboltban tudtam csak igazán élvezni azt a munkát, akkorra tudtam elengedni magam, azt gondoltam, már nincs tét. Pedig igazából így kellene tudni élni az életünket mindenkor: lazán és nyugodtan. Titkon reméltem, hogy Ryan aznap is bejön a boltba és el tudok tőle is köszönni, de nem így történt, nem jött be. Miután eljöttem a boltból az utolsó munkanap után, erős érzelmek törtek fel bennem. Mintha búcsúzkodtam volna ettől a helytől; nem voltam tudatában, hogy milyen sokat is jelentett nekem igazából.

Eljött az első napom az új helyen. Rossz előérzeteim voltak, tudtam, hogy rosszul döntöttem azzal, hogy eljöttem a bioboltból és csak próbáltam magam megnyugtatni az ellenkezőjéről. Anyával megint napi telefonkapcsolatban álltunk, nem tudtam megbirkózni a mindennapi kihívásokkal nélküle. Az új helyen egyre kevésbé éreztem jól magam, és a belső világomba menekültem. Próbáltam magamban megfogalmazni azokat a nézeteket, amiket az epizódok alkalmával szereztem, és logika volt bennük. Három napig csak ezeken agyaltam: elképzeltem, hogy leírom őket és könyv lesz belőlük, mindeközben azt is nagyon bántam, hogy elvágtam annak lehetőségét, hogy Ryannel mégis valahogyan közelebbi kapcsolatba kerüljek.

A harmadik, gondolkodással töltött napon vettem észre, hogy megint túlmentem agyalásban a határokon. Azért nem vettem észre előbb, mert szórakoztató gondolatok ezek, jól el lehet lenni velük. Aztán jött a felismerés, hogy ismét tüneteim vannak... Onnantól kezdve villámgyorsan csúsztam bele a skizo-állapotba, nem maradt időm stabilnak maradni. A munkahelyen beteget jelentettem gyomorrontással. Mégsem állhatok elő az igazsággal ilyenkor, hiszen elítélnének és mihamarabb megszabadulnának tőlem, ahogy eddig is. Írtam e-mailt gyorsan az orvosomnak, plusz maximumra kellett emelnem a gyógyszeremet. Már jelen voltak az értelmezgetések. Reggel el is sírtam magam anyának a telefonba, hogy én ezt nem bírom tovább, már megint fogságukban tartanak az értelmezgetések. Anya felhívta a figyelmemet arra, hogy most nagyon fontos, hogy tartalmas ételeket egyek, mint például a petrezselymes krumpli, az mindig segít. Még mindig küzdöttem a nem evéssel, de természetesen ezt most félreraktam, és elkezdtem normálisan enni. És valóban segített földelődni. Próbáltam magamat aktívan tartani, mert ilyenkor az is rossz hatással lehet rám, ha túl sokat agyalok és elveszek a gondolatok világában. Három napot hiányoztam a munkahelyemről, de közben már más munka után keresgéltem; nem akartam visszamenni. Főleg miután közölték velem, hogy a 8 órás munkaidő alatt csak a félórás ebédszünetben lehet inni, és még azt a kérdést is nekem szegezték, hogy valamilyen egészségügyi problémám van-e, amiért annyi vizet iszom. Azt is kifogásolták, hogy túl sűrűn járok a mosdóba. Azt hittem, hogy rosszul hallok, hogy ez egy vicc. Anglia legnépszerűbb ruhabolt-láncáról volt szó, és ilyet álmomban sem mertem volna gondolni, hogy nem engednek például inni. Visszamentem dolgozni, de nagyon nehéz volt ez nekem ebben az állapotban. Ekkora adag gyógyszer mellett az ember egész nap ki van ütve és fontos lenne, hogy pihenjen, aludjon. De nem akartam, hogy kiderüljön bármi is, így lórúgás adag gyógyszerrel mentem be dolgozni. Nem voltam teljesen stabil, de koncentráltam arra, hogy az legyek. A gyógyszer szerencsére megfogott, és nem lett baj. Ez idő alatt megint elkezdtem e-maileket írogatni a Mesternek. Azokról a dolgokról írtam, amik átszűrődtek a másik dimenziókból. Hétvégén bementem a bioboltba vásárolni, amikor is megláttam Ryant a bolt előtt elsétálni, aki oda is intett nekem. Mióta elhagytam a bioboltot, többször, amikor a városba készültem, mindig megéreztem, hogy bele fogok botlani. Ez jó párszor meg is történt. Sokat beszéltem Dórival telefonon, és beláttam, hogy ugyan változásra vágytam, de azt nem kívül kellett volna keresnem, hanem belül. Utólag persze mindig könnyű okosnak lenni. Még instabil állapotomban volt egy újabb interjúm az egyik szemüvegkészítő boltban, de azt gondolom, hogy ebben közbeszóltak az angyalok, csak figyelmen kívül hagytam őket. Először nem kapták meg a jelentkezésemet, majd pedig mikor interjúra hívtak, azt mondta a menedzser, hogy már egyszer üzenetet hagyott a hangpostámon ez ügyben. Ennek nyoma sem volt a telefonomon. De annyira ki akartam kerülni a ruhaboltból, hogy nem gondolkodtam, csak minél előbb el akartam jönni onnan. Fel is vettek a szemüvegkészítő boltba. A ruhaüzletben fel is mondtam, és közvetlenül ezután, még ott, furcsa dolog történt. Ahogy a részlegemen mentem a helyemre, belebotlottam egy vásárlóba, aki annyit mondott: „Döntések, döntések!". Mintha tudta volna, hogy épp egy döntést hoztam meg pár perccel azelőtt. Skizo-állapotban pontosan így követik egymást a látszólag nem logikus dolgok. Minden azonnal kihat a következő történésre, és összekapcsolódik azzal. Ezen a munkahelyen kevesebb, mint 3 hetet dolgoztam. Közben lett volna egy nyaralásom a Kanári-szigetekre ismét, de a megborulásom miatt el kellett napolnom, nem kockáztathattam. Anya segített meghozni a döntést: én döntésképtelen voltam, mint ebben az állapotban mindig. Ekkor született meg nővérem második kisfia.

Elkezdtem hát dolgozni az új helyen, de közben megint megszállott voltam a testemet illetően. Vékony voltam és karcsú, de kövérnek és nagydarabnak láttam és éreztem magam. Csak e körül forogtak a gondolataim. A boltban jó volt a csapat, itt többen dolgoztak, mint a bioboltban, ahova azóta is vágytam vissza, de nem volt rá lehetőség, hogy visszamenjek. Volt egy fiatal srác, Kenny, ő tanított be engem, holott nem az ő feladata volt ez. Sokat dolgoztunk együtt, vele voltam legtöbbet. De valahogy magától a munkától rosszul voltam. Egyszerűen egy percét sem tudtam élvezni, unalmasnak találtam, és ez sajnos meg is látszott a teljesítményemen. Szépen lassan elkezdtem nagyon negatív és depressziós lenni. Szokás szerint elkezdtem újabb munka után nézni, de ezúttal nem engedte az élet, hogy elmenjek innen. Egyre csak rosszabbodott a helyzet, egyre mélyebbre süllyedtem. A vezető pikkelt is rám rendesen, én meg azt éreztem, hogy kifogott rajtam az élet, hogy megbuktam, nem tudok tovább jól szerepelni az életben. Egyre inkább magamba fordultam, a szabadnapjaimon is bezárkóztam a szobámba, pedig előtte szerettem menni akár csak bevásárolni vagy úszni is. Addig fajult ez a dolog, hogy egyik nap heves szívverésem támadt, el is jöttem a munkahelyemről és bementem a sürgősségire. A kórházban kötöttem ki, kivizsgáltak, de semmi fizikai elváltozást nem találtak. Azt mondták, stressz okozza az egészet és változtassak munkahelyet, ha az okozza. A vizsgáló orvos beszélgetés közben azt javasolta, hogy végezzek súlyzós edzést – gondolom hájasnak tartott, pedig nádszálvékony voltam, ez minden esetre nagyon nem hiányzott a már meglévő testképzavaromhoz, amellyel azóta is küszködtem.

Elérkezett a nyaralás időpontja, novemberre tetettem át még szeptemberben. Nagyon vártam, és nagyon jólesett kiszakadni ebből a közegből. Pihenhettem, elfelejthettem a problémákat, egy szimpatikus pasiba is belefutottam, még egy ilyen lehetőség is adódott azonnal, de nem éltem vele. Az evészetem is rendbejött, rendesen ettem a nyaralás alatt, megszűnt a stressz meg a nyomás, ami ezt igazából okozta. Nem szívesen mentem vissza dolgozni, de nem volt más választásom.

Próbáltam a jó dolgokra koncentrálni, kapcsolatokat kialakítani és ápolni a kollegákkal. Összességében azt mondhatom, hogy mindenkivel jóban voltam. Ott volt Jack, aki segített kinyílnom; állandóan szívatott, de csak poénból, és rengeteg humorizáltunk. Ott volt Kenny, akire nagyon felnéztem. Fiatal volt, de korához képest nagyon érett és karakán személyiség, rengeteget dolgoztunk együtt. Aztán elkezdődtek közöttünk a vicces, poénból tett ártatlan megjegyzések mint nő és férfi között. Közel kerültem hozzá is. Egyik napon megfigyeltem valamit. Egy skizo-értelmezés jelent meg előttem. Aznap Kenny szabadnapos volt, és ahogyan ott álltam a boltban, nézegettem a bolt előtt elsétáló embertömegeket. Jött négy fiatal srác és beintegettek nekem. Ott volt a négyes szám és a fiatal srácok. Kenny jutott erről eszembe, hogy ez után a történés után találkozni fogok vele. És így is lett: bejött aznap civilben az üzletbe. Több emberrel jóban voltam a munkatársak közül. Ez a közösség azért volt jó, mert sok volt a férfi, velük mindig könnyebb együtt dolgozni, mint sok nővel. Eljött a karácsony, és én végre elkezdtem jobban teljesíteni azáltal, hogy azt éreztem, sikerült beilleszkednem és fontos tagja lettem a csapatnak. Egyedül még mindig a vezető pikkelt rám, de mindezek mellett még mindig küszködtem belül, és nem értettem, hogy miért nem hozza már az élet azt a lehetőséget, amire vágytam igazából. Ekkor előjött megint az a gondolat, hogy könyvet írjak a velem történtekről, minden mást időpocsékolásnak véltem. De nem volt hozzá elég hitem magamban, hogy meg is tegyem.

11.

Egy furcsa, de ismerős világ

Év eleje volt, mentálisan nagyon rossz állapotban voltam, mert csak nem tudtam megszokni ezt a munkát, egyszerűen nem nekem való volt. Megesik az ilyen. Továbbra is depressziósan teltek a napjaim. Emlékszem, egyszer a szabadnapomon jöttem vissza az uszodából és a kocsiban nagyon kiborultam. Hangosan kiáltottam Istennek, hogy mit vár már tőlem, miért nem segít. Az úszást sem tudtam élvezni, teljesen magam alatt voltam, szerintem nagyon alacsony volt ekkor a rezgésem. Nem adtam fel, tovább keresgéltem munkaügyben, mígnem jött is egy telefon: egy családhoz jelentkeztem házvezetőnőnek elég jó pénzért. Először a közvetítő ügynökséggel kellett interjúra menni Londonba. Nagyon vártam. Az egyik napon a jógaórán, ahova jártam, megjelent egy új ember, egy helyes srác. Tisztára a Mester alteregója volt. Gondolkodtam is magamban, hogy ez jelent-e valamit, esetleg a Mester újra megjelenik az életemben?

Ekkor az egyik boltban találtam egy nagyon kellemes illatú testpermetet, Chakra water volt a neve, és el is kezdtem használni. Nem is figyeltem oda a nevére. Ekkortájt elkezdtem megint e-maileket írni a Mesternek, csak elmeséltem, mi történt velem az utóbbi időben, jó rég nem írtam már neki. Vasárnap történt, hogy mentem autóval bevásárolni, és egy magyar rendszámú autó keveredett elém, ami magára vonta a figyelmemet. De olyan jelenet volt ez, mintha egy másik dimenzióból csúszott volna oda elém, mintha egy másik világ jelent volna meg előttem. Azt meg kell jegyezni, hogy nagyon ritka jelenség Angliában magyar rendszámú autót látni. Ezután továbbra is bejártam dolgozni.

Volt ismét egy fontosnak tűnő álmom. Jöttek megint a gonosz szellemek és bántani akartak, mint eddig is számtalanszor megtették, de ez alkalommal szembeszálltam velük és legyőztem őket. Azt gondolom, hogy a félelmeimet szimbolizálták, és most olyan ponthoz érkeztem, amikor végre le tudom győzni azokat.

Valami történt energiaszinten: kiszakadtam a depiből, és elkezdtek nagyon élénk gondolataim lenni, elkezdtem nagyon jól teljesíteni a munkahelyen is, végre gyűlt is a bevétel a kezem alatt. Azt gondolom, hogy az addig blokkolt csakráim hirtelen elkezdtek gyorsabban forogni, jobban működni. Sokkal kommunikatívabb lettem mindenkivel, ráéreztem, kit hogyan kell megszólítani, és beszélgetést kezdeményezni. Hirtelen népszerű is lettem a vásárlók körében. Az önbizalmam is megugrott. Ebben az állapotban mentem el a londoni interjúra. Tömegközlekedéssel utaztam, február közepe volt. Elkezdtek egymás utáni, rendezett gondolataim lenni az életemről. Azt éreztem, ezeket le kellene jegyeznem, mert felettébb érdekesek voltak és szerettem volna megosztani másokkal is. De erre nem volt idő, hiszen egyik gondolat jött a másik után, normális állapotban ezt nem is tudom élethűen visszaadni. Mély igazságok és ritka meglátások az életről. Útközben végiggondoltam, hogy az életben sosincs rossz döntés, mert bárhogy is döntesz, ugyanoda jutsz a végén, csak másik úton. Ha a hosszabb vagy nehezebb utat választod, az is ugyanakkora szeretettel tölt el, mintha a rövidebb, könnyebb úton mész, tehát sosem hibázhatsz. Mindeközben nagyon erősen elöntött a szeretet. A felső csakráim nyiladoztak, amelynek következtében közelebb kerülünk Istenhez. Ezt emberi szavakkal nem lehet leírni. Hozzáférsz minden eddigi tudásodhoz és képességedhez. Mindeközben odaértem az interjú helyére – egy nagy irodaépületben volt a sokadik emeleten egy iroda, ahol egy fiatal hölgy várt. Feltette a kérdéseket, én meg gyönyörűen kifejtettem mindre a véleményemet. Nagyon rendezett és összeszedett gondolatok voltak, mintha világéletemben ezt csináltam volna. A kérdések közben csak ennyit tudott kinyögni a hölgy: „Wow!". Teljességgel lenyűgöztem. Nekem is hatalmas sikerélmény volt ennyire sikeresen szerepelni végre, főleg az elmúlt hónapok sikertelensége és depressziója után.

Közben jött a hír a bioboltból is, hogy talán visszavennének, de még semmi sincs eldöntve. Gyakori látogató voltam bent. Elkezdtem pörögni, és rettentően élveztem. A depresszió és a határtalan boldogság ugyanazon egyenesnek a két ellentétes vége, lehet köztük csúszkálni. Persze ideális lenne valahol középen tartani az energiákat, de ez nekem sosem ment, mindig is a végletek embere voltam.

A munkahelyemen megkértek, hogy dolgozzak a következő vasárnapon, én természetesen igent mondtam – olyan mindegy volt nekem, hogy melyik napokon dolgozom. Családias volt a hangulat azon a napon, ragyogtam és sugároztam a boldogságot. Egyre inkább elöntött valamiféle energia hirtelen, olyannyira, hogy alig bírtam magamban tartani. Mindeközben elvoltam a gondolataimmal, melyek mind pozitívak voltak, magas rezgésűek. Csak ezekkel érdemes élni. Tehát épp a munkaasztalnál ültem és „boldogodtam", amikor egyszer csak hirtelen megpillantottam Ryant, aki a bolt előtt ment el éppen, nekem háttal. Ennél több már nem is kellett: izgatottan vártam, hogy visszafele jöjjön, és valahogy magamra vonjam a figyelmét. Erre jött az egyik munkatárs, miszerint hátra kellett mennem dolgozni. Én meg csak lazán megkérdeztem, hogy nem tud mást szerezni helyettem, mert várom, hogy jöjjön vissza a pasi, aki nagyon tetszik? Humorral vette ezt a megszólalásomat. Sajnos nem volt senki más helyettem, így mennem kellett onnan, elszalasztva a lehetőséget. De aztán hamar elengedtem ezt a szituációt. Normális esetben napokig, hetekig tudok egy-egy szituáción kattogni, de most egy másodpercbe telt csupán tudomásul venni azt, ami van, és továbblépni. Aztán bejött a boltba egy srác, akit én szolgáltam ki. Hirtelen olyan beszélőkém kerekedett, hogy teljesen magammal ragadtam őt. Érdekes volt a neve – „Ponton" –, ebből nekem az a jelenet jött le, amikor a Mátrixban Neónak megmondják, hogy kövesse a fehér nyulat. Jelet láttam ebben a névben: azt időnek és térnek egy különleges pontján vagyunk, azon a „Ponton". A srác ezután egy kollégámhoz került, aki utána visszaadta nekem és közölte, hogy a srác nagyon érdeklődött irántam. Aztán amíg segítettem neki még a továbbiakban, olyan spontán, energiával teli, kellemes beszélgetés alakult ki köztünk, mintha ezer éve ismertük volna egymást. Dőlt belőlem az energia, és ez másokat is megérintett, megragadott. Aztán a beszélgetés vége felé megemlítette a barátnőjét, de csak egy ilyen félmondatban. Én meg mondom magamban: jól értettem? Ciki, nem ciki, visszakérdeztem. Jól értettem... Ó, tudhattam volna, hogy nincs ilyen szerencsém. De azonnal elengedtem ezt a szituációt is.

A nap hátralévő részében két dolog pörgött párhuzamosan a fejemben folyamatosan: a 2007-es történések, és a mostaniak. Ugyanaz ismétlődött meg, csak más közegben, más szereplőkkel és más időtartam alatt. Mindkét alkalommal böjtöltem, azaz nem ettem, és ennek következtében a valaha legsudárabb alakot értem el. Akkor pár hétig, most közel 2 évig. Mindkét alkalommal egy különleges csomóponthoz érkeztem, amelynek következtében megpillantottam egy rám nagy hatással bíró embert energetikailag. Először az auralátóval találkoztam, amikor elkezdtem így felpörögni, és vele akartam kikezdeni, most pedig szintúgy felpörögtem, és a boltba bejövő sráccal akartam kikezdeni. Mindkét alkalommal elutasítást kaptam ugyanabból az okból: mindketten foglaltak voltak. Akit megpillantottam? 2007-ben a Mester jött ki infóként, most pedig ugyanakkor Ryant láttam meg egy pillanatra. Mindkét férfi nagy hatással volt rám. Megtettem ugyanazt a nagy kört közel tíz évvel később. Mindkétszer a csakráim megbolygatása váltotta ki ezt az egészet; először a csakratisztítás, másodszor pedig megvettem a Chakra water testpermetet, tehát az is ugyanúgy megjelent, mint először, csak más formában. És a történetnek még nincs vége...

Tovább gerjedt bennem a szeretetenergia. Egyszerűen nem tudtam kontrollálni, csak úgy jött. Volt egy munkatársam, akit kifejezetten utáltam, de aznap záráskor mégis kedvem lett volna magamhoz ölelni és megfüröszteni a szeretetemben. Szerencsére volt annyi önkontrollom, hogy ezt nem tettem meg ebben a fizikai világban, de gondolatban igen, és nagyon jólesett. A munkahelyen mindegyik munkatársat egy szereppel azonosítottam.

A vezető nem volt bent aznap, nyaralni ment, amiről én nem tudtam. Ő képviselte az egómat, és amikor az egónk elcsendesül, hagyjuk abba magunk és mások kritizálást. A vezető csak kritizálni tudott. Most, hogy nem volt itt, előtört belőlem a végtelen és határtalan szeretet. Ez is ismétlődő elem volt, az első alkalommal történtekkel egyetemben. Ahogy emelkedett a tudatszintem, csendesedett az egóm, és kezdtem el az igazi énemet élni. Most is ugyanez történt. A következő napon, hétfőn megéltem a másik véglet: átcsúsztam az egyenes másik végére. Semmi nem sikerült, bénáztam egész nap, és kedvtelen voltam, de nagyon intenzíven. Gondoltam is magamban: „remek, már nem csak skizofrén vagyok, hanem bipoláris skizofrén". Pont ekkor olvastam példaképem egyik könyvében, hogy sok mentális betegséggel küzdő ember volt művész. Például a bipoláris emberek, ha emelkedett állapotban írnak a mély, depressziós állapotokról, abból lehet művészet, mivel közös kapcsolódási pontjuk lesz a közönséggel: mindenki élt már át nehezebb napokat, de ha ezt szépen tálaljuk nekik, az művészet. Ettől a gondolattól különlegesnek és értékesnek éreztem magam. Persze a napom attól még nem sikerült jobban. Aztán kedden ismét fent a fellegekben. Megint elsöprő, motiváló beszélgetéseim voltak a vevőkkel. Aztán egy kis idő múlva abbamaradt ez a nagyon nagy hullámzás, a végletek megélése, és elkezdtem „csak simán" a másik dimenziókra figyelni. Helyt tudtam állni ebben a világban, de a gondolataim folyamatosan máshol pörögtek. Kérdezték is a munkatársak, hogy hol járok; egyértelműen látták rajtam, hogy elkalandoztam. Ismét a legelső történések pörögtek végig az agyamban, a 2007-es események. De olyan volt, mintha filmen nézném vissza az egészet. Ezzel párhuzamosan megjelentek a Mesterrel való emlékeim is ugyanígy, egymás után, mozi-szerűen visszanézve. De mindeközben olyan érzésem is volt, mintha kívülről nézném vissza a velem történt dolgokat, mintha azoknak az embereknek a szerepébe bújtam volna bele, akik akkor találkoztak velem vagy valamilyen szinten részt vettek az életemben. Tehát nem éreztem azt, hogy ez az egész az én felelősségem lenne: ez egy közös karma több emberrel, többen hoztuk létre, nem én egyedül. Ez valamelyest megnyugtatott, mintha megszabadultam volna a teljes felelősség terhétől. Emlékszem, egyszer épp a bioboltban voltam bent, ahol épp leadtam az önéletrajzomat, azt mondtam az új vezetőnek, hogy „Meglátjuk, mi történik". De ez nem csak az állásra jelentkezésemre vonatkozott, hanem egyszerre volt érvényes ez a mondat a múltra – vagyis amikor először bekrepáltam az auralátónál, ők is ezt gondolhatták, hogy *meglátjuk, mi történik*. Valamint igaz volt ez a jelen állapotomra is, meglátjuk mi történik, hova fajul most a dolog. És mindeközben azt éreztem, hogy vigyáznak rám, hogy gondviselésben van részem, hogy Isten akarata ez.

Nem is emlékszem pontosan, mikor vettem észre, hogy ezek pozitív tünetek voltak, majd csak simán tünetek, elkezdtem gyógyszert emelni, és természetesen írtam az orvosomnak is. A család is támogatott a távolból. Egyik reggelen, amikor még ingatagon, nem tudván, hogy megfog-e a gyógyszer, ahogy munkába igyekeztem gyalog, azt éreztem megint, hogy nem én mozgatom a testemet, hanem az Univerzum. Majd egyszer csak jött egy nagyon erős gondolat, mintha útmutatás lett volna, muszáj voltam kimondani, hogy halljam is: „Ne félj attól, ami jön!". (Ez a mondat kedvenc filmemben, a *Jelek*ben hangzik el, és pontosan arról szól, hogy legyen mindig hited, még akkor is, amikor látszólag rossz dolgok történnek veled, vagy olyanok, amiket nem értesz). Ez a mondat akkor ott nekem nagyon aktuális volt, és erőt adott. Ismét átéreztem azt, hogy gondviselésben van részem. Jól tudtam, hogy ez az elkövetkezendő időszakra szól, nem csak arra a napra. Ahogy sétáltam tovább, továbbra is ment az életem visszanézése és ahhoz a ponthoz érkeztem, hogy ebből, ami most történik, könyvet kell írnom. Vagy a Mester, vagy pedig Ryan segítségével; ők ketten ugyanazt a szerepet töltötték be, hasonlóan erőteljes energiájuk volt, mely nagy hatással volt rám.

Aznap tovább fokozódtak a tüneteim. Egyszerre lépett be két vevő az üzletbe; egyikük egy helyes srác volt, a másik egy rokkant ember. Ketten indultunk feléjük az egyik kollégámmal, és olyan volt ez, mintha most dőlne el, hogy megismétlem-e megint az eddigi hibáimat és ismét betegség lesz a dologból, vagy maradok az egészségnél. Nekem jutott a rokkant ember, tehát az én olvasatomban ez azt jelentette, hogy újra belekeveredek ugyanabba a gödörbe... A boltban viszonylag jól voltam, de ahogy kiléptem az üzletből ebédidőben, már ott voltak az értelmezgetések. Próbáltam róluk nem tudomást venni, és valamilyen szinten ez működik is, de nem teljes egészében. Megjelent a 3-as szám, elkezdtem számolgatni az elhaladó embereket. Jól bekajáltam, ez mindig segít, most sem volt ez másképp. Esténként az egyik új kolléganőmmel sétáltunk haza, egy irányban laktunk. Vele beszélgettem, neki csak annyi tűnt fel, hogy túlagyalom a dolgokat, de ezt sok ember teszi. Tovább emeltem a gyógyszert idővel, mivel pár nap alatt már stabilnak kellett volna lennem, de nem voltam az. Közben a nővérem már felszólított rá, hogy kezdjem el összepakolni a cuccaimat, hogy haza tudjak utazni, ha baj lenne.

Egyik napon, mikor reggel szokás szerint úszni mentem, összefutottam Kírával, akit az uszodából ismertem és mindig jókat beszélgettünk. Ahogy odaértem a medencéhez, Kira már rótta a hosszokat, és mikor odaért hozzám, utalva az aznapi nagy tömegre, annyit mondott nekem: „Csodálkozom, miért is vagyok itt!". Ez ugyanaz a gondolat volt, amit én 2012-ben, az összeborulás előtt feltettem magamnak, amikor is tudni akartam, miért vagyok a Földön. Most valaki más mondta ki helyettem ezt a kérdést, én még mindig nem tudtam a választ rá.

Ekkor született egy megállapításom, amit soha előtte nem éreztem: hogy a skizofrénia a legnagyobb tanítóm az életben. Hálás voltam neki, bármennyire is érthetetlennek tűnik. Sok mindenre megtanított már, próbára tette az erőmet, megerősített, és bebizonyította, hogy nincs olyan nehézség, amit ne tudnék megoldani, amin nem tudnék felülkerekedni. Ezt stabil állapotomban sosem gondoltam így előtte.

Egyik este azt gondoltam végig ismét, hogy ismétli a történelem önmagát. Ugye ott fejeztem be, hogy megpillantottam a Mestert anno, illetve most Ryant azon a vasárnapon. Aztán jött az őrület: 2007-ben az üveges tekintetem jelentette ezt, most pedig az, hogy a szemüvegkészítő boltban dolgoztam. Az értelmezgetésemben a szemüveges emberek őrültek. Anno pár óráig tartott, most fél évig, mindkettő nagyon depresszív és abnormális állapot volt, és egyik alkalommal sem kellett volna belemenni. Először is ott lehetett volna a lehetőség, hogy bele sem megyek, ha egy kicsit jobban odafigyelek, de nyilván nem tudtam, hova tud elfajulni a dolog. Most is volt erre figyelmeztetés, hogy nem ez a jó lépés az életben, hiszen eltűnt a jelentkezésem stb. Az életben egy dolog addig ismétlődik, amíg egyszer csak máshogyan döntünk és kilépünk a körből. Hát én beleestem ugyanabba a döntésbe mindkétszer. Ebből csak akkor van kiút, ha rálátsz az életedre, tudsz egyet hátralépni, és megnézni felülről. Pontosan ezt történt velem – persze nem feltétlen kellett volna pszichotikus állapotban észrevenni ezt.

Egyik reggel, ahogy mentem úszni, a parkolóban egy megharapdált almára tévedt a szemem, amelyet eldobott valaki. Eszembe jutott az alma, amit a könyvesboltban, a kiszállásom előtt eszegettem, meg az az alma, amit a Mester decemberi előadásán rágcsáltam el – ez egy visszatérő szimbólum volt. Mikor megjelenik ugyanaz a jelkép, akkor vajon ugyan azok az események is fognak történni? Ekkor már erőteljesen furcsán érzékeltem a valóságot. Vasárnap, miután bevásároltam, elmentem még egyet kocsikázni. Ismét az életem eseményei zajlottak le a gondolataimban nagyon gyorsan. Ismét erősen jött az az érzés, hogy amit mind ezidáig megtapasztaltam a dimenziócsúszásokkal kapcsolatban, azt feltétlenül meg kell osztanom valahogy az emberekkel. Különleges dolog ez, tudásnak éreztem, ami hasznára lehet másoknak is.

A következő reggelen, ahogy dolgozni mentem, egy mentőt pillantottam meg a távolban. Nagyon félek a mentőktől azóta is, mivel azt szimbolizálják, hogy bolond vagyok. Most konkrétan arra gondoltam, hogy az időben éppen ott járunk, amikor elvitt engem a mentő, csak most kívülről nézem, de ugyanaz történik. Ugyanabba az állapotba csúszok bele, csak elnyújtva, lassan. Felhívtam gyorsan Dórit, hogy mondjon nekem egy másik értelmezést, látván a mentőt. Szerinte azt szimbolizálta, hogy meg leszek mentve, ne féljek. Próbáltam hinni neki, de erősebbek voltak a saját tapasztalataim és az az érzés, amit ez előcsalogatott belőlem. Ugyanúgy telt a nap, félig ebben a világban, félig már egy másikban, és furcsa események kezdtek el körülvenni. A kolléganőm, akivel együtt jártunk haza, odajött hozzám és elmesélte, hogy fent volt a laborban, ahol kamerán figyeltek minket, és a nagyfőnök szóvá tette, hogy milyen mozdulatlanul ülök, biztos belefagytam a térbe! Na, ettől frászt kaptam, mert pontosan ettől féltem én is, hogy kezdek befagyni a dimenziók között, és valahol ott fogok megint ragadni. Plusz ez megint a 2007-es eseményeket idézte; akkor történt meg ez először, és folytatódott annak a folyamatnak az ismétlődése. Aztán azt mondta a kolléganő, hogy a főnök megpaskolta a tévékészüléket, mire elkezdtem mozogni. Ezen normál állapotban jót mosolyog az ember, de engem halálra rémített. Aznap este is hazakeveredtem, majd másnap ismét munkába álltam.

Késő délután volt már, mire elkezdett megint beszűkülni az elmém – avagy nyiladoztak tovább a csakráim – és elkezdtem azt érezni, hogy pánikolni fogok. Ahogy ránéztem a számítógépre, a testem utánafordult és valahogy megint olyan volt, mintha a gondolataim utolérték volna egymást. Nem tudtam tovább magamban tartani, szóltam a főnöknek, hogy rosszul vagyok. Kértem, hogy hadd mehessek hátra, felhívni a nővéremet. Meg is tettem, ő csak annyit kérdezett: hogyan tudok hazamenni. Hát, nem tudom – feleltem neki. Mondta, hogy lélegezzek mélyen és koncentráljak, minden rendben lesz, és hívjam fel, ha hazaértem. Visszamentem a többiekhez. Nagyon készségesek voltak, még el is poénkodták a dolgot, hogy kit hívjanak nekem, hogy jobban legyek, talán Kennyt? Célozva arra, hogy tudták, hogy közel állt hozzám. Mire kicsit jobban lettem, a főnök közölte, hogy már eldöntötte, hogy elbocsát, hiába szedtem össze magam és teljesítettem jól. A legkevésbé érdekelt ez, szinte még örültem is neki, mert megadta a végső megoldást: irány haza!

Kicsit összeszedtem magam és eljöttem. Körbejártam a kedvenc helyeimet a környéken búcsúzóul. Péterbe is belefutottam, épp egy lánnyal volt ott, akiért tudtam, hogy odavolt. Utoljára még bementem a drogériába kicserélni a hajvasalómat, mert az épp elromlott. Nagyon kerestem az emberi kontaktot, az segít elűzni a pánikot. Meg is találtam egy ott dolgozó fiút, aki készségesen segített nekem. Odaadtam a hűségkártyámat, amin ezzel a vásárlással együtt pontosan 444 pont gyűlt össze. Ezt jelnek vettem, hogy minden rendben lesz, hiszen a 444 az a szeretet száma. Mikor a blokkot vártam volna, közölte a fiú, hogy sajnos nem tudja odaadni, mert lefagyott a rendszer. Ezen megint nagyot néztem, hogy már megint megbolondulnak a környezetemben az elektronikai készülékek. Valahogyan hazavergődtem, otthon Joan várt, és segített dönteni. Ő is azt javasolta, hogy utazzak haza és jöjjek rendbe. Megígértette velem azt is, hogy az étkezési szokásaimat rendbe teszem. Megvettem hát a repülőjegyet másnapra, összepakoltam két bőröndnyi cuccot – illetve tulajdonképpen csak befejeztem a pakolást, amit már az elmúlt napokban elkezdtem. Megrendeltem a taximat hajnalra, hogy kivigyen a reptérre. Másnap előtte még elmentem az uszodába, és egy kézfogásban volt részem. Egy idős úrral folyamatosan összefutottam már egy ideje, és végre bemutatkoztunk egymásnak. Ott volt tehát a kézfogás megint, és bíztam benne, hogy valaki végre valóban megfogja majd a kezemet.

Körülbelül három hét telt el azóta, hogy elkezdődött a megingás. Elbúcsúztam a nagyimtól és elindultam a reptérre. Március tizedike volt. Útközben folyamatosan tájékoztattam a családot arról, merre járok épp, valamint Annának is írtam, hogy hazajövök. Nagyon meglepődött, de örült, és írta, hogy majd találkozzunk. Viszonylag jól voltam, nagyon összekaptam magam: tudtam, hogy egyedül kell ezt megoldanom, egyedül kell hazajutnom, egyszerűen muszáj. Most a család nem tud értem jönni; apa anyára vigyáz, nővéremnek meg ott a család a féléves babával. Sikerült épségben hazaérnem, a szülők jöttek értem a reptérre. Késtek, így várnom kellett rájuk, de hihetetlenül boldog voltam, hogy gond nélkül hazaértem Magyarországra.

12.

Végső menedék

Még nappal volt, ahogy Kecskemétre értünk, teljesen jól voltam, és emiatt boldog. A következő napokban pihentem, de aztán nem tudtam magammal mit kezdeni. Egy csomót gyalogoltam. Egyik alkalommal összefutottam a szomszédunkkal, aki szintén megjárta Angliát, és arról beszélgettünk, hogy miből tud megélni az ember. Én akkor nagyon nem voltam még tudatában az itthoni fizetéseknek. Nemrég előtte olvastam példaképem könyvében, hogyan lehet anyagi bőséget teremteni magunknak. Úgy, ha átengeded magadon a kreatív energiát, hogy az aztán meg tudjon valósulni a fizikai világban. Olyan könnyűnek és észszerűnek tűntek ezek a dolgok, hiszen külföldön nem nagyon volt gond az anyagiakkal. Egyik nap elmentem úszni, és csak nagyon picit voltam instabil. Csak nagyon néha láttam egy-egy értelmezetést. Az úszás végeztével séta közben, ahogyan almát majszoltam, egy hatalmasat estem a betonon a sötétben. Szép... hazajövök Magyarországra, és rögtön esem egy nagyot. Reméltem, hogy ez átvitt értelemben nem fog megtörténni, hogy mentálisan is „elesem". Menni akartam a Mester rendezvényére, de megint anya volt az, aki lebeszélt. Persze megbántam. Helyette munkákat kezdtem el keresni. Volt egy bioboltos hirdetés, és mivel kint is az volt a kedvenc munkahelyem, gondoltam, itthon is megpróbálom. Találkoztam Annával is, és Anitába is belefutottam többször is, mivel szomszédok vagyunk. Voltam az orvosomnál is, vele azt beszéltük át, hogy ezt a lórúgás-adag gyógyszert hogyan tudom majd szépen fokozatosan lecsökkenteni.

Volt egy álmom rögtön azután, hogy hazaértem. Itthon voltunk a lakásban és anya annyit mondott, hogy ő hazamegy. Mármint haza, vissza a mennyekbe. Ő így döntött, hogy ő hazamegy. Eltelt jó pár nap, mire újra lehetőség volt menni a Mesterhez. Reggel szépen felkeltem, felutaztam a fővárosba, és annyi év után újra volt szerencsém elmenni hozzá. Nagyon tetszett és feltöltött. Az előadás végeztével sétáltam egy nagyot, elsétáltam a délutáni előadás helyére is, ami jóval odébb volt. De mivel hozzá voltam szokva a mozgáshoz és a sétához, ez semekkora nehézséget nem okozott. Ezen a rendezvényen lehetett személyesen kérdéseket feltenni. Az előttem lévő embernek adott válaszában fontos infó volt számomra is: van olyan az életben, amikor az ember letér a neki kijelölt útról és létrehoz egy alternatív valóságot, ami párhuzamosan halad az eredeti életcél mellett. Viszont vissza lehet kapcsolódni az eredeti tervhez is. Pontosnak éreztem ezt az információt, hiszen ez történt velem 2007-ben, amikor kicsúsztam a dimenzióból, és egy másik életet kezdtem el élni, de sehol sem találtam igazán a helyemet. Ezt akkor pontosan meg is mondták nekem: „két idő létezik". Én most odaérkeztem, ahol visszakapcsolódhatnék az eredeti tervhez. Oly sok év után végre megkérdeztem a Mestert az életfeladatomról, hiszen saját magamban sosem hittem eléggé. Annyit mondott, hogy „Tudod te azt." De én azért jöttem, hogy ezt elmondja nekem. Azt mondta, embereket fogok segíteni – pont ugyanerre vágytam már én is több éve, csak azt nem tudtam, hogyan fogjak neki, eddig sem volt ötletem rá. Kérdezett arról, hogy van-e családom, és hogy miért nincs. Ez egy jó kérdés. Van erre korrekt válasz? Azt feleltem, hogy mert túl kritikus vagyok magammal és másokkal is. Szó esett arról is, amit már e-mailben is kérdezgettem, hogy miért kényszerülök rá mindig arra, hogy hazajöjjek. Persze azt nem mondtam ki, hogy mindig a skizo-összeborulások miatt, de tényleg mindig úgy hozta az élet, hogy „akaratomon kívül" hazakerültem. Mert itt nőttem fel, és visszahúznak az energiák. Azt is mondta, hogy egy hónapon belül biztos, hogy lesz pasim. Ismervén magamat, tudtam, hogy ez biztos, hogy nem lesz így, de érdekes volt, hogy ezt megemlítette, hiszen a történet legelején ugyaninnen indultam el: Dóri is kimondta egyszer, hogy még nincs meg a társam. A rendezvény után találkoztam a szüleimmel, akik a fővárosban voltak a nővéreméknél, és együtt utaztunk haza. Útközben megint ott voltak az értelmezgetések a forgalomban. Végigmentünk a gyönyörű, kivilágított városon, és anya mondta is, hogy nézzek körül, milyen szép. Ezzel egyidőben azt éltem át, amikor a két rendezvény között végiggyalogoltam a városon és felettébb élveztem. Így ismétlődnek a dolgok folyamatosan – ahogy már említettem, más formában történik meg ugyanaz. Sok-sok autó jött és ment, de mindig jött a fekete, és a fehér, szép Audi is, ami ugye pozitív jelentéssel bírt számomra: azt jelképezte, hogy a végén úgyis minden rendbe jön. Aztán mielőtt beértünk Kecskemétre, elénk keveredett egy kis sárga autó, ami az egómat jelentette. Ebből nekem az volt az információ, hogy megvolt végre a kiút az állapotomból, de az egóm az utolsó pillanatban megjelent és elrontott mindent, még mielőtt visszaállt volna a rend. Este otthon a naplómba írogattam, mikor anya odajött. Nagyon be voltam rezelve, épp azt írtam le, hogy „Mi lesz most?", amit anya meglátott, és megnyugtatott, hogy minden rendben lesz. Hogy én egy nagyon szerencsés ember vagyok igazából, mindig vigyáznak rám. Anya mindig nagyon ráérzett arra, hogy hogyan gondoskodjon rólam.

Jártunk kint a kertben is, ahol tüzet raktunk, és ekkor különleges dolog történt. Ahogy néztem a tűz lángjait – a Mester az előadásában beszélt a tűzről is –, elkezdtem angyalcsillámlásokat látni. Nagyon megnyugtató volt ezt látnom, hiszen az angyalcsillámlások mindig jót jelentettek. Valamint a friss levegőn való tartózkodás, a természetben levés is nagyon feltöltő volt. Aznap boldogan, megnyugodva mentem aludni. Egyik délután, mikor egyedül voltam otthon, nagyon nem bírtam ülni a fenekemen, mindenképpen menni akartam valahova, elhatároztam hát, hogy meglátogatom Annát. Ahogy kiléptem az ajtón, egy varjú szállt el a fejem fölött és károgott. Erről a halál jutott eszembe, de próbáltam figyelmen kívül hagyni ezt. Aztán ahogy gyalogoltam, elhaladt mellettem egy arany Audi, melyet összekapcsoltam azzal, hogy így is, úgy is nyerek a végén. Meglesz a győzelem ebből az állapotból. Ekkorra már állandóan éhes voltam, és elkezdtem rengeteget enni. Ez is tünete az összeborulásoknak. A következő héten nagyon szerettem volna felmenni Dórihoz. Ezt meg is beszéltük, és együtt, a szüleimmel utaztunk fel autóval. Tele voltam gyógyszerrel, így útközben el is aludtam, és mikor felébredtem, azt éltem meg, hogy a világ visszafele forog, meg fogunk semmisülni, vissza az algákig. Hogy lezárjam ezeket a „látomásokat", megettem egy szendvicset, ami remekül leföldelt. Anyával elmentünk sétálni a babával az út mentén a járdán, és biztonságban éreztem magam velük. Mire fogtam is egy 4-es számot: egy autó négyet dudált. Aztán jött egy 3-as is, amire beparáztam, mivel az azt jelentette, hogy borulás lesz. Próbáltam erre nem figyelni. Anya úgy hagyott ott Dórinál, hogy a lelkemre kötötte, hogy legyek erős, és ne hallgassak az értelmezgetésekre. Dórival jó sokat beszélgettünk, egyszer a babáját is rám bízta, hogy vigyem el sétálni, amíg ő a barátnőivel van. Jólesett, hogy bízik bennem, és ez erőt adott abban, hogy rendbe jöjjek. Igaz, egész séta alatt megint végigpörgött az agyamban az egész emberiség története, megint valahogy az algák megjelenéséig mentem vissza gondolatban. Ilyen, kicsit instabil állapotban telt ez a három nap. Egyik este, mikor épp rám jött az aggódás – tulajdonképpen egy enyhe pánik –, Dóri mondta, hogy egyek valamit, az majd stabilizál. Így is tettem. Kimentem a konyhába, ahol találkoztam egyik barátnőjével, vele egy kis beszélgetésbe elegyedtem. Arra emlékszem az egészből, hogy azt mondja, vállaljak felelősséget ezért az egészért, hiszen az is én voltam, aki úgy döntött, és ez lett belőle, de mindeközben fogadjam is el és szeressem magamat. Ez nagyon nyugtatóan hatott rám. Én a 2007-es történésekre értettem azt, amit mondott. A harmadik nap elteltével hazautaztam a szülőkkel. Rengeteg idő eltelt már, és se nem stabilizálódtam, se nem borultam össze, ilyen eddig még sosem volt. Lógott minden a levegőben.

Közben jött a kinti bioboltból az ajánlat, hogy visszavesznek. Úgy tűnt, hogy jól vagyok, így az volt a terv, hogy a hétre felmegyek Dóriékhoz a fővárosba, majd pedig megveszem a repülőjegyet és kimegyek Angliába, akár csak rövid időre is még dolgozni egy kicsit, hogy elrendezzek mindent, hazahozzam a cuccaimat, és lezárjam végre. Vonattal utaztam fel, és vittem magammal a bőröndömet is, készre az utazásra. Nem voltam teljesen stabil még mindig, valamiért nem stabilizálódtam le rendesen, de tartottam magam. Jöttek az ismerős elemek. A városi buszon egy hajléktalan ült kicsit odébb, és erre gondosan felhívták az emberek a figyelmemet, mivel ellenőrök jöttek, akik leszállították ezt az embert, és amikor egy új utas leült a helyére, a többiek figyelmeztették, hogy ne üljön oda, mert egy hajléktalan ült ott pár perccel előtte.

Amikor hajléktalanba futok bele, az az őrült időket idézi, de próbáltam magam függetleníteni ettől. Sikeresen megérkeztem Dórihoz. A Mesternek azon a héten megint voltak rendezvényei; az volt a terv, hogy azokra elmegyek, aztán pedig irány vissza Anglia. A pár nap alatt, amit Dórinál töltöttem, csak nem akart megállni az ingadozás, így megbeszéltük, hogy Angliába biztosan nem indulok el. Péntek este volt az első előadás, ahova busszal indultam el. Nővérem kölcsönadta az egyik kabátját, aminek a zsebében egy kőkemény kakaós csigát találtam. Már ez megrémített, mivel a kakaós csigához őrült emlékek fűztek a legelső szétcsúszásom által. Próbáltam nem tudomást venni róla, de ekkor már elkezdtem megint túlgondolkodni, elkezdtem megint csúszkálni. Mire odaértem, már teljesen instabil voltam, és féltem is ilyen állapotban bárhol is megjelenni. Dórit hívtam fel tanácsért. Ő azt mondta, hogy ha már ott vagyok, akkor menjek be. Így is tettem, de egyből frászt kaptam, amikor a 33-as sorszámú belépőt nyomták a kezembe! Dupla 3-as dimenzió, azaz őrült! Csak fagyottan beültem a terembe, nem tudván, most mi következik. Odajött egy lány hozzám, és megkérdezte, hogy üres-e a mellettem lévő hely. Persze – feleltem neki. Kérte, hogy foglaljam le neki a helyet, és előrement beszélgetni a barátnőivel. Én továbbra is csak ültem fagyottan, mire megérkezett a Mester és a lány is visszaszaladt mellém, és annyit mondott: „Na, itt vagyok!". Ezt én akkor már úgy értelmeztem, mintha a Mester gondolata lett volna ez. Ilyen állapotban vészeltem át az egész előadást; tudtam is figyelni, meg nem is, elkezdődött a csúszkálás. Alig vártam, hogy vége legyen, és indultam is vissza Dórihoz. Elég nyugis voltam végig a buszon, viszont amikor leszálltam és elindultam tovább gyalog, a közvetlen közelemben megszólalt egy mentő szirénája. Frászt kaptam: ez azt jelentette, hogy megint szét fogok csúszni végérvényesen. Elkezdtem teljes erőmből futni, hogy magam mögött hagyjam ezt a zajt. Jó sokáig futottam, de mivel elég sokat kellett még haladni, hogy a lakáshoz érjek, lelassítottam sétára. Azt gondoltam, biztonságban vagyok, erre az út szélén egy kocsiból 3 ember szállt ki – újra egy őrült szimbólumot fogtam. Teljesen zaklatott állapotban értem fel Dórihoz és elhadartam neki, hogy mi történt, és nem akartam azt, hogy megint így maradjak: mindig azt érzem, hogy a dimenziócsúszásos állapot örökre szól. Dóri nyugtatott meg.

Másnap reggel korán ébredtem, és sokkal jobban voltam. Így hát elindultam a reggeli előadásra is, bár féltem, de megléptem. Teljesen rendben zajlott minden, jól voltam. Kifele jövet valamiért, mintha magától történt volna, jobbra fordult a fejem. Mintha a jövő dimenziójába néztem volna bele, de nem vettem erről tudomást. Dóri telefonált, hogy van-e kedvem velük találkozni. Egy kedvenc kávézójukban voltak, persze, hogy volt kedvem. Jó volt velük időt tölteni, az emberekkel való beszélgetés is földelő hatású tud lenni számomra, persze nem akárkivel, hanem olyanokkal, akikben megbízom, és akikkel tudom, hogy biztonságban vagyok. Eltöltöttük az időt, majd hazaindultunk. Én onnan indultam tovább a kis bőröndömmel a délutáni előadásra, és az volt a terv, hogy onnan pedig tovább Kecskemétre a szüleimmel, akik közben feljöttek a fővárosba, hogy elvigyék magukkal az idősebbik unokát magukhoz egy hétre. Ahogy odaértem, az ott dolgozók, látván a bőröndömet, javasolták, hogy másik úton menjek be, de nem hallgattam rájuk. Cipeltem végig magammal a hosszabb úton a bőröndöt. Ismét kérdeztem a Mestertől, hogyan kezdjem el az új munkámat, amiről két héttel korábban beszélt nekem. Azt javasolta, hogy írjak könyvet a velem történtekről. Szóról szóra, ahogy történt, és három hónap alatt meg is lesz a

215

könyv. Munkát ne is keressek, fektessem ebbe az időmet. Ugyan nem lesz pénzem kajára és le fogok fogyni, de ez a helyes út. Valamint azt is szóvá tette, hogy már két hét eltelt, és még nincs meg a pasi. Nincs. Számomra ez annyira egyértelmű volt, hogy nem is lesz. Egy kérdésemre reagálva azt tanácsolta, zárjam le Angliát. Az előadás után egy szintén résztvevő lány leszólított és együtt jöttünk el, számot is cseréltünk Valival. Ahogy megálltunk az épület előtt, hirtelen mintha csúsztam volna egyet ismét egy másik dimenzióba, és rögvest megjelent egy értelmezgetés: egy ezüst Audi tűnt ki nekem. Ezt nem tudtam hogyan értelmezni, mert az Audi ugyan boldog dimenziót jelképez, de az ezüst színt nem tudtam mire vélni. Nem keltett bennem jó érzéseket; egy alternatív, nem tökéletes jelent szimbolizált. Találkoztam a szüleimmel és Bencével, és elindultunk hazafelé. Egész úton értelmezgettem, de csak jó jeleket fogtam, minden oké volt. Viszont amikor beértünk a városba, jött szembe egy fekete Audi, mire anya hármat köhintett, amit úgy értelmeztem, hogy ismét baj lesz, őrült dimenzióba csúszom...

Hazaérvén rögtön bele akartam kezdeni a könyvírásba, be is vonultam a szobámba, és nekikezdtem. Ekkor anya szólt, hogy készen van a vacsora, és egyébként is, legyek már egy kicsit velük is. Felálltam, hogy csatlakozzak hozzájuk, mire kinézve az ablakon a házzal szembeni buszmegállóban három ember állt. Ez teljesen az uralma alatt tartott, kezdtem még jobban belecsúszni az epizódba... Több, mint három hónapja ingadoztam. Ez megfelelt annak az időszaknak, ami az első alkalommal, június és szeptember között történt, tehát ez is ismétlődött. Valamint észrevettem még valamit: a 2012-es, decemberi előadáson annak végeztével elszakadtam a Mestertől. Egy idős hölgy ült előttem, aki feltűnt nekem közvetlen előttem, majd a nővérem odahívott magához, és bemutatott Ryannek, akivel kezet is fogtam. És később az élet megismételte ezt is. Eljöttem megint Magyarországról; egy idős hölgyhöz, Joan-hoz kerültem; majd megjelent az életemben Ryan, aki megfoghatta volna a kezemet, csak elcsesztem. Mintha az előadás után történtek később megelevenedtek volna a való életben. Eszembe jutott még valami:

a Mester előadás közben egyszer azt mondta, hogy anya beteg lesz, mire én jobbra (jövőbe) néztem. És ez is megtörtént a való életben: anya beteg lett.

Megpróbáltam a következő napokat a családdal tölteni, de egyre rosszabbodott az állapotom. Elkezdődött a para a lakásból való kilépéstől. Egyik délután indultunk egy játszótérre mind a négyen – Bence, apa, anya és én. Ahogy kiléptünk az ajtón, teljesen elvesztem a külvilágban. Magukba szippantottak az értelmezgetések. A közelben lévő emberek és autók értelmezgetése kerített hatalmába. Mintha minden jelentene valamit, de nem tudom megfejteni, és ettől bepánikolok. Most sem történt ez máshogy, olyannyira, hogy anya felajánlotta, hogy mi ketten menjünk vissza a lakásba, apáék Bencével pedig elmennek a játszótérre. Ez tűnt jó megoldásnak. Anyával visszamentünk a lakásba, és kitalálta, hogy társasjátékozzunk. Szeretünk játszani, ezért ajánlotta ezt. Én választottam ki, hogy melyik játékkal játsszunk, születésemtől fogva szerencsés játékos voltam. Most sem történt ez máshogy.

Szépen, nyugodtan telt az idő, ez remek módszer arra, hogy elterelje a figyelmemet a bolondériáról. Anya nagyon megnyugtató volt, mint mindig, és biztosított afelől, hogy nyugodjak meg, senki nem fogja észrevenni, hogy mi van velem, és mint az anyák szokták, dicsért, hogy milyen szép vagyok. Az egész délutánt ezzel töltöttük el, és sikerült is megnyugodnom. Apáék is hazaértek. Én ekkor, órák múlva mertem újra kinézni az ablakon, és a szemben lévő bolt előtt két szép autó parkolt: egy fekete és egy fehér. Ezt én akkor úgy értelmeztem, hogy helyre fog állni a rend, jó döntés volt itthon maradni. Míg Bence nálunk volt, nagyon éretten viselkedett velem. Megint vég nélkül *volná*ztam. Egyszer Bence azt mondta nekem, hogy „ne kifelé nézelődjél, te mondogatós, hanem ide figyelj". Mindezt három évesen, és ő is segített abban, hogy lefoglalja a figyelmemet. Jártunk Dóriékhoz is, és az egyik ilyen alkalommal SMS-eztünk Valival, hogy esetleg találkozzunk, de végül nem tudtam elindulni egyedül sehova. Aztán jött megint a *volna*, hogy mit kellett volna csinálni. Ilyenkor egy-egy múltbéli gondolat beragad a fejembe, és nem tudok megszabadulni tőle. Végig *volnáz*tam az egész délutánt, kínunkban csak nevettünk már ezen, mert olyan volt, mint mikor beakad a magnó. Dóri leküldött a közeli boltba: édességre vágyott és kakaós csigát kért. Ettől szintén frászt kaptam a már ismertek miatt, hogy mit szimbolizál a kakaós csiga. De erőt vettem magamon és próbáltam a fejembe verni, hogy nincs jelentősége az értelmezgetésnek, csupán torzan észlelem a valóságot. Ennek valahogy azért tudatában voltam, csak nem tudtam megoldani, nem tudtam kiszállni belőle. Elmentünk az orvosomhoz is, vele viszonylag összeszedett tudtam mindig lenni. Elmondtam neki, hogy tudom, hogy egy abnormális állapotban vagyok, amit valóságként élek meg, és hogy ki vannak nyílva a kapuk a más világokra, de ezt normál emberként nem lehet felfogni, így le kell zárni azokat a kapukat. Helyeselt és megjegyezte, hogy milyen jól tudom kívülről nézni a saját helyzetemet, és hogy ez becsülendő. Mivel a hagyományos gyógyszerem ennyi idő alatt sem tett rendbe, másik drogot javasolt, aminek én egyáltalán nem örültem, de erősebb szerre volt szükség. Az én állandó gyógyszeremen kívül minden más skizo-gyógyszer élhetetlenné teszi az mindennapokat a mellékhatásaival, most sem volt ez máshogy. Agressziót és mérhetetlen dühöt váltott ki belőlem, nem akartam ezt szedni. Na, akkor átváltottunk még egy másikra, de az sem volt sokkal jobb. Mindeközben már több mint 10 kiló rakódott rám, de ilyenkor nincs ellenkezés, mert prioritás, hogy agyilag, mentálisan rendbe jöjjek. Vissza sem tudom idézni, mekkora gyógyszeradagot kaptam, de nem keveset. Felébredtem délelőtt 10 órakor, megreggeliztem, visszafeküdtem, aludtam délután három vagy négy óráig, akkor megebédeltem, majd este hét és nyolc körül indultam aludni. Muszáj volt pihentetni az agyamat; pont az a lényeg, hogy ne pörögjön, és erre az alvás az egyik legjobb módszer. Közben menni akartam volna előadásokra, de hát egyértelműen lehetetlen volt. Az tartotta bennem a lelket, amit a Mester mondott az életfeladatomról. Ezúttal nem akartam feladni, nem akartam meghalni, pedig ez volt a valaha legmélyebb, legkomolyabb epizódom. Több hétig tartott ez az állapot, de a teljes javulás még nagyon messze volt. Anya gondoskodott rólam végig, gyakorlatilag megteremtette nekem a kórházi körülményeket, bár meg kell jegyeznem, ezerszer jobban csinálta. Anya csak egy van. Hetekig tartott mindez, mire ebből a nagyon mély, teljesen abnormális állapotból kezdtem egy hangyányit kilábalni. Aztán kezdődött minden elölről: apró döntések meghozatala, majd ismét hetekkel később kimerészkedni a házból – persze csakis a családdal. Jártunk fel Dóriékhoz is, én általában befészkeltem magam a fotelbe, és ott gubbasztottam egész idő alatt. Teljesen motiválatlan voltam, semmi sem tudott érdekelni. Időközben elkezdtük szervezni, hogy hazahozassuk a cuccaimat Angliából, mivel ugye el lett döntve, hogy ezentúl itthon élek. Egy magyar srác, aki kint élt, vállalta a fuvart – persze kemény pénzekért, és előre kellett neki utalnom. Ez nem volt egyszerű, mivel kapcsolatba kellett lépnem a kinti bankkal, mivel a hozzájuk megadott telefonszámhoz tartozó telefonom kint maradt, és meg kellett változtatni arra a számra, melynek telefonja nálam volt. És ekkor történt valami. A mai napig nem tudom, hogy isteni beavatkozás volt-e, de sokszor megkérdőjelezem, hogy igen. Ahogy megváltoztattam a számot, többször nem fogadta el, és visszaváltott az eredetire. Órákba telt elintéznem, pedig egy egyszerű művelet volt. Már akkor azt gondoltam, hogy nem véletlenül szól bele az élet a döntéseimbe, de a többiek megnyugtattak, hogy nem így van, nyugodjak meg. Sokszor odafent jobban látják, hogy egy-egy döntésünk hova fog vezetni minket, és van, hogy közbeszólnak. A művelet ugyan egyszerű volt, de egy nagyon komoly döntés állt mögötte: hol folytatom az életemet.

Telt az idő, én meg csak vártam, hogy vége legyen. Elfáradtam, semmire sem tudtam magam motiválni. Ennek az állapotnak egyébként pontosan ez az egyik jellemzője, hogy elveszti az ember az életkedvét, és felkelni sincs kedve. Aztán az egyik ismerős küldött egy álláshirdetést nekem, amit talált, az nagyon betalált. Emlékszem, hogy Dóriéknál voltunk, és rögtön segíteni akartam valamiben. Nagyon felvillanyozott ez a gondolat, hogy újra munkába álljak és legyen életem. Zárt térben már jól voltam, csak a külvilágba nem tudtam még kimenni.

Jelentkeztem is az állásra, és hamarosan be is hívtak interjúra. Már javuló tendenciát mutattam, és egyértelműen jöttem ki az epizódból, mire anya felajánlotta, hogy ha azon múlik, elhordanak dolgozni, segítve ezzel azt, hogy mihamarabb visszailleszkedjek a normál életbe. Elmentem interjúra – értelmezések közepette persze –, de ahogy odaértem, egy fehér Audi robogott el mellettem. Ezt jó jelnek vettem: ez az autó pozitív értelmezést kapott valamiért. Jól is sikerült az interjú, azt mondták, majd értesítenek. Ahogy elhagytam a helyet és kiléptem az utcára, újra rossz jelet fogtam: jött egy furgon, aminek az oldalán hirdetés állt, egy boltot reklámozott, aminek Andris volt a neve. Erről a gyerekkori ismerősöm jutott eszembe, aki benne ragadt a skizo-állapotban és ez nekem azt jelentette, hogy én is benne fogok. Jöttek értem a szülők és hazamentünk. Nagy lépés volt ez részemről akkor. Fel is vettek volna, de képzésre kellett menni egy másik városba egy hétre, amit nem tudtam vállalni. Abban maradtunk, hogy tartják nekem a pozíciót.

Augusztus végéig tartott az epizód, és ott voltam újra ugyanazokkal a következményekkel, mint mindig. Több tíz kiló plusz a testemen, se munka, se pénz, se közeg, se barátok. Újrakezdeni mindent nagyon nehéz minden alkalommal, de hát nincs más választás. Közben még mindig az erős gyógyszereket szedtem, amiknek nagyon durva mellékhatásaik voltak, többek között úgy befeszítették az izmokat, hogy alig bírtam lehajolni is. Erre a mellékhatásra kaptam izomlazító gyógyszert, amitől cseppet jobb lett, de összességében fel tudtam volna robbanni a dühtől ezek miatt. Hosszú hónapokig ment még ez, teljesen tönkrement a testem. Minden eset után visszaesik a tudatszintem is, mintha visszalökne az élet a saját életem már megtörtént helyeire. Újra kell mindent csinálni, nem folytathatod soha ott, ahol abbahagytad.

Elkezdtem dolgozni és ezzel párhuzamban a Mesterhez is járni, de nagyon nem találtam a helyem. Megfordultam két munkahelyen is. A második egy könyvesbolt volt, ahova anya kapott felkérést, hogy legyen boltvezető, amit el is fogadott. Ide jelentkeztem én is, hogy tudjunk egymásnak segíteni. Anya folyamatosan járt kontrollra, és mire én a boltba kerültem, ő már nem jött többé. Az állapota elkezdett rohamosan romlani, áttétei voltak, és munkaképtelenné vált. Novemberben azt jósolták neki az orvosok, hogy talán már a karácsonyt sem éri meg. Elkezdett folyamatosan, nagyon lassan leépülni. Decemberben volt vele az utolsó normális beszélgetésem, és akkor azt éreztem, hogy rettentően fog hiányozni. Én a könyvesboltot is otthagytam, magánban próbáltam angolt tanítani, csak nem indult be. Próbálkoztam Pesttel is, volt néhány interjúm, de nem adta az élet, hogy bármelyik is megfelelő legyen. Apa ápolta anyát nagyrészt, én „csak" részt vettem benne.

Anya elkezdett más dimenzióból való lényeket látni, ezekről nyíltan beszélgettünk, mindig elmesélte, kit vagy mit látott. Már kezdett elfordulni ettől a világtól és nyiladoztak a kapuk azokra a dimenziókra, ahova majd továbblépett. Nagyon sokáig haldokolt, nagyon sokszor már nem volt itt az elméjével, de még nem szakadt el a szál a lelke és a teste között. Jött-ment. Egy idő múlva elkezdett beszélni folyamatosan. Ugyanolyan gondolatai voltak, mint nekem az összeborulások alkalmával. Látszólag nem volt bennük logika, de én tökélesen megértettem ezt, hiszen velem is rengetegszer megtörtént már. Ugyanez történik velem epizód közben: kicsúszom ebből a valóságból és a másik dimenziók felé nyílnak ki a kapuk, de nem szakad meg a kapcsolat ezzel a világgal. Ezt hívják elmezavarnak. Emlékszem az utolsó mosolyunkra. Június 1-én, pénteken reggel hagyott itt minket. Lehetőségem volt elbúcsúzni a testétől, mielőtt elvitték. Közvetlenül ezután beültem a fotelembe és akkora űrt, ürességet éreztem, mint még soha az életben. Tudtuk, hogy be fog következni, és kívántuk is anyának, hogy legyen neki könnyebb és menjen már. De amikor valóban megtörténik, az teljesen más érzés. Sírtam, mire valakik – talán az angyalok – megjelentek a jobb oldalamon és tudatták velem, hogy minden rendben van, vigyáznak anyára. Egy hatalmas kő esett le a szívemről. Közben képeket kezdtem el látni anya életéről, olyanokat, ahol egészséges volt, jól volt. Még élt közöttünk a láthatatlan szál, amivel össze vagyunk kötve.

Másnap este ismét elkezdtem látni anyát. Abban a ruhában volt, amiben meghalt, és sírt nagyon. Láttam, hogy jóval mögötte ott voltak a segítők, de nem látta őket. Elkezdtem hozzá beszélni, mondtam neki, hogy forduljon a segítők felé. Meghallotta, és így is tett. Aztán szertefoszlott ez a látomás. Hónapokig álmodtam még anyával, tartott a kapocs közöttünk, hiába volt már egy másik világban.

Még mindig jártam a Mesterhez. Az egyik alkalommal, miután rendszerint feltettem az éppen aktuális kérdésemet, annyit mondott, hogy megnéz valamit. Megfogta a kezemet, majd csak annyit szólt, hogy „szeptemberben találkozunk". Végül a Mesterrel is létrejött egy kézfogás.

Június 30-án szombaton este anya eljött hozzám elbúcsúzni. A szobámban ültem, amikor ő megérintette kétszer a bal felkaromat. Megnyugtató melegség öntött el, és egyszerűen csak tudtam, hogy ő az – megismertem a jelenlétét. Azt éreztem, hogy megtalálta a békéjét és az útját. Valóra vált a bő egy évvel korábbi álmom: anya hazament.

Az a nyár nagyon kemény volt számomra, nagyon elveszett voltam és elkezdtek egészségügyi problémáim, testi tüneteim lenni. Eleinte nem foglalkoztam velük.

Egy nagyszerű élményben lehetett részem a nyár vége felé. Lehetett írni példaképemnek az egyik közösségi oldalon, amire ő személyesen válaszolgatott. Velem is így tett, és imát ígért nekem. Ekkora földöntúli élményben még nem volt részem az előtt. Minden probléma eltűnt, tökéletesen éreztem a mindenható Univerzum végtelen szeretetét. Bő egy hétig hatott rám ez az erőteljes ima. Nem sokkal ezután történt, hogy ismét nagyon elveszettnek éreztem magamat. Még mindig az utamat kerestem és próbálkoztam felfele nyújtózni, hogy onnan kapjak útmutatást. És meg is kaptam: olyan volt, mintha Isten szólna hozzám. „Tovább halogatsz, vagy csinálod végre a dolgodat?". Ez egyértelműen arra vonatkozott, hogy segítő szakmát űzzek, és nekem a könyv megírása jutott eszembe egyből. Szeptemberben kezdtem el írni. A könyv íródása alatt rengetegszer kaptam jelet arra, hogy írjak, mintha az Univerzum noszogatott, biztatott volna rá. Rengetegszer láttam megint IRJ rendszámú autókat. Két szoros kapcsolatom maradt meg: a nővérem és Orsi, valamint pár régi barátnővel tartom a kapcsolatot. Apával együtt lakunk. Időközben Joan is távozott közülünk, nagyon közel állt hozzám. Az előadásokon találkoztam emberekkel, egy lánnyal sokat leveleztünk. Tőle tudtam meg, hogy egyik barátja, aki szintén odajárt és tudtam is, hogy kiről volt szó, öngyilkos lett. „De nem tudtunk neki segíteni, mert skizofrén volt." Ekkor árultam el Dorkának, hogy én is az vagyok. Nagyon jólesett ezt felfedni előtte, hogy nem kellett álarcot hordani. A srác esete nagyon szíven ütött, nem kellett volna feltétlen így történnie. Ha tudtam volna... De persze honnan tudtam volna? Ilyenekről nem beszél senki. Pedig segíthettünk volna egymásnak. Egy másik alkalommal találkoztam két nővel ugyanitt, egyikük mesélte, hogy a férje skizofrén volt, és mekkora megkönnyebbülés volt, mikor meghalt. Minden ilyen eset megmozgatott bennem valamit.

Azóta állandó mély gödrök és erőteljes isten-élmények váltakoznak. Az egészségügyi problémáimra is fentről kaptam választ. Még mindig nem találtam a helyem, valamiért még mindig nem alakult ki egy ideális élet a mindennapokban, így kizártam mindent és mindenkit, és rájöttem, hogy a legfontosabb, hogy jó kapcsolatot ápoljak a lelkemmel és Istennel. Arra figyelhessek, ami valóban fontos. Hogy megtaláljam magamban ismét a válaszokat. Hogy visszataláljak önmagamhoz.

13.

Zárszó

2020. AUGUSZTUS

Sok mindent tanultam ezekből a megcsúszásokból – persze nem feltétlenül kellett volna ekkora leckékkel átélni mindezt. Legfontosabb, hogy magunkban keressük meg a válaszokat, találjuk meg Istent, ne pedig azáltal határozzuk meg magunkat, amit más mond. Nem vagyok egyedi eset. Nemrég egy másik energiagyógyásszal való beszélgetésem folyamán megtudtam, hogy ő is „gyártott" egy skizofrént. A kezelése hatására kinyíltak az illető felső csakrái és skizofrén lett, majd leszázalékolták. A csakráink, energiáink és auránk nem véletlenül működnek úgy, ahogy, avagy blokkoltak. Dolgoznunk kell az adott problémán, de nem kívülről kell feszegetnünk, hanem belső tudatos munkával. Ezt én is csak utólag tanultam meg.

Az epizódjaim alkalmával a saját tudattalan dolgaim törtek felszínre és erősödtek fel olyannyira, hogy ne tudjam figyelmen kívül hagyni őket. Például az evés és szeretet kapcsolata; nálam ugye gyerekkoromban az evés jelentette a meg nem kapott szeretetet, illetve pótolta azt. Majd az értelmezgetéseim között is megjelent ez, hogy az evés valójában a szeretetet szimbolizálja. Valamint mindig is érdekelt a bolygónk sorsa, hogy miért vagyok itt a Földön – mindig azt gondoltam, hogy fénymunkás vagyok és azért jöttem, hogy segítsem a bolygó jövőjét, és mindez szintén megjelent az értelmezgetésekben. Az értelmezgetéseim pedig az addig tanultakból álltak mindig, jelentéstartalmakat kaptak a külvilágban, és fel is erősödtek.

Hogy miért történt mindez? Mert sürgetni akartam a dolgok megtörténését az életemben és türelmetlen voltam, valamint mert megszegtem az emberi élet szabályait, túlmentem a határokon. Cserébe nagyon sok leckét kaptam a türelemről, hiszen a mai napig nem azt az életet élem, melyet szeretném. Melynek a kapujában lehettem a kezdetekkor, csak buta döntést hoztam. A történetemben említem, hogy nincsen rossz döntés, mert a hosszabb és nehezebb út is ugyanoda vezet, és az is a szeretet útja. Viszont ha ezt emberi ésszel gondoljuk végig, nem pedig a felső énünkkel, azért mégsem mindegy, hogy felteszem, akkor, 2007-ben tudatos belső munkával indultam volna utamon, és szép fokozatosan haladtam volna előre, vagy így, hogy tettem egy több mint 10 éves kitérőt, rengeteg küszködéssel. Sokszor elképzeltem már, hogy mit mondanék az akkori önmagamnak, ha találkozhatnék vele, de sajnos nem lehet. Előre sokszor nem tudjuk felmérni a döntéseink súlyát, viszont utólag tanulhat belőlük az ember. És fontos, hogy ezek tudatában, tudatosan folytassuk az életünket.

Továbbra is dolgozom az angyalokkal és bízom benne, hogy nekem is megadatik egyszer az, ami minden „normális" embernek: egy kiteljesedett, boldog élet. Ehhez keresem a módszereket, valamint a megoldást az állapotom végleges stabilizálására. Elméletben már tudom, hogy azon kell dolgoznom, hogy az energiáim és csakráim kiegyensúlyozottan, harmonikusan működjenek. Ezt nem kívülről fogom megkapni, hanem belső tudatos munkával, miközben arra is ügyelek, hogy a való életben is jól működjenek a dolgok. Azt bizton megtanultam, hogy ha megkapsz egy problémát, akkor a megoldáshoz is hozzáférésed van. Lehet, hogy sokáig kell próbálkozni, hogy megleld azt, de Isten nem rak rád olyan terhet, amit nem bírsz el. A mondás szerint: „Isten a legkeményebb csatáit azoknak a katonáinak adja, akiket a legjobban szeret".

FELHASZNÁLT IRODALOM

- A. J. Christian (Szerkesztette: Papp Ervin)
- Anodea Judith: A csakrák bölcsessége
- Hodnik Ildikó: A lélek teste
- Doreen Virtue: Angel Therapy Meditations (Audio CD)
- Doreen Virtue: Indigó gyerekek nevelése
- Doreen Virtue: The Courage to be Creative

Értékelje
ezt a könyvet
honlapunkon!

www.novumpublishing.hu

A szerző

Kler Klára Kecskeméten született, 1981.10.16-án.
Angolnyelv-tanár, grafológus, dietetikus, okleveles
angyalterapeuta. A nyelvet, mely iránt kisgyermek
kora óta érdeklődött, a Trinity College-ban fejlesztette
közel anyanyelvi szintre, miközben London környékén
dolgozott. Hobbijai a spiritualitás, az úszás és az
olvasás. Szereti a természetet, és fontosak számára
az emberi kapcsolatok. Az egészséges életmód híve.
Hajadon, gyermeke nincs.

Kapcsolat: klarakler4@gmail.com

**Aki feladja,
hogy jobbá váljon,
feladta,
hogy jobb legyen!**

E mottó alapján a novum publishing kiadó célja
az új kéziratok felkutatása, megjelentetése,
és szerzőik hosszútávú segítése. Az 1997-ben
alapított, többszörösen kitüntetett kiadó az egyik
legjelentősebb, újdonsült szerzőkre specializálódott
kiadónak számít többek között Ausztriában,
Németországban és Svájcban.

**Valamennyi új kézirat rövid időn belül egy
ingyenes, kötelezettségek nélküli kiadói
véleményezésen esik át.**

További információkat a kiadóról és
a könyvekről az alábbi oldalon talál:

www.novumpublishing.hu